Lothar von Seltmann

Vergiss die Rose nicht!

Ein langer Weg zum Glück

R. BROCKHAUS VERLAG WUPPERTAL

ABC team

ABCteam-Bücher erscheinen in folgenden Verlagen:

Aussaat Verlag Neukirchen-Vluyn
R. Brockhaus Verlag Wuppertal
Brunnen Verlag Gießen und Basel
Christliches Verlagshaus Stuttgart
Oncken Verlag Wuppertal und Kassel

Umschlaggestaltung: Ursula Stephan, Wetzlar
Umschlagfoto: SUPERBILD, Erich Bach (Key), Grünwald
Satz: Werbe- und Verlags-Gesellschaft mbH, Grevenbroich
Druck und Bindung: Wiener Verlag, Himberg/Österreich
ISBN 3-417-11678-3
Bestell-Nr. 111 678

INHALT

Marie

Spät war er heute dran, der alte Becker, dachte Elsbeth, als sie den Briefträger des weitläufigen Dorfes Kramberg abseits des Lahntals auf den Bornemannschen Hof zukommen sah. Es war doch schon kurz vor Mittag. Sonst war er immer viel früher.

Ob er wohl gute Nachrichten brachte? Oder schlechte? Aber was waren in diesen Zeiten schon gute und was schlechte Nachrichten? Die Nachricht, auf die sie seit Tagen wartete, war wohl beides zugleich, und der jungen Frau, Schwiegertochter auf diesem Hof, war bange davor.

»Tag, Elsbeth«, rief ihr der Postbote von der Hofeinfahrt her zu. »Kein guter Tag, zu viel schlechte Post für die Leute. Ich hoffe, für dich habe ich Besseres.« Der Mann, an dem die Einberufung in den Krieg wegen seines Alters vorbeiging, stellte sein Fahrrad an der Hoflinde ab und warf einen raschen Blick auf Marie im Kinderwagen darunter. »Ich glaube, ich habe Post von deinem Vater, Kleines. Da wird die Mutter sich freuen.«

Elsbeth zuckte zusammen. Das würde wohl keine Nachricht sein, über die sie sich freuen konnte. Sie ging dem alten Becker ein paar Schritte entgegen, um ihm die Post abzunehmen. Wenn der wüsste ...

»Soll ich Ihnen etwas zu trinken holen? Sie sind ja ganz verschwitzt.«

»Tu das, Mädchen, ich wäre dir dankbar. Eine Erfrischung täte gut. Es ist ja auch schrecklich heiß heute. Wenn wenigstens ein Lüftchen ginge.«

Ohne die Post genommen zu haben, wandte sich Elsbeth zum Haus, um bald mit einem Krug und einem Becher zurückzukommen. »Holunderwasser, ganz frisch gemacht.«

Der Briefträger hatte derweil seine Tasche abgehängt und sich auf die Bank in die Laube neben der Haustür gesetzt. Er wischte sich mit einem großen Tuch umständlich den Schweiß von der Stirn und aus dem Nacken. »Hier im Schatten ist es angenehm.« Dann griff er den Becher und nahm einen guten Schluck. »Danke, das tut gut. Ist der Bauer im Heu?«

»Alle sind im Heu. Ich bin nur wegen Marie hier. Und Heinzemann spielt auch irgendwo.«

Der Postbote wischte sich mit dem Handrücken über den Mund. »Willst du deine Post eigentlich gar nicht haben? Du lässt sie hier auf der Bank liegen, als interessiere sie dich gar nicht. Das ist keine von der Sorte, wie ich sie heute schon zweimal abgeben musste. Wirst sehen, du kriegst gute Nachricht. Dein Hellmut kommt bald auf Heimaturlaub. Wirst sehen.«

Elsbeth zuckte wieder zusammen. Und hätte der alte Becker ihr ins Gesicht gesehen, hätte er bemerkt, dass der jungen Frau alle Farbe daraus gewichen war. »Ich mach den Brief gleich auf, trinken Sie erst noch einmal.«

»Versteh, Mädchen, du willst ihn lieber öffnen, wenn du allein bist. Ich bin ja auch gleich weg.« Damit stand der alte Mann auf, hängte sich seine Tasche wieder um und verabschiedete sich.

Er warf noch einmal einen Blick auf das schlafende Kind im Wagen, bestieg dann sein Fahrrad und fuhr vom Hof. »Sag dem Bauern einen Gruß«, rief er über die Schulter zurück. »Und danke noch mal für die Erfrischung.« Dann war er durch das Hoftor verschwunden.

Elsbeth setzte sich auf die Bank, sah die Post durch und behielt schließlich den einen Brief in der Hand, der als Absender den Namen ihres Mannes trug. Ein Zittern ergriff ihren Körper, und Tränen stiegen ihr in die Augen. Ihr verschleierter Blick wanderte zwischen Kinderwagen und Brief hin und her. Hier in diesem Umschlag war das Schicksal ihrer kleinen Tochter wohl endgültig besiegelt. Wenn Hellmut auf Urlaub kam, musste Marie vom Hof. Der Schwiegervater, größter und angesehenster Bauer der Umgebung, wollte es so. Ein »Bastard« auf dem Hof konnte und durfte auf Dauer nicht geduldet werden. Und Hellmut durfte nach dem Willen seines Vaters vom Seitensprung seiner Frau nichts erfahren.

Wie ein Schauer ging es durch Elsbeth, und jetzt ließ sie ihren Tränen freien Lauf. Es sah sie ja niemand, und so konnte sie sich ihren Gefühlen hingeben. Nachher, wenn der Schwiegervater zurück war, musste sie wieder die Harte spielen, die sich der Hofmoral zu beugen und die Konsequenzen ihres Tuns zu tragen hatte.

»Mami, warum weinst du?«, vernahm die junge Frau plötzlich ihren Vierjährigen. Sie hatte ihn gar nicht kommen hören.

»Mami ist sehr traurig, mein Großer. Aber das kannst du noch nicht verstehen. Es geht auch gleich vorbei.«

»Du musst doch nicht traurig sein, Mami. Ich bin doch da.«

»Ja, Heinzi, du bist da; und du wirst mir auch bleiben.« Elsbeth nahm den Jungen heftig in die Arme. Dann öffnete sie mit einer schnellen Bewegung den Feldpostbrief. Sie überflog die Zeilen so rasch, wie das mit ihren immer noch tränenverschleierten Augen ging. Dann hatte sie es vor sich, das schicksalsträchtige Datum: »Im Juli bekomme ich für drei Wochen Heimaturlaub.«

Was Hellmut davor und danach geschrieben hatte, registrierte sie kaum. »Im Juli ... im Juli ... im Juli ...«, hämmerte es in ihrem Kopf. Bis dahin waren es noch knapp drei Wochen.

In heftiger Erregung sprang Elsbeth auf, lief zum Kinderwagen, riss die immer noch schlafende Marie heraus und drückte sie an sich. »Mein Kind, mein Kind. Du bist doch mein Kind. Warum muss der Bauer so hart sein? Hellmut würde mir sicher verzeihen und dich auch irgendwann lieb gewinnen. Aber der Bauer ...«

Das Kind, aus dem Schlaf geschreckt, begann zu weinen. Das brachte die Mutter wieder zu sich. Sie legte das Mädchen in den Wagen zurück und forderte Heinzi auf, das Gefährt ein wenig zu schaukeln, damit das Kind sich beruhigte.

Sie selbst ging ins Haus, um den Tisch zu richten. Dabei bemühte sie sich, ihren Tränenfluss zu ersticken. Die Schwiegereltern und die Hilfskräfte würden bald zum Essen kommen. Die mussten ihren Seelenzustand nicht gleich bemerken. Dann hatte alles gerichtet zu sein. Beim Essen würde der Bauer nach der Post fragen. Und dann würde er ... Elsbeth überkam wieder ein Frieren, trotz der Hitze ...

Beim verspäteten Mittagessen hatte Richard Bornemann nicht nach besonderer Post gefragt. Aber er hatte an Elsbeths Verhalten wohl gemerkt, dass außer der Post auf dem Tisch auch noch eine Nachricht von Hellmut gekommen sein musste. Am Abend sprach er seine Schwiegertochter darauf an. Und er fragte sehr direkt: »Wann kommt dein Mann?« Die junge Frau war auf die Frage vorbereitet und antwortete ebenso knapp und in deutlich hartem Ton: »Im Juli.«

»Wann genau?«

»Hat er nicht geschrieben.«

»Dann weißt du ja, was bis dahin zu geschehen hat. Bis zum letzten Juni ist der Balg aus dem Haus. Der Lehrer hat seine Fühler schon ausgestreckt.«

Elsbeth hatte sich vorgenommen, einen letzten Versuch zu wagen, den Schwiegervater umzustimmen. »Vater...«

Kaum war die Anrede ausgesprochen, kam es sehr deutlich und scharf zurück: »Keine Diskussion. Jeder, der auf meinem Hof lebt und arbeitet, kennt meine Einstellung. Du kennst sie auch. Und ich habe entschieden. Der Balg kommt vom Hof. Hellmut braucht davon nichts zu wissen, und du wirst ihm davon nichts sagen.«

»Und wenn andere ihm...«

»Andere werden darüber nicht reden, dafür habe ich gesorgt.«

»Und wenn Heinzi seinem Vater ...?«, versuchte Elsbeth noch einmal einzulenken.

»Dann wird dir wohl eine Erklärung einfallen, wem das Kind gehört, das der Junge hier hat schaukeln müssen. Und jetzt basta.«

Schwer sank Elsbeth auf einen Stuhl und vergrub ihr Gesicht in den Händen. Dass ein Mensch so hart sein konnte, so stolz und so unbeugsam. Und dann kamen wieder die Selbstvorwürfe in ihr hoch. Warum hatte sie auch dem Drängen des Sohnes vom Nachbarhof nachgegeben! Dabei wusste niemand etwas von dessen Vaterschaft. Er selbst war längst wieder an der Front und wusste auch nichts von seinem Kind. Warum hatte sie auch..., warum...?

Plötzlich fühlte die junge Frau eine Hand auf ihrer Schulter. Die Schwiegermutter stand hinter ihr und wollte mit dieser Geste wohl ihr Mitempfinden ausdrücken. »Tust mir Leid, Kind. Aber ich kann gegen den Bauern nicht an. An den Bornemanns darf kein Makel kleben. Und du hast halt einen verursacht. Musst die Suppe auslöffeln, die du dir eingebrockt hast. Tust mir Leid.« Nach ein paar Sekunden Stille im Raum fügte die Bäuerin hinzu: »Ich habe mit dem Lehrer gesprochen. Er hat da jemanden gefunden, einen Freund wohl oder Bekannten mit seiner Frau, die das Kind nehmen wollen. Sollen gute Leute sein. Hab Vertrauen und schick dich.« Sie strich ihrer Schwiegertochter noch einmal über die Schulter und ließ sie dann wieder allein, allein mit ihrer Not, ihrem Zorn, ihrer Verzweiflung, ihren Fragen... Heinzi würde ihr bleiben – und hoffentlich Hellmut. Irgendwann würde sie ihm die Geschichte doch beichten, beichten müssen. Ewig würde sie dies Geheimnis nicht bewahren können.

Erich Jahnke war ein liebenswürdiger Mensch. Der alte Kramberger Dorflehrer galt als Frömmler und Spinner. Der Partei beizutreten hatte er sich immer geweigert; Politik interessierte ihn nicht.

Dass Krieg herrschte, ließ ihn leiden, und dass das halbe Dorf Hitlers Parolen nachlief und zujubelte, bekümmerte ihn. Dieses gottlose Wesen konnte zu keinem guten Ende führen. Davon war er fest überzeugt; wobei er sich schon vorsehen musste, wo und vor wem er seine Bedenken aussprach. Was ihn mit Richard Bornemann verband, verstand niemand so recht, war er doch in seiner Art und in seinem Denken ganz das Gegenteil des Bauern.

Wie oft hatte der Lehrer versucht, seinen Freund zu bewegen, den »Balg«, wie der das Mädelchen immer nannte, auf dem Hof zu behalten. Keine menschliche Verfehlung sei so groß, dass sie nicht vergeben werden könnte. Sein Sohn würde das Kind schon anzunehmen lernen, auch wenn es nicht von ihm war. Es sei ohnehin ein Fehler gewesen, Elsbeth zu hindern, ihren Hellmut von dem Fehltritt und seinen Folgen zu informieren. Außerdem dürfe man einer Mutter ihr Kind nicht ohne Not wegnehmen. Alles Reden des Lehrers war vergeblich gewesen. Richard Bornemann war ein unbeugsamer und unbelehrbarer Dickschädel.

Also hatte sich der »Frömmler« aus seiner Verantwortung vor seinem Gott, an den er glaubte und dem er auch in den schwierigen Nazi-Zeiten zu dienen versuchte, auf die Suche gemacht. Er wollte Menschen finden, die bereit waren, sich der kleinen Marie anzunehmen und ihr Eltern zu sein.

In einem Ehepaar im weit genug entfernten Wüstenfeld war er fündig geworden. Heinrich und Luise Grüber waren wohl die richtigen. Beide waren verwitwet und zum zweiten Mal verheiratet. Beide hatten in ihren ersten Ehen Kinder gehabt und auf tragische Weise verloren. Ein Sohn des Mannes hatte sich als junger Mann nach irgendeinem fragwürdigen Vorkommnis in die französische Fremdenlegion abgesetzt und galt als verschollen.

Diesen Grübers konnte die kleine Marie wohl überlassen werden. Wenn die Frau auch manchmal ein bisschen komisch schien und zuweilen merkwürdiges Zeug daherredete. Der Mann war jedenfalls eine Seele von einem Menschen, wie man zu sagen pflegt. Der würde mögliche Defizite bei der Frau schon ausgleichen. Heinrich Grüber hielt sich trotz schwieriger Zeiten zur Kirche. Das war dem alten Lehrer wichtig. In ein gottloses Haus hätte er Marie auf keinen Fall vermittelt.

In der letzten Juniwoche 1943 kam er dann vormittags auf den

Bornemann-Hof, um seine traurige Aufgabe zu erledigen. Bauer und Bäuerin waren in die Rüben gefahren und hatten Heinzi ganz gegen ihre sonstige Art mitgenommen. Wohl um den Jungen aus dem Geschehen herauszunehmen und um selbst das Drama des erzwungenen Abschieds der jungen Mutter von ihrem Kind nicht erleben zu müssen. Vielleicht meldete sich da doch irgendwo das Gewissen.

Elsbeth war verzweifelt, und es gelang Erich Jahnke nicht, sie zu beruhigen. Die Antwort auf die Frage nach seinem Reiseziel verweigerte er beharrlich. »Glaub mir, Elsbeth, dein Kind kommt zu guten Leuten. Sie werden ihm gute Eltern sein. Aber es ist besser, du weißt nicht, wo sie wohnen. Es ist für alle besser. Die Leute wissen auch nicht, woher ich das Kind bringe. Außer mir weiß nur Gott davon. Und er hält seine Hände über alle.«

Nach einer Weile des stummen Mitleidens fügte der Lehrer noch hinzu: »In der heutigen Losung steht ein gutes Wort aus dem Psalm 91. Das darfst du dir merken, und das steht auch über dem Leben deines Kindes: ›Er hat seinen Engeln befohlen, dass sie dich behüten auf allen deinen Wegen.‹ Und jetzt lass mich gehen. Ich werde für dich beten und für das Kind.«

Erich Jahnke nahm die schluchzende Mutter noch einmal kurz in die Arme, griff dann mit der einen Hand das Köfferchen mit den wenigen Habseligkeiten der kleinen Marie und mit der anderen den Kinderwagen und verließ den Hof. Am Tor wandte er sich noch einmal um und warf Elsbeth einen letzten Blick zu. Aber sie konnte diese Geste nicht sehen. Sie saß bitterlich weinend, ihr Gesicht in der Schürze vergraben, in der Laube. Und dann liefen auch dem alten Lehrer die Tränen über die zerfurchten Wangen. O Gott, welches Elend und welche Not als Folgen menschlicher Schwäche und menschlichen Stolzes. Gott möge sich über diese Ereignisse erbarmen.

Im neuen Zuhause

Wüstenfeld war ein evangelisches Bauerndorf am Rande des katholischen Johannlandes, einer Region im südlichen Westfalen, die weniger naziverseucht war als andere Gegenden und die vom Krieg direkt nicht sehr viel mitbekam. In der Kate an der Einfahrt zum Henrichshof war mit dem Einzug von Marie Leben eingekehrt. Heinrich und Luise Grüber hatten doch lange Jahre nicht mehr mit kleinen Kindern zu tun gehabt. So war das schon eine erhebliche Umstellung für die beiden Mittvierziger, jetzt wieder einen kleinen Menschen im Haus zu haben, der sein Recht auf Brei, Flasche, frische Windeln und saubere Kleidung lauthals anmeldete und der auch zunehmend beschäftigt werden wollte.

Einerseits machte dies veränderte Familienleben den Eltern Freude, andererseits brachte es aber auch Belastungen mit sich.

Der Vater hatte als Schmied Wechselschicht in einer Hammerschmiede und war immer nur halbtags zu Hause. Die Produktion von Kurbelwellen in seinem Betrieb hatte ihn vor der Einberufung zur Wehrmacht bewahrt. In der freien Zeit galt es, sich um den Garten zu kümmern, um die beiden Schweine im Koben und die Hühner im Pferch. Manchmal bat auch der Henrichsbauer um Mithilfe bei bestimmten Arbeiten, besonders bei Reparaturen an Haus und Maschinen.

Die Mutter hatte bisher nahezu täglich einige Stunden auf dem Hof mitgearbeitet. Das ging jetzt nicht mehr so regelmäßig. Sie musste für das Kind da sein. Das machte ihr zuweilen mehr Mühe als Freude. Sie hätte es vorgezogen, Garten und Vieh zu versorgen und auf dem Hof und auf Feldern und Wiesen zu arbeiten, statt Windeln zu waschen, Breichen zu kochen und sich sonstwie um das Kind zu kümmern. Hatte ihr Heinrich da nicht doch ein wenig voreilig dem Drängen von Erich Jahnke nachgegeben, dieses ungewollte Kind aufzunehmen?

Dazu kam, dass Marie an Rachitis litt. Ihr kleiner Körper zeigte deutliche Spuren dieser Mangelerkrankung. Ihrem Alter nach sollte das Mädchen eigentlich wenigstens schon sitzen, sie konnte es aber noch nicht. Sie brauchte also mehr Zuwendung und Pflege als ein gesundes Kind im gleichen Alter.

»Wenn Sie dem Kind vitaminreiche Nahrung geben und es viel draußen an der Sonne sein lassen, dann ist das schon hinzukriegen«, hatte der Arzt gemeint. Es sei dennoch zu überlegen, ob eine stationäre Behandlung in der nahen Kreisstadt nicht angebracht wäre.

Damit war Luise Grüber aber gar nicht einverstanden. Das hätte in der Woche mehrfaches Hin- und Herfahren bedeutet und damit zusätzliche Belastungen. Nein, wenn das nicht zwingend sein müsste, dann doch lieber nicht. Außerdem sei das Kind doch in der Stadt viel mehr gefährdet als auf dem Land, wegen der Bombardierungen und so.

Auch Heinrich war es lieber, das Kind konnte im Haus bleiben. Er hätte doch kaum die Möglichkeit gehabt, es in der Stadt zu besuchen. Und er würde das kleine Wesen schon vermissen. Sein Herz hatte Marie längst gewonnen.

Also sollte Luise alle möglichen Anstrengungen unternehmen, das Kind auf die Beine zu kriegen und dem Vitaminmangel und seinen Folgen abzuhelfen.

Aber der Pflegemutter ging der Prozess der Genesung zu langsam. In ihr steckte der Hang nach schnelleren, dafür aber fragwürdigen Heilungsmethoden. Diesen Hang hatte sie aus ihrer ostpreußischen Heimat mitgebracht. Dort hatte es im Dorf ein Kräuterweiblein gegeben, das manchem Hilfesuchenden auch Hilfe gewährt hatte. Dass es da manchmal nicht mit rechten Dingen zugegangen war, hatte nie jemanden gestört.

Ob es solch einen Menschen nicht auch in der Umgebung von Wüstenfeld gab? Luise Grüber machte sich auf die Suche. Das war gar nicht so einfach, denn sie hatte im Dorf nur wenige Kontakte, so dass sie nicht viele Leute fragen konnte. Außerdem musste sie sich vorsichtig an die gewünschten Informationen herantasten, damit ihr Mann von ihrem Ansinnen nichts erfuhr. Der wäre damit nämlich überhaupt nicht einverstanden gewesen. Der würde zehnmal eher zum Pastor laufen und über dem Kind beten lassen. Sie hatte doch vor ihm auch schon ihre Karten verschwinden lassen müssen, aus denen sie so gerne sich selbst und anderen die Zukunft gelesen hatte, damals, vor ihrer Heirat.

Luise erschrak deshalb auch richtig, als ihr Heinrich ihr eines Tages eröffnete, dass er beim Pastor die Taufe von Marie angemeldet hätte.

»Bist du ganz gescheit? Willst du dich bei den Leuten unbeliebt machen? Wenn deine Chefs erfahren, dass du es so deutlich mit der Kirche meinst, schmeißen die dich noch raus und du kommst doch noch an die Front«, empörte sich die Frau.

»Mach dir da mal nur keine Sorgen, meine Liebe. Das brauche ich nicht zu befürchten. Die haben doch gar keinen anderen, der den Manipulator richtig bedienen kann. Und sie kriegen auch nirgendwo einen her. Also da bin ich ganz sicher. Und außerdem will ich, dass Marie getauft wird. Sie hat schon Schlimmes hinter sich, wenn sie das auch selbst nicht weiß. Ich will, dass ihr kleines Leben unter den Segen Gottes gebracht wird. Da lass ich mir von dir nicht reinreden.«

»Ist ja schon gut«, gab Luise etwas missgestimmt zurück und machte sich in der Küche zu schaffen. Gegen ihren Heinrich war da nicht zu argumentieren. Was der wollte, das wollte er.

»Wann soll die Tauffeier sein?«, fragte sie aus der Küche heraus in die Wohnstube, wo Heinrich sich zu dem Mädchen auf den Boden gelegt hatte und mit ihm spielte.

»Wenn hier Taufen sind, dann sind die immer am letzten Sonntag im Monat. Solltest du eigentlich auch wissen. Also Sonntag in einer Woche«, gab der Vater zurück. »Mach dir schon mal Gedanken, wie wir den Tag gestalten können. Ein bisschen festlich und mit ein paar Gästen und gutem Essen. Da kannst du wieder einmal zeigen, welche Meisterin der Küche du bist.«

Luise fühlte sich geschmeichelt. »Wen willst du denn dazu einladen?«

»Den Küster und seine Frau, habe ich gedacht. Und meinen Bruder mit der Schwägerin, wenn du nichts dagegen hast. Wir hatten lange keinen richtigen Kontakt mehr.«

»Ich werd schon nichts dagegen haben. Sag mir nur, was ich zu tun hab, und dann kann die Feier losgehen.«

Die Vorbereitungen für die Taufe und die übrige Arbeit im Haus und drum herum nahmen die Hausfrau stark in Anspruch. So hatte sie zunächst gar keine Zeit, weiter nach einem Kräuterweiblein zu suchen. Gut, dann würde sie das eben später tun, wenn der Taufsonntag vorbei war.

Der kam, und Pastor Eicher hielt einen guten Gottesdienst. Die Taufe des Grüberschen Pflegekindes hatte eine ganze Reihe Leute mehr in den Gottesdienst gelockt, als üblicherweise in den Bänken saßen. Unerschrocken machte der Pastor den Zuspruch und den Anspruch des Wortes Gottes aus Markus 16 deutlich: »Wer aber glaubt und getauft wird, der wird selig. Wer aber nicht glaubt, der wird verdammt werden.« Mutig war das in diesen wirren Zeiten. Viele Gottesdienstbesucher hatten so eine Botschaft lange nicht gehört; die Predigt war das Gesprächsthema für die Sonntags-Tischrunden in den Häusern des Dorfes.

Als Taufpaten traten die Frau des Küsters und der Bruder des Taufvaters, Adelheid Menn und Norbert Grüber, mit ans Taufbecken. Klein-Marie, Hauptperson der Veranstaltung, ließ die Prozedur auf dem Arm ihres Pflegevaters offenbar gerne über sich ergehen. Sie war während des ganzen Gottesdienstes friedlich und ruhig und tat während der Taufhandlung sogar einen fröhlichen Jauchzer, so, als könne sie ermessen, welche Bedeutung in dem Psalmwort liegen mochte, das ihr der Pastor zusprach: »... Denn er hat seinen Engeln befohlen, dass sie dich behüten. Und so segne und behüte dich der allmächtige Gott, der Vater, der Sohn und der Heilige Geist. Amen!«

Dass dieses Psalmwort, nun schon zum zweiten Mal über dem Kind ausgesprochen, für Marie wirkliche Lebensbedeutung haben sollte, konnte in der Dorfkirche von Wüstenfeld an diesem Tag niemand ahnen. Aber die Pflegemutter bekam es schon bald zu spüren, wenn sie den Zusammenhang auch nicht erkennen konnte.

Der Taufsonntag verlief friedlich und schön. Das Zusammensein der Familie mit ihren Gästen war sehr harmonisch. Heinrich Grüber freute sich besonders über das gute Miteinander mit seinem Bruder und dessen Frau. Das war nicht immer so gewesen, vor allem nicht, seit Luise zur Familie gehörte.

Etwas Besonderes durften sie alle zusammen erleben: Marie blieb zum ersten Mal allein auf ihrer Decke sitzen, ohne gleich wieder umzufallen. Sie schien diese Veränderung selbst am deutlichsten zu empfinden und begleitete ihre neue Kunst mit lautem Freudengebrabbel.

Heinrich Grüber war rundum zufrieden mit diesem schönen Tag, dem freilich seine Frau das Besondere nicht abgewinnen konnte. Ihr war es viel wichtiger, dass sie endlich wieder einmal Gäste im Haus hatten, die ihre Koch- und Backkunst sehr zu rühmen wussten.

Dann zog der Alltag wieder ein. Heinrich hatte Mittagschicht. Er musste dann immer nach dem Essen aus dem Haus, um nach seiner täglichen 15-km-Radtour rechtzeitig am Arbeitsplatz zu sein. Für Luise bedeutete das mehr zeitlichen Spielraum, um zu einer alten Zigeunerin zu kommen, von der sie erfahren hatte. Die Frau lagerte mit ihrer Sippe im Steinbruch. Wo die Leute herkamen, wusste niemand. Dass es die überhaupt noch gab, verwunderte manchen. Denn es war irgendwie auch zur Landbevölkerung durchgesickert, dass der Hitler-Staat nicht gerade freundlich mit den Leuten des schwarzhaarigen Volkes umging, wo er ihrer habhaft wurde.

Diese Alte sollte nach dem, was die Leute redeten, über heilende Kräfte verfügen und sie gegen entsprechendes Entgelt auch zur Verfügung stellen.

Der Weg zum angegebenen Lagerplatz der Zigeuner war nicht weit, und heute musste es klappen. Wer weiß, ob die schwarzhaarige Sippe nicht bald weiterzog. Und wer weiß, ob Heinrich nicht plötzlich seine Schicht wechseln musste, wie das zuweilen vorkam.

Bald nachdem ihr Mann das Haus verlassen hatte, packte Luise ihr Pflegekind in den Wagen und schob los, querfeldein durch die Felder und durch einen größeren Wald Richtung Steinbruch, immer darauf bedacht, von den Leuten nicht gesehen zu werden. Dem Kind im Wagen machte es Spaß, so über Stock und Stein geschoben zu werden. Es brabbelte fröhlich vor sich hin.

Endlich hatte sie ihr Ziel erreicht. Im Steinbruch fand sie etliche schlichte Planwagen vor, um die herum ein paar Kinder spielten und einige struppige Pferde grasten. Sonst war niemand zu sehen. Als die Kinder die Frau mit dem Kinderwagen bemerkten, riefen sie ein paar unverständliche Worte und waren im Nu irgendwo verschwunden.

»Was suchst du hier?«, meldete sich eine krächzende Stimme aus einem der Planwagen.

Luise schaute von einem Wagen zum anderen, konnte aber niemanden sehen.

»Was suchst du hier?«, kam die Frage zum zweiten Mal herüber. Der Mutter wurde jetzt doch ein wenig unheimlich. Aber sie antwortete: »Hilfe für mein Kind.«

»Komm näher zum Wagen in der Mitte.«

Luise folgte der Aufforderung. Und dann stand sie einem alten, hutzligen, dunkelhäutigen Weiblein gegenüber, das auf dem Wagen unter der Plane kaum richtig zu sehen war.

»Was fehlt dem Kind?«, fragte die Zigeunerin.

»Sie hat die Englische Krankheit.«

»Komm näher, dass ich das Kind besser sehe. Nimm es auf den Arm.«

Luise folgte auch dieser Aufforderung, schob den Kinderwagen näher heran und nahm Marie heraus. Ganz geheuer war ihr nicht bei der Sache.

»Woher weißt du von mir?«, wollte die Zigeunerin jetzt wissen.
»Leute haben erzählt.«
»Was haben sie erzählt?«
»Meinem Kind könnte hier geholfen werden.«
»Das Kind ist nicht dein Kind«, gab die Alte zu Luises Erstaunen zurück. »Und ich kann ihm auch nicht helfen. Bei diesem Kind versagt meine Kraft. Ich spüre das. Ein anderer hat ihm schon geholfen. Und jetzt nimm dein Kind und geh.«
Luise war irritiert. Wie sollte sie das verstehen? Ein anderer hatte schon geholfen?
Jetzt wiederholte die Alte in schärferem Ton: »Ich sagte, nimm dein Kind und geh! Und noch eins: Hüte dich, irgendjemandem von unserer Begegnung zu sagen. Das hätte böse Folgen für dich und auch für mich und meine Leute. Hast du das verstanden?«
»Ja, ja, ich habe verstanden«, gab Luise unsicher zurück, setzte Marie in den Wagen, wendete ihn und verließ fast panikartig das Steinbruchgelände.
Erst nachdem sie den größten Teil der Strecke zurückgelegt hatte, hielt sie für einen Moment inne und atmete tief durch. Was sie da erlebt hatte, verstand sie nicht. Das sollte ihr mal jemand erklären. Da wusste diese Alte, dass Marie nicht ihr Kind ist, und sie behauptete, da habe ein anderer bereits geholfen. Luise schüttelte den Kopf, beugte sich über das Kind und strich ihm über die blonden Löckchen. »Was bist du für ein Kind, Mariechen? Kannst du mir das sagen?« Das Mädchen schaute die Mutter mit großen Augen an, von dem zurückliegenden Ereignis offenbar völlig unbeeindruckt, und tat nur einen Jauchzer, hell und fröhlich wie vergangenen Sonntag am Taufbecken.
Luise setzte ihren Weg fort, um diese Begegnung rasch hinter sich zu lassen und möglichst bald nach Hause zu kommen.
Selbstverständlich würde sie niemandem etwas von der Sache erzählen, niemandem, auch Heinrich nicht. Wenn die Worte der Alten eine Drohung waren und diese Drohung dann wahr würde … Wer weiß, was geschehen würde.

Trauriger Geburtstag

In der folgenden Zeit verbesserte sich Maries Gesundheitszustand merklich. Bald war von der Rachitis nichts mehr zu sehen und zu spüren. Das Mädchen lernte das Laufen ohne eine längere Kriech- und Krabbelperiode. Bald lernte Marie, »Papa« und »Mama« zu rufen, und begann, ihre allmählich größer werdende Welt zu erkunden.

Dabei waren ihre Tage meistens in zwei Abschnitte geteilt. War das Mädchen mit der Mutter allein zu Haus, dann waren ihre Aktivitäten auch auf das Haus beschränkt. Luise beschäftigte sich sehr wenig mit ihr – sie war ja schließlich nur ihre Pflegetochter. Sie überließ das Kind meist sich selbst. Allein durfte das Kind nicht nach draußen, und sie ließ auch keine anderen Kinder an es heran. Marie spielte dann mit ihren wenigen Sachen auf dem Stubenboden oder am Tisch und war es in der Regel auch zufrieden.

Wenn aber der Papa zu Hause war, dann wurde es immer interessant. Papa nahm sein Mariechen mit an seine Arbeitsplätze, wann immer es ging. Er spielte mit ihr in der Stube und im Garten. Er half ihr, Haus und Hof zu erkunden und ihren Horizont Schritt für Schritt zu erweitern. Er erzählte ihr Märchen und Geschichten, malte mit ihr Bilder und sang mit ihr alle Kinderlieder, die er aus seiner eigenen Kindheit noch kannte.

Später setzte der Vater seine Tochter oft auf den Gepäckträger seines Fahrrades und fuhr mit ihr durch Wald und Feld. Dann zeigte er ihr, was dort Großes und Kleines wuchs und blühte, erklärte ihr Nutzpflanzen und Wildkräuter, warnte sie vor giftigen Beeren und Kräutern, erklärte ihr die Stimmen von Amsel, Drossel, Fink und Star und was sonst außer Spatz und Taube noch herumflog. Der Vater wusste alles und er konnte alles. Marie liebte ihren Papa, und sie genoss die Zeiten, in denen er zu Hause war, auch dann, wenn er einmal keine Zeit für sie hatte.

Kontakte zu anderen Kindern des Dorfes konnte Marie erst knüpfen, als sie mit vier Jahren in den Kindergarten kam. Aber das war zunächst nicht einfach. Sie hatte ja vorher kaum andere Kinder erlebt. Auch als Kindergartenkind konnte das Mädchen keine Freundschaften aufbauen. Morgens lieferte Luise Grüber ihre Pflegetochter beim Kindergarten ab, mittags nahm sie sie wieder in

Empfang, ohne auch nur anderen Kindern oder deren Müttern eine Geste der Freundlichkeit und des Interesses zu zeigen oder mit ihnen ein Wort zu wechseln.

Wie gut, dass Heinrich in seiner ganz anderen Art da vieles ausglich und ersetzte. Was seine Frau zuweilen natürlich ärgerte und dann auch gegen das Kind aufbrachte. Sie wurde hart und streng. Wehe der Kleinen, wenn sie ihr Kleidchen oder die Schürze einmal verdreckt oder gar zerrissen hatte! Wehe ihr, wenn beim Hinfallen Löcher in die selbst gestrickten Strümpfe gekommen waren! Wehe ihr, wenn irgendetwas in der Wohnung zu Bruch ging, weil Marie sich ungeschickt anstellte oder ihre kleinen Hände die Dinge noch nicht beherrschten! Dann wurde Mama laut und heftig. Hin und wieder gab es auch saftige Ohrfeigen oder Schläge auf den Popo.

Marie verzog sich in solchen Fällen dann in eine Stubenecke und wartete still leidend und schmollend darauf, dass Papa nach Hause kam und der Tag wieder besser wurde. Papa brachte auch manches in Ordnung, ehe Mama etwas davon erfuhr. Da waren die beiden oft wie ein verschworenes Paar, das seine Geheimnisse hütete.

Mit wachsendem Alter versuchte Marie immer wieder einmal, selbst Kontakt zu anderen Kindern oder zu Erwachsenen zu knüpfen. Dann büchste sie einfach zu Hause aus, lief mal zu Onkel und Tante oder zu den Küstersleuten, mal zum Pastor, mal hinüber zur Schule, wo sie sich einfach mit in den Unterricht setzte. Überall wurde sie gerne aufgenommen. Aber wenn Mama sie dann wieder irgendwo abholen musste, gab es anschließend strenges Ausgehverbot.

Alles in allem waren es für Marie keine leichten, aber doch durch die Liebe des Pflegevaters schöne Kinderjahre. Aber diese ersten Jahre ihrer Kindheit sollten leider bald ein jähes Ende finden.

Marie war inzwischen sechs Jahre alt und kräftig gewachsen. Ein Lockenwuschel, in der Regel in zwei kräftigen Zöpfen gebändigt, umgab ihr hübsches Gesicht. Dem Mund fehlten die ersten Milchzähne. Nach Ostern sollte sie eingeschult werden.

Einige Wochen vorher eröffnete Heinrich Grüber seiner Frau, dass er vorhabe, die Pflegetochter zu adoptieren. »Wenn Mariechen demnächst in die Schule kommt, ist es besser, sie trägt auch amtlich unseren Namen. Ich habe mit Pastor Eicher schon darüber gesprochen. Er wird sich um die Sache kümmern mit dem Jugend- und Sozialamt und so.«

»Wenn du meinst, du solltest das tun, dann tu's.« Luise wäre es lieber gewesen, sie hätte das Kind unter dem Namen ihrer richtigen Eltern anmelden können: Marie Bornemann. Die Leute wussten doch ohnehin, dass das Kind ein Pflegekind war und nicht ein leibliches, eigenes. Warum also diese Prozedur?

»Mariechen weiß nichts davon, dass sie nicht unser eigenes Kind ist«, belehrte Heinrich seine Luise. »Sie denkt, wir seien ihre richtigen Eltern. Warum sollen wir sie nicht in diesem Glauben lassen? Wenn das Kind in der Schule plötzlich mit einem anderen Namen registriert und angesprochen wird, bricht doch eine Welt zusammen. Das muss nicht sein. Und ich will das verhindern.«

»Wenn du meinst, dass das wichtig ist, dann tu, was du für richtig hältst«, gestand die Frau ihrem Mann zu. »Marie Grüber, Marie Grüber, wie das klingt«, murmelte sie vor sich hin, als sie den Raum verließ.

Leider ließ sich das gut gemeinte Vorhaben des Pflegevaters nicht so schnell in die Tat umsetzen. Da fehlten gültige Papiere, die damals in den Kriegsjahren nicht ordnungsgemäß weitergegeben worden waren. Die Suche nach den leiblichen Eltern musste aufgenommen werden. Bei mehreren Besuchen hatte ein Mitarbeiter des Jugend- und Sozialamtes die häuslichen und familiären Verhältnisse zu prüfen. Zum Glück geschah das alles sehr dezent, so dass Marie nicht merkte, worum es eigentlich ging. Nur brauchte das alles sehr viel Zeit. Und auch die wiederholten Nachfragen von Pastor Eicher und Heinrich Grüber vermochten nicht, die Sache zu beschleunigen.

So ließ es sich nicht vermeiden, dass das neue Schulmädchen als Marie Bornemann eingeschult wurde. Hoffentlich hielten die beiden Lehrer und die Lehrerin der kleinen Dorfschule ihr Wort: Sie wollten vor den Kindern nur den Vornamen benutzen und wenn es notwendig war, einen Nachnamen zu nennen, dann im Vorgriff auf die erwartete behördliche Entscheidung den Namen Grüber. So wurde es auch ins Klassenbuch und in die Schülerkartei eingetragen. Heinrich Grüber hatte darauf bestanden, obgleich ihm nicht ganz wohl dabei war. Hoffentlich wurde Maries Adoption bald vollzogen!

Aber die Dinge sollten sich ganz anders entwickeln.

Der 1. April 1948 war ein richtig schöner Frühlingstag. Die Sonne schien warm vom wolkenlosen Himmel. Die ersten Obstbäume und viele Sträucher standen schon in Blüte, der Geruch frisch bestellter

Felder stand über dem Land, und fröhliches Vogelgezwitscher erfüllte die Luft. Alles war in diesem Jahr sehr früh für diese Gegend.

Die Einschulung wurde auch diesmal wieder zu einem Fest für die ganze Dorfgemeinschaft. Die drei Lehrer der Schule hatten sich mit den älteren Schulkindern allerlei einfallen lassen, um den Neulingen den bedeutsamen Tag unvergesslich zu machen. Als Begrüßungsgeschenk gab es für jeden der zehn Erstklässler eine Tafel bester Schokolade, eine Packung Kekse und einen Zeichenblock mit Buntstiften.

Organisiert hatten diese Dinge Soldaten der belgischen Besatzungstruppen, die seit Kriegsende in einer Kaserne der Kreisstadt stationiert waren.

Zum Abschluss des gemeinsamen Vormittags gab es ein großes Eintopfessen für alle. In diesem Jahr stellten es Georg und Hanna Eicher bereit, denen der größte Hof des Dorfes gehörte. Auch ihre Tochter Erika war unter den Kindern, für die mit diesem Tag der »Ernst des Lebens« begann.

Freilich, so richtig ernst wurde es erst am nächsten Tag, als die Fibeln ausgegeben wurden, als die Kinder die ersten Schreibübungen auf den Schiefertafeln machten, als sie das erste Frühlingslied lernten und sangen und die ersten Kastanien auf den Schultischen ausgelegt und zusammengezählt wurden: Rauf – runter – rauf – Pünktchen drauf. 1 + 1 = 2. Es tönen die Lieder, der Frühling kehrt wieder...

Die ersten Schulwochen vergingen. Marie kam gut zurecht mit allem, was von ihr gefordert wurde. Schule und Lernen machten ihr Spaß. Was sie immer wieder ärgerte war, dass sie nachmittags kaum jemals Kinder aus ihrer Klasse sehen durfte. Vor allem nicht, wenn Papa Mittagschicht hatte. Dann ließ die Mutter sie nicht aus dem Haus oder vom Grundstück. Und wenn Papa zu Hause war, hatte das Mädchen meist kein Verlangen nach anderen Kindern.

Es wurde Sommer. Die ersten großen Ferien kamen und gingen vorbei. Marie hieß offiziell immer noch Bornemann. Es wurde Herbst, und die Entscheidung des Jugend- und Sozialamtes lag immer noch nicht vor. In den Herbstferien sollte die Sache endlich abgeschlossen werden. So hatte es Pastor Eicher inoffiziell aus dem Amt erfahren.

»Na, mein Mädchen, noch ein paar Tage, dann sind Herbstferien, und ich mache eine Woche Urlaub«, verabschiedete sich Heinrich

Grüber eines Mittags Anfang Oktober von seiner Pflegetochter, fertig für seine Fahrt zur Arbeit. »Und für morgen habe ich meine Schicht getauscht, damit wir deinen Geburtstag auch richtig feiern können.«

»Au fein, Papa! Darf ich dann ein paar Kinder einladen?«, rief Marie dem geliebten Vater noch hinterher.

»Das sehn wir dann. Ich glaub schon«, rief der über die Schulter zurück und war um die Straßenbiegung verschwunden.

Voller Vorfreude betrat Marie die Küche. »Ich darf für meinen Geburtstag morgen ein paar Kinder einladen, hat Papa gesagt.«

»Der hat leicht sagen. Und wer macht die Arbeit?«

»Du wolltest doch sowieso einen Kuchen backen, Mama. Dann machst du einfach ein bisschen mehr Teig, und dann kannst du auch gleich zwei backen.«

»Nichts da. Ein Kuchen reicht, und die Kinder können bleiben, wo sie hingehören«, grantelte die Mutter. »Außerdem machen viele Leute im Haus nur Dreck. Den darf ich dann wieder wegputzen.«

»Dabei kann ich dir doch helfen«, bettelte das Mädchen. »Ich helfe dir doch auch sonst beim Putzen, Mama.«

»Heute ist heute, morgen ist morgen. Und jetzt lass mich in Ruh.«

Marie schwieg. Weiteres Reden hatte jetzt keinen Sinn. Sie musste halt warten, bis Papa morgen von der Schicht nach Hause kam. Dann würde Mama nicht mehr widersprechen, und sie könnte die anderen Kinder immer noch abholen.

Am Spätnachmittag schickte Luise ihre Pflegetochter noch einmal in den Dorfladen. Die Eier und die Milch reichten nicht für den Geburtstagskuchen. »Aber beeil dich und komm sofort wieder«, bekam Marie noch mit auf den Weg. Das tat sie auch.

Sie kam bald zurück und wunderte sich über das große Auto, das vor ihrem Haus an der Straße stand. Das passierte nicht oft, dass im Dorf solche Fahrzeuge auftauchten. Traktoren ja und ein paar Mal am Tag der Bus, aber kaum solche Personenwagen. Und das noch vor ihrem Haus. Was das wohl zu bedeuten hatte?

Und warum standen Onkel Norbert und der Küsteronkel da mit einem fremden Mann am Törchen? Und die sahen alle so ernst aus. Marie lief ein bisschen schneller. Als Onkel Norbert das Mädchen erblickte, kam er ihm ein paar Schritte entgegen.

»Was macht ihr denn alle hier?«, rief die Kleine dem Onkel zu. »Ist Papa auch da?«

»Du kannst jetzt nicht ins Haus gehen, Kind«, stellte sich der Onkel ihr in den Weg. »Und du musst jetzt ein ganz tapferes Mädchen sein.«

»Was redest du da, Onkel Norbert? Was will der Mann mit dem Auto?«

»Komm her, Mariechen, ich muss dir was sagen.«

Marie wurde es ganz merkwürdig ums Herz. Der Onkel hatte doch was. Sie stellte die Milchkanne auf den Boden und legte die Eierpackung auf den Tisch vor der Bank. »Ist was mit Papa, Onkel Norbert?«

»Ja, Kind, es ist was mit deinem Papa.« Der Onkel setzte sich auf die Bank, atmete schwer ein. Er nahm die Kleine in den Arm und offenbarte ihr dann das Schreckliche. »Dein Papa kommt nicht mehr nach Hause. Er ist heute Nachmittag bei seiner Arbeit schwer verunglückt.«

»Was ist mit ihm? Ist er tot?«, schrie es nach einer Schrecksekunde aus Marie heraus. Der Onkel nahm das Kind fester und bestätigte: »Ja, dein Papa ist tot. Sein eigener Manipulator hat ihn an die Wand gedrückt. Keiner konnte ihm mehr helfen.«

Marie schaute ihren Onkel mit großen, leeren Augen an. »Sag, dass das nicht wahr ist, Onkel. Nein, das ist nicht wahr! Nein, das ist nicht wahr! Du lügst, Onkel Norbert, du lügst! Papa! Mein Papa!«, brach es mit sich steigernder Stimme aus dem Mädchen heraus. Dann schüttelte sie ein wildes Schluchzen. Norbert Grüber nahm sie noch fester in seine Arme, als könnte er so den zitternden und bebenden kleinen Körper beruhigen. Dabei liefen ihm jetzt selbst die Tränen über das Gesicht. Und auch die beiden anderen Männer, die schweigend dabeistanden, mussten zu ihren Taschentüchern greifen.

»Wo ist Mama?«, fragte Marie nach einer Weile zwischen zwei Schluchzern.

»Deine Mama ist in der Stube. Tante Irmgard und die Küstertante sind bei ihr. Und die Frau von Papas Chef ist auch noch drin.«

»Ich will zu Mama«, löste sich das Mädchen aus den Armen des Onkels und lief ins Haus. Hier fand sie die Pflegemutter leichenblass und völlig apathisch auf der Couch sitzend. Tante Irmgard saß neben ihr und hielt sie im Arm. Die Küstertante und die fremde Frau saßen auf Stühlen. Niemand sprach ein Wort. Nur leises Schluchzen und Schlucken durchbrach die Stille. Die Küstertante zog Marie gleich zu sich und nahm sie auf den Schoß. »Komm zu mir, Kind. Deine Mama steht unter Schock. Sie sieht gar nicht, dass du da bist. Schlimm ist das alles.«

»Und ich hab doch morgen Geburtstag«, wimmerte die Kleine jetzt in den Armen der Küstertante. »Und dann keinen Papa mehr.«

»Das ist schwer für dich, Kleines. Und das ist schwer für deine Mama.«

»Aber wir wollten doch morgen mit den Kindern feiern. Das hat Papa mir doch versprochen.«

»Du sollst auch feiern, Kleines. Dann kommst du mit den Kindern zu uns, und wir feiern deinen Geburtstag eben bei uns.«

»Machst du das wirklich, Küstertante?«

»Versprochen, Mariechen.« Die Kleine schwieg jetzt und weinte nur still in sich hinein. Mama zeigte immer noch keine Regung.

Dann machte die fremde Frau Anstalten zu gehen, und Tante Irmgard meinte zur Küstersfrau: »Wir müssen Luise hinlegen und vielleicht den Arzt rufen. Sie braucht eine Beruhigungsspritze. Mariechen kann solange draußen bei Norbert sein. Wir nehmen sie nachher mit zu uns. Morgen wird sie eher wieder hier sein können.«

Die Firmenchefin verabschiedete sich von den Frauen und drückte noch einmal ihre tiefe Anteilnahme an dem tragischen Geschehen aus. Dann fuhr sie mit ihrem Fahrer davon. Onkel Norbert und der Küster bemühten sich um Marie, die beiden Frauen um Luise. Später kam der Arzt und gab ein Beruhigungsmittel. Dann nahmen die Küstersleute Marie mit nach Hause, und die beiden Grübers blieben in der Kate. So war es wohl zunächst am besten. Und morgen musste man weitersehen.

Es wurde ein trauriger Geburtstag für Marie, auch wenn Onkel Krischan und Tante Adelheid, die Küstersleute, sich alle Mühe gaben, es dem Kind und seinen kleinen Gästen so schön und leicht zu machen, wie das eben in dieser Situation möglich war. Onkel Norbert und Tante Irmgard kamen auch kurz vorbei, gingen aber bald wieder, um sich um Luise zu kümmern und mit Pastor Eicher die Beerdigung vorzubereiten.

Dann kam dieser schlimme Tag. Unter großer Anteilnahme der Dorfbevölkerung wurde Heinrich Grüber beerdigt. War es Absicht des Pastors oder war es Zufall? Auch in dem Trauergottesdienst, der vor dem Gang auf den Friedhof in der Dorfkirche gefeiert wurde, ging es um Psalm 91. Pastor Eicher sprach wenig über den Toten, erwähnte nur, dass der sich auch in schwierigen Zeiten immer zur Kirche gehalten habe und sich von nichts habe abbringen lassen, die Dienste der Kirche und Gemeinde in Anspruch zu nehmen. Vielmehr sprach der Pastor zu den Lebenden und zu den zurückbleibenden Angehörigen. Ihnen gelte der Zuspruch Gottes, der im Vers 11 deutlich werde: »Er hat seinen Engeln befohlen, dass sie dich behüten auf allen deinen Wegen.«

Wenn Marie auch nicht sehr viel von der Predigt verstanden hatte, das Stichwort »Engel« setzte sich in ihrem kleinen Kopf fest. In jedem Abendgebet, das der Vater mit ihr gebetet hatte, waren Engel vorgekommen, und ihr fiel jetzt sogar die Formulierung ein: »Dein heiliger Engel sei mit mir, dass der böse Feind keine Macht an mir finde.«

Die gerade Siebenjährige fühlte so etwas wie Trost in ihrem kleinen, traurigen Herzen. Gottes heiliger Engel würde sie behüten, jetzt, wo der geliebte Papa nicht mehr da war. Gottes heiliger Engel ... Fest legte sie ihre Hände zusammen wie zum Gebet, das sie abends, wenn Papa nicht auf der Schicht war, immer gebetet hatte. Und sie beschloss, dieses Gebet auch in Zukunft weiterzubeten, auch ohne Papa: »Dein heiliger Engel sei mit mir, dass der böse Feind keine Macht an mir finde.«

»Marie, Marie, Marickelchen ...«

»Marie, Marie, Marickelchen ist ein blödes Zickelchen;
hat der Namen zwei und ist vogelfrei.
Marie, Marie, Marickelchen ist ein blödes Zickelchen;
hat der Namen zwei und ist vogelfrei.
Marie, Marie, Marickelchen ...«

Wie von Furien gehetzt rannte Marie von der Schule nach Hause, nicht rechts oder links schauend, nur weg von der Schule. Nur weg von diesen Schreihälsen, nur weg von diesen schrecklichen Dingen, nur weg …

In der Wohnstube der Kate warf sie ihren Schulranzen in die Ecke und sich selber auf den Boden. Schluchzend, weinend und schreiend trommelte sie mit ihren kleinen Fäusten auf die Dielen. »Nein, nein, nein! Papa, warum bist du nicht da? Das ist nicht wahr. Die lügen! Die lügen, Papa!«

Luise Grüber fand ihre Pflegetochter völlig aufgelöst und am ganzen Körper zitternd auf dem Stubenboden. Sie hatte das Kind vom Garten her gehört und war gleich hereingeeilt. »Marie, was ist los? Wer hat dir was getan? Kind, nun beruhige dich doch!«

Sie hob das Mädchen auf und schloss es in die Arme. Marie ließ sich heute bereitwillig gefallen, was ihr sonst eher zuwider war. »Mariekind, sag mir, was los ist«, versuchte die Frau das Mädchen zu beruhigen. »Wer hat dir was getan?«

Dann brach es aus Marie heraus: »Sie haben gesagt, ich bin nicht euer Kind. Ich heiße nicht Marie Grüber, haben sie gesagt.«

»Wer hat das gesagt?« Luise zog sich einen Stuhl heran, setzte sich, nahm Marie auf ihre Knie, strich ihr die Haare aus dem Gesicht und wischte ihr die Tränen von den glühenden Wangen. »Nun werde ganz ruhig, mein Liebes, und erzähl mir der Reihe nach, was passiert ist.« So liebevoll hatte Marie ihre Pflegemutter lange nicht erlebt, und es tat ihr gut, wie sie im Augenblick mit ihr umging.

»Also«, begann das Kind zu erzählen, wobei ihr Reden immer wieder von Schluchzern unterbrochen wurde. »Heute gab es doch Zeugnisse. Und da hat die Lehrerin alle Kinder der Reihe nach aufgerufen. Jedes Kind musste dann zu ihr ans Pult kommen und sich sein Zeugnisheft abholen. Meinen Namen hat sie nicht aufgerufen. Und dann hat sie eine Marie Bornemann oder so ähnlich aufgerufen. Da ist natürlich kein Kind aufgestanden, weil ja auch kein Kind in der Klasse so heißt. Und dann hat die Lehrerin mich aufgerufen, warum ich nicht zu ihr komme. Da habe ich gesagt, dass ich nicht Bornemann heiße, sondern Grüber. Und dann hat sie gesagt, dass ich nicht Grüber heiße, sondern Bornemann und dass ich nur ein Pflegekind bin.«

Luise seufzte leicht auf. Jetzt rächte sich offenbar Heinrichs Weigerung, Marie die Wahrheit über ihre Herkunft zu offenbaren. »Wir hätten es dir längst sagen sollen, Mariechen. Du bist wirklich unser

Pflegekind. Jetzt, wo Papa nicht mehr da ist, natürlich mein Pflegekind. Aber erzähl erst weiter.«

Marie ging gar nicht auf Mamas Bemerkung ein und sprudelte gleich weiter. »Dann haben sie in der Klasse alle gelacht und herumgeschrien: ›Sie heißt nicht Grüber, sie ist ein Flegelkind.‹«

»Und was hat die Lehrerin gemacht?«

»Die hat dann für Ruhe gesorgt und ist böse geworden, weil die andern alle gelacht haben und so dummes Zeug geredet.«

»Und weiter?«

»Dann war die Stunde rum und wir durften gehen. Und dann haben alle draußen rumgeschrien: ›Marie, Marie, Marickelchen ist ein blödes Zickelchen ...‹ und dann bin ich einfach weggerannt.«

»Alle Kinder haben das geschrien?«

»Ich glaube, fast alle. Nur Erika hat nicht mitgeschrien. Die wollte mir gegen die anderen helfen, aber ich bin weggerannt.«

»Armes Ding, das war sicher sehr schlimm für dich.« Luise drückte das jetzt wieder weinende Kind fest an sich. »Beruhige dich, Liebes. Lass die dummen Kerle doch schreien, was sie wollen. Auch wenn du wirklich nicht Grüber heißt, wir gehören doch zusammen.«

»Aber warum heiße ich denn nicht Grüber?«, wollte Marie jetzt natürlich wissen.

»Ich werde dir die Geschichte gleich beim Essen erzählen«, versuchte Luise Zeit zu gewinnen. »Zeig mir jetzt erst einmal dein Zeugnis.« Da stand es dann tatsächlich schwarz auf weiß: Marie Bornemann. Also hatte sich die Lehrerin doch nicht an die Vereinbarung gehalten, die Heinrich noch mit ihr getroffen hatte, den Namen Grüber jetzt schon als Maries Familiennamen zu verwenden. Aber für das Adoptionsverfahren war ja nun ohnehin eine ganz neue Situation entstanden. Die Pflegemutter musste befürchten, dass Marie wohl nie Grüber heißen würde.

Als die beiden dann wenig später beim Essen saßen, erzählte Luise ihrer Pflegetochter, was sie glaubte, dem Kind erzählen zu können. Viel wusste sie ja ohnehin nicht über die Herkunft des Mädchens.

Marie hatte dem Reden ihrer Mama still zugehört und dabei mit ihrem Löffel im bereits leeren Teller gerührt. Dann schaute sie plötzlich auf und ihrer Pflegemutter in die Augen. Mit kindlicher, aber deutlicher Entschlossenheit sagte sie nur: »Ich will auch gar nicht mehr Grüber heißen. Ihr habt mich einfach belogen. Du hast mich auch belogen. Wenn Papa noch da wäre, wäre das was anderes. Jetzt heiße ich eben Bornemann, und so will ich auch jetzt heißen.« Sprach's, legte den Löffel in den Teller, stand auf, ging in ihr Zimmer und zog die Tür deutlich hinter sich zu, als wollte sie sagen: Lass mich in Ruhe und allein. Die Sache muss ich erst noch weiter verarbeiten. Am Tisch zurück blieb eine Frau Anfang fünfzig, die die ganze Situation nicht recht begreifen konnte und schon gar nicht wusste, wie es jetzt weitergehen sollte.

Aber es wurde noch heftiger. Die nächsten beiden Wochen waren Herbstferien. Da sah Marie die Jungen und Mädchen aus der Schule kaum, und als Einzelne hielten sie sich ohnehin zurück. Nur in der Menge fühlten sie sich stark. Marie und ihre Mama halfen bei dem guten Herbstwetter auf den Feldern des Henrichsbauern bei der Kartoffelernte. Marie durfte sogar auf Erikas Bitten hin bei Eichers mit aufs Feld. Die beiden Mädchen mochten sich, und sie wären gerne viel öfter beieinander gewesen. Luise Grüber hatte das immer verhindert. Ob Marie nach dem Tod des Pflegevaters mehr Freiheiten bekam? Damit war bei der Einstellung der Pflegemutter eigentlich kaum zu rechnen. Umso schöner, dass die beiden in den Ferien ab und an zusammen sein konnten.

Und dann kam es knüppeldick. Ein Herr Sorg vom Jugendamt hatte sich angemeldet. Er müsse wegen des Adoptionsantrags, über den ja noch nicht entschieden sei, und überhaupt wegen der Zukunft von Marie mit Luise Grüber sprechen. Das Kind solle in der Nähe sein, weil er auch mit ihm sprechen wolle.

Das allerdings würde die Pflegemutter zu verhindern wissen, denn sie ahnte, dass der Besuch nicht unbedingt Gutes bedeutete. Also durfte Marie zu Erika auf den Hof.

Herr Sorg kam. Ein freundlicher älterer Herr, der ein wenig umständlich seine Unterlagen auf dem Stubentisch ausbreitete, als wolle er den Augenblick hinauszögern, in dem er die vom Jugendamt getroffenen Entscheidungen mitzuteilen hatte. »Also, Frau Grüber«, begann er schließlich, »der Antrag Ihres Mannes auf Adoption Ihrer Pflegetochter hat sich bedauerlicherweise erledigt. Ihr Mann lebt leider nicht mehr, und Sie können den Antrag nicht zu Ihrem eigenen machen. Da gibt es wohl ein paar schwarze Punkte in Ihrem Leben, die eine Adoption Ihrer Pflegetochter unmöglich machen.«

Luise schluckte bei diesen Worten, und die Zornesröte stieg ihr ins Gesicht. Dass einen seine Vergangenheit auch immer einholen musste! Als ob der Kohlen- und Kartoffelklau im damaligen Kriegswinter ein so schwerwiegendes Delikt gewesen sei. Alle hatten sie doch damals in der Not geklaut. Warum musste sie auch dabei erwischt werden?! Die Frau kochte innerlich, beherrschte sich aber nach außen hin. »Und da ist dann noch etwas«, sprach Herr Sorg weiter. »Das Jugendamt beabsichtigt, Marie in eine andere Familie zu geben. Sie sind jetzt alleinstehend …«

Weiter kam Herr Sorg nicht. Luise sprang wie von der Tarantel gestochen auf, schlug mit der flachen Hand auf den Tisch, dass es nur so klatschte, und schrie mit hysterischer Stimme: »So weit kommt es noch, mir das Kind wegnehmen! Als es in den Scheißwindeln lag, war ich gut genug, es wieder rauszuholen, alle Drecksarbeit konnte ich für das Kind machen. Einschränken konnte ich mich vorne und hinten. Und jetzt, wo es aus dem Gröbsten raus ist, wo es mir zur Hand gehen kann, soll ich es abgeben. Nicht mit mir, Herr Sorg! Nicht mit mir! Das schlagen Sie sich aber aus dem Kopf. Marie gehört mir und sie bleibt bei mir!« Wie ein Gischt versprühender Wasserfall kam es aus der aufgebrachten Frau heraus.

Herr Sorg zuckte bei dem Ausbruch ein wenig zusammen, blieb aber ganz gelassen. »Nun beruhigen Sie sich erst einmal. Die Sache ist ja noch nicht entschieden. Sie ist erst einmal in der Überlegung. Aber das Jugendamt glaubt, gute Gründe zu haben, das Mädchen in eine vollständige Familie zu geben, wo es Vater und Mutter und Geschwister hat.«

Luise wäre am liebsten erneut hochgefahren, aber sie riss sich doch zusammen. »Was kann ich dagegen tun?«, fragte sie trotzig.

»Hm, Sie können einen Antrag stellen, dass Sie Marie behalten wollen. Sie müssen den Antrag allerdings gut begründen.«

»Und was ist mit dem Kind? Hat das gar nichts dazu zu sagen?«

»Nicht viel. Wir werden sie fragen, was sie lieber möchte. Aber eigentlich ist Marie zu jung. Sie kann noch nicht wissen, wo es ihr besser gehen wird, bei Ihnen oder in einer neuen Pflegefamilie.«

»Aber ich weiß das«, entgegnete Luise scharf, »Marie bleibt bei mir und damit basta!«

»Können wir das Kind selbst fragen?«

»Nein, das geht nicht. Marie ist bei ihrer Freundin.«

»Sie sollten überlegen, ob Sie mit ihr darüber sprechen. Vielleicht ist es gut, Sie bereiten sie auf die mögliche Veränderung vor.«

»Das werde ich mir wahrhaft gut überlegen, ob ich das Kind mit solchen Dingen beschäftige. Außerdem wird es keine Veränderung geben!«, ereiferte sich Luise wieder.

»Doch, es gibt bereits jetzt eine«, hakte Herr Sorg sofort ein. »Da ist noch die Sache mit dem Namen.«

»Mit was für einem Namen?« Die Frau schien kurz vor einer neuen Explosion.

»Nun«, sprach der Mann ruhig weiter, »Marie muss ihren Familiennamen korrigieren.«

»Das ist doch bereits erledigt«, unterbrach Luise, »sie heißt doch seit dieser unglückseligen Zeugnisausgabe neulich schon Bornemann. Und das arme Ding hat darunter täglich zu leiden.«

»Wieso das?«, wollte Herr Sorg wissen.

»›Marie, Marie, Marickelchen ist ein blödes Zickelchen, hat der Namen zwei und ist vogelfrei‹, rufen die Blagen hinter ihr her, weil sie ihren Namen ändern musste.«

Herr Sorg seufzte ein wenig auf. »Das arme Mädchen. Dann wird sie noch einmal eine Leidensstrecke durchlaufen müssen. Sie heißt nicht Bornemann.«

»Was heißt das denn?«, empörte sich die Pflegemutter, »Marie heißt nicht Bornemann? Dass ich nicht lache! Wie heißt sie denn?«

Herr Sorg seufzte noch einmal auf. »Sie heißt Rothe. Marie Rothe. Sie trägt den Namen ihrer leiblichen Mutter. Den kennen wir auch erst seit ein paar Wochen.«

»Und? Muss das jetzt sein, dass der Name noch mal geändert wird?«

»Leider«, bedauerte Herr Sorg, »es muss sein. Ich habe hier die amtliche Mitteilung, die Sie verpflichtet, zum Beispiel der Schule den richtigen Namen mitzuteilen. Und noch ist Marie ja auch hier. Bringen Sie das also bitte in Ordnung.«

»Jetzt reicht's mir bald«, entrüstete sich Luise, »aber ich werde es in Ordnung bringen. Und jetzt dürfen Sie gerne gehen, Herr Sorg.« Den letzten Satz sprach die Frau mit besonderem Nachdruck. Der Mann vom Jugendamt packte seine Unterlagen zusammen, wies noch einmal auf die Bescheide hin und schickte sich an, sich zu verabschieden. »Überlegen Sie sich die Sache mit Marie gut. Sprechen Sie mit dem Kind. Ich denke, dass die Entscheidung für die neue Pflegefamilie in diesen Tagen fällt. Sie hören dann von uns.«

Luise Grüber holte tief Luft, wohl um einen weiteren Gefühlsausbruch zu vermeiden. »Gehen Sie, Herr Sorg. Gehen Sie ganz schnell. Marie bleibt bei mir!«

Marie blieb tatsächlich bei ihrer Pflegemutter. Mit der Axt in der Hand und zu allem entschlossen verhinderte die Frau, dass ihr das Kind genommen wurde. Die beiden Fürsorgerinnen, die Marie abholen und sie in die neue Pflegefamilie bringen sollten, mussten unverrichteter Dinge wieder abziehen. Dafür wurde Luise Grüber ins Jugendamt einbestellt, wo man ihr dann nach harten Wortgefechten und groben Ausfälligkeiten ihrerseits ihr Pflegekind überließ, freilich mit deutlichen Verhaltensregeln und mit dem Hinweis, dass die Einhaltung derselben regelmäßig offen und auch verdeckt kontrolliert würde. Der Bescheid über die Bewilligung des Pflegegeldes wurde ihr gleich mitgegeben, wohl deshalb, damit die Frau sich künftig im Amt nicht mehr blicken ließ.

Alle diese Dinge bekam Marie nur am Rande mit. Ihre Pflegemutter hatte das Kind nicht eingeweiht, wohl aus Angst, es könnte sich gegen sie entscheiden und dann sei die Hilfskraft aus dem Haus und die wenngleich spärliche Geldquelle nicht mehr zur Verfügung.

Die Sache mit der erneuten Namensänderung machte Marie allerdings zu schaffen. Ihre Lehrerin gab sich zwar alle Mühe, zu erklären und zu begründen und die Dorfkinder zur Einsicht und zur Nachsicht zu ermahnen. Aber es hatte sich nun einmal festgehakt in den Köpfen der Kinder: »Marie, Marie, Marickelchen ist ein blödes Zickelchen ...« Immer wieder musste sich die Siebenjährige dieses Spottlied anhören. Trost fand sie dann weniger bei ihrer Pflegemutter als bei ihrer Freundin Erika oder den Küstersleuten, der Pastorenfamilie und den Verwandten.

Zum Glück ließen diese Attacken mit der Zeit nach, und Marie lernte auch immer mehr, damit umzugehen. Die von irgendwoher aufgekommenen Liedvarianten und Abzählreime verloren sich mit der Zeit:

»Marie, Marie, Marie Grüber
kam von irgendwo herüber,
hat beschiss'ne Hosen an
und heißt plötzlich Bornemann;

diese Idiote
heißt am Ende Rothe.«

Oder:

»Seht doch nur Mariechen an,
keiner da, der will se han,
hat der Namen drei,
und du bist frei.«

Anderes nahm die Gedanken der Schuljugend in Beschlag und befreite Marie mehr und mehr von dem schweren Druck, dem sie in der Schule und auf den Wegen durchs Dorf ausgesetzt gewesen war.

Schuljahre

Die andere Last aber blieb auf der kleinen Seele liegen. Musste Marie damit fertig werden, ohne ihren geliebten Papa zu sein, so erlebte sie außerdem, dass es immer schwieriger für sie wurde, mit der weniger geliebten Mama weiterzuleben. Die fiel nämlich mehr und mehr zurück in alte Lebensgewohnheiten, die ihr Mann ihr in den gemeinsamen Lebensjahren weitgehend abgewöhnt hatte oder denen sie nur im Verborgenen hatte frönen können.

Luise Grüber wurde zur Herrin, die ihr eigenes Leben wieder zu leben begann, die sich bedienen ließ, für sich arbeiten ließ und andere Menschen von sich abhängig machte. Der Befehlston wurde normal. Zigaretten und Bier gehörten fortan wieder zu den täglichen Grundnahrungsmitteln. Dafür blieben Topf und Pfanne vor allem gegen Monatsende häufig leer.

Horoskop und Kartenspiel gewannen ihre alte Bedeutung zurück. Was dort wöchentlich zu lesen war und was die ausgelegten Karten an Weisheiten und Voraussagen verkündeten, gewann große Wichtigkeit. Luise Grüber wurde bald bekannt dafür, dass sie von diesen Dingen offenbar etwas verstand. Nicht schlecht für die Haushaltskasse, denn mancher ebenso abergläubische Mensch holte sich bei ihr Rat und Weisung und zahlte auch dafür.

Weil das Geld für die Miete und den Lebensunterhalt dennoch nicht reichte, wurde die Wohnung in der Kate aufgeteilt. Luise und ihrer Pflegetochter blieben die Wohnküche und ein Schlafzimmer. In die beiden anderen Zimmer zog eine Flüchtlingsfrau mit ihrem erwachsenen Sohn ein. Die Toilette über dem Hof, die Waschküche, die gleichzeitig Badezimmer war, und der Vorrats- und Abstellraum mussten gemeinsam genutzt werden.

Frau Benner, die neue Mitbewohnerin, war eine liebenswürdige Frau in den späten Sechzigern. Ihr Sohn Herbert war von schlichtem Gemüt und auf dem Henrichshof gut zu gebrauchen.

Marie freundete sich bald mit Frau Benner an, die sie »Oma« Benner nannte. Die Frau besaß nicht viel, hatte aber immer ein freundliches Wort für das Mädchen und manchmal auch eine Süßigkeit. Auch mit Herbert verstand Marie sich gut. Die beiden versorgten mehr und mehr den Garten. Marie durfte helfen, wie sie es von ihrem Papa gelernt hatte. Und sie lernte mehr dazu.

Ihre Mama hatte Probleme mit den Benners. Die wollten nicht so, wie sie wollte. Von Horoskop und Kartenlegen hielten sie überhaupt nichts. Sie gingen am Sonntag lieber in die Kirche, als sich mit solchem Teufelskram abzugeben, wie sie sagten. Sie rauchten auch nicht und tranken keinen Alkohol.

Das war kein Umgang für Luise Grüber. Sie orientierte sich bald anders. Merkwürdige Leute, vor allem Männer, kamen mehr und mehr ins Haus. Alle irgendwie komisch, fand Marie. Die brauchten wohl alle nicht zu arbeiten, obwohl sie noch gar nicht so alt waren. Einer von den Männern war Oskar.

»Ab heute schläfst du auf der Couch in der Küche«, eröffnete Luise eines Abends Marie, »Oskar zieht bei mir ein. Da ist für dich im Schlafzimmer kein Platz mehr.« Damit stellte sie dem Mädchen den grobschlächtigen Mann als ihren neuen Dauermitbewohner vor.

»Wird der jetzt mein Pflegevater?«, fragte Marie erstaunt zurück, den Mann von oben bis unten mit den Augen abtastend. Nein, der Mann gefiel ihr nicht.

»Doch so was nicht, Kind«, gab die Frau zurück, »der zieht halt bei mir ein, was kümmert's dich?«

»Und wenn ihr dann noch in der Küche sitzen wollt?«, sorgte sich das Kind.

»Dann gehst du zum Einschlafen in mein Bett und später ziehst du um auf die Couch. Klar?«

Marie sagte nichts weiter. Sie nahm nur ihre Puppe, das Einzige, was sie zum Liebhaben besaß, und verzog sich ins Schlafzimmer, obwohl es eigentlich noch gar nicht Schlafenszeit war. Die begann für sie in der Regel um acht. Die Mutter schien das nicht zu kümmern, auch nicht, dass das Mädchen seinen Kummer über die neue Situation still ins Kissen hineinschluchzte.

Als die Mutter Marie am nächsten Morgen weckte, fand sich das Mädchen auf der Couch in der Küche. Die Mutter musste sie wohl nachts dorthin getragen haben.

Wie sah das hier aus! Flaschen und Gläser auf dem Tisch, Zigarettenreste und Asche im und neben dem Aschenbecher, Essensreste dazwischen. Und wie das hier stank, nach Bier und kaltem Rauch! Pfui, dachte Marie, sich die Augen reibend. Dann hörte sie die Mutter sagen: »Mach das Feuer an, mach Ordnung, koch Kaffee, deck den Tisch und dann ab in die Schule. Ich gehe wieder ins Bett. Wofür habe ich dich!« Sprach's und war wieder im Schlafzimmer verschwunden.

»Und wer kümmert sich um mich? Wer kämmt mir die Haare und wer flicht meine Zöpfe? Wer macht mir mein Schulbrot?«, rief Marie ihr nach. Sie musste schlucken. Warum musste Papa verunglücken? Seit der nicht mehr da war, ging in diesem Haus nichts mehr ordentlich. Nur noch Streit und Ärger und Unfrieden.

Marie machte sich daran, Feuer in den Herd zu kriegen. Zugeschaut, wie man das macht, hatte sie oft genug, aber gelingen wollte es ihr trotzdem nicht. Also gab es auch keinen Kaffee, denn es gab kein heißes Wasser. Den Tisch aufzuräumen war nicht so schwierig und ihn für das Frühstück der Mutter mit diesem Oskar zu decken auch nicht. Die eigenen Haare ordentlich zu kämmen, war schon schwieriger. Was sollte es, heute ging sie eben ohne Zöpfe.

Die Kinder in ihrer Klasse hatten natürlich neuen Grund, Spott über Marie auszuschütten. So unordentlich kam man nicht in die Schule. Der Scheitel hatte gerade zu sein und die Zöpfe gleichmäßig und ordentlich. Außerdem musste die Schleife der Schürze ordentlich gebunden sein.

»Frag doch mal die Frau Benner, ob sie dich morgens nicht kämmt«, schlug Erika ihr vor, »die ist doch bestimmt schon auf, wenn du gehen musst.«

Marie wollte Erikas Rat gerne am nächsten Morgen befolgen.

Mittags zu Hause gab es dann erst einmal ein Donnerwetter. »Hatte ich dir nicht gesagt, du solltest Feuer machen, Kaffee kochen ...«, wurde Marie schon an der Tür empfangen. Sie hatte gar keine Möglichkeit, sich irgendwie zu rechtfertigen, so rasch folgten die Ohrfeigen den tadelnden Worten.

Oskar saß breitbeinig am Tisch und sah dem Schauspiel ohne äußere Beteiligung zu. Dann meinte er wohl doch, das Kind ein wenig in Schutz nehmen zu müssen. »Kann sie denn überhaupt Feuer machen? Hast du ihr gezeigt, wie man das macht?«, wagte er zu fragen.

»Was geht dich das an?! Halt du dich da raus!«, bekam er barsch zur Antwort.

Marie setzte sich schmollend auf die Couch und hielt sich die Wange, sagte aber nichts. Sie würde Frau Benner fragen, wie man das macht, beschloss sie trotzig. Nachher, wenn die Mutter mit dem Mann die Karten herauskramte und wieder die Flaschen auf den Tisch holte. Dann würde es nicht auffallen, wenn sie nach drüben ging.

Frau Benner saß am Fenster ihrer Stube und las in einem großen, schwarzen Buch, als Marie zu ihr hereinkam. Herbert war auch da. Er war mit einem Kreuzworträtsel beschäftigt. Die alte Frau bemerkte gleich, dass Marie irgendetwas auf dem Herzen hatte. »Wo drückt dich der Schuh, Mädelchen?«, fragte sie. »Nu sag schon!«, ergänzte Herbert. »Kannst uns schon sagen, was los ist.«

Das Mädchen zögerte mit der Antwort, blickte stumm auf den Boden und kaute an einem seiner zotteligen Zöpfe.

»Gell, deine Mutter ist nicht gut zu dir?«, kam Frau Benner dem Kind entgegen. »Wir wissen das. Wir kriegen das doch mit durch die dünnen Wände des Hauses.«

Da sprudelte es aus Marie heraus, das von dem Rauswurf aus dem Schlafzimmer, von der Zwangsumsiedlung auf die Küchencouch, von den neuen morgendlichen Aufgaben, von ... Ihre ganze Not kam aus der Siebenjährigen heraus. Und dann begann sie zu weinen.

Frau Benner nahm das Kind in ihre Arme und ließ es weinen. »Wein du, Mädelchen, wein dich aus.« Dabei strich sie Marie über das Haar und wischte ihr die Tränen ab.

Nach einer Weile des Schweigens, das nur von Maries Schluchzen unterbrochen wurde, sagte Frau Benner: »Und jetzt überlegen wir einmal, wie wir dir helfen können.«

»Ich weiß schon was, Mutter«, fiel Herbert sofort ein. »Ich zeige Marie, wie sie das Feuer ankriegt, und du zeigst ihr, wie sie ihre Zöpfe hinkriegt.«

»So machen wir's«, bestätigte die Frau. Und so machten sie es auch.

Als Marie später wieder in ihre Wohnung zurückging, war ihr viel leichter ums Herz, und sie konnte den rauen Ton und die ganze Situation ein Stückchen leichter ertragen.

Wochenlang, jahrelang ging das so weiter. Das Mädchen war für alles zuständig: für Ordnung und Sauberkeit, für die Wäsche, fürs Einkaufen, für ihre eigenen Schulangelegenheiten, für dies und jenes. Die Pflegemutter und ihre jeweiligen Männer ließen sich bedienen, verqualmten die Wohnung, trieben merkwürdige Dinge mit Karten, Glaskugeln und anderem Schnickschnack, ließen sich voll laufen, zankten sich, schlugen sich und vertrugen sich wieder.

Irgendwann warf Luise Oskar aus der Wohnung. Er hatte ihr nicht mehr gehorcht. Sie war ihn leid. Raus mit ihm. Dafür kamen andere, für einige Tage, für einige Wochen. Später kam Ernst, ein verlotterter Hänfling von einem Mann, und der blieb dann länger. Die Zustände aber waren immer die gleichen. Und mitten darin lebte Marie, sieben Jahre, dann acht, dann neun und länger.

Für sie war es eine gute Fügung, dass Frau Benner mit ihrem Sohn vier Jahre lang Hausnachbarin war. Die beiden halfen ihr, wo immer sie konnten. Dann hielten sie es allerdings nicht mehr aus und bezogen eine andere Wohnung im Dorf. Aber sie blieben für Marie in erreichbarer Nähe.

Je schlimmer es die Pflegemutter trieb und je ärger die Verhältnisse wurden, desto mehr zog es Marie zu Menschen, die ein anderes Leben führten. Zu Kindern im Dorf hatte das Mädchen leider wenig Kontakt. Zum einen durfte sie kaum Kontakte pflegen, nur die Treffen mit Erika waren erlaubt, ab und zu einmal. Zum anderen gingen die Dorfbewohner immer mehr auf Distanz zu Luise Grüber. Deren Lebensweise stieß die Wüstenfelder ab. Das war nicht ihre Art zu leben. Kaum noch jemand wollte mit den Bewohnern der Kate etwas zu tun haben. Nach dem Motto »Wie der Herr, so's

Gescherr« musste Marie meistens darunter leiden. Aber eben nicht bei allen.

Da waren auch die Küstersleute, Onkel Krischan und Tante Adelheid, die ein offenes Haus und ein offenes Ohr für die Nöte des Mädchens hatten. Da war der Pastor mit seiner Familie, zu denen sie immer kommen durfte, und da waren noch Onkel Norbert und Tante Irmgard Grüber. Den Umgang mit ihnen wollte Schwägerin Luise Grüber freilich am wenigsten leiden. Marie störte sich nicht daran. Sie fand im Laufe der Zeit Wege, ihre Freunde und Vertrauten zu besuchen, ohne dass die Pflegemutter das bemerkte. Wenn sie allerdings wieder einmal dahinter gekommen war, dass Marie irgendwo einen Besuch gemacht hatte, dann setzte es Hiebe und einige Tage Ausgangsverbot. Das Mädchen ertrug es still leidend und holte sich dann bei nächster Gelegenheit wieder Trost in der Nachbarschaft.

Einmal geriet Marie dabei in arge Not. In der kleinen Wohnung hatte es mit Ernst und den neuen Mietern der anderen kleinen Wohnung mal wieder kräftigen Streit gegeben. Marie hatte dabei auch ihr Fett abgekriegt, völlig unberechtigt, wie meistens. Unter dem Vorwand, etwas für die Schule erledigen zu müssen, erbettelte sie von Luise dann doch die Erlaubnis, den Hof zu verlassen. Das Mädchen lief hinüber zu den Küstersleuten. Sie fand Tante Adelheid und Onkel Krischan in der Kirche, im Turm beschäftigt. Die Frau machte sich gerade auf den Weg zurück in die Wohnung, aber sie meinte, Marie könne gerne nach oben zu ihrem Mann in die Turmstube steigen. Der hätte dort noch zu tun. Das tat sie dann auch. Puh, war das mühsam, die vielen Stufen hinaufzusteigen!

Hier oben war sie noch nie zuvor gewesen. War das schön, aus dieser Höhe über das Dorf zu schauen, in die Höfe und Gärten hinein und über die Wälder und Felder! Wie klein waren die Leute dort unten und noch kleiner die Hühner, Enten und Gänse, die auf dem Dorfanger herumliefen und auf dem Teich schwammen! Fast zwanzig Meter hoch über der Erde lag das Turmstübchen. Marie konnte sich gar nicht satt sehen und kam aus dem Staunen gar nicht heraus.

Vor lauter Schauen hatte sie gar nicht bemerkt, dass Onkel Krischan inzwischen nach unten gegangen war. Er wusste nicht, dass sie in den Turm gestiegen war. Sie sah ihn über den Kirchhof gehen und im Küsterhaus verschwinden. »Onkel Krischan, Onkel Krischan!«, rief sie aus dem Fenster hinunter. »Du hast mich vergessen.« Aber der Küster hörte sie wohl nicht. Was jetzt?

Da saß das Mädchen hoch oben im Turm, und die Kirche war wahrscheinlich wieder abgeschlossen. Marie wurde es mulmig. Weit beugte sie sich aus dem Fenster, aber nicht zu weit. »Onkel Krischan! Onkel Krischan!« Dann schoss es ihr durch den Kopf: Du musst beten. Die alte Frau Benner hat gesagt, man kann immer beten. Und wer ehrlich betet, den hört Gott. Marie legte die Hände zusammen und betete: »Lieber Gott, lass doch Onkel Krischan wieder aus dem Haus kommen, damit er mich hört, oder lass irgendeinen anderen vorbeikommen.«

Und das Wunder geschah. Onkel Krischan kam tatsächlich noch einmal über den Kirchhof. »Onkel Krischan! Onkel Krischan!« So laut sie konnte, rief Marie hinunter. »Hier oben bin ich, in der Turmstube. Hol mich hier raus!« Der Küster hörte Maries Rufen, wusste nur zunächst nicht, wo es herkam. Dann aber hatte er den kleinen Kopf und die winkende Hand hoch oben entdeckt. »Ich komme und hole dich!«, rief er hinauf. »Ein bisschen Geduld!« So schnell war der Küster wohl schon lange nicht die vielen Stufen zur Turmstube hinaufgestiegen. Aber Marie musste doch befreit werden.

»Ich hab gebetet, dass du kommst«, verriet das Mädchen merklich erleichtert seinem alten Freund.

»Und dann hast du erlebt, dass Gott dein Gebet gehört hat«, gab der Küster zurück. »So musst du das immer machen. Wenn du in einer Not bist, darfst du beten. Kennst du Gottes Telefonnummer?«

»Gott hat doch kein Telefon, Onkel Krischan.«

»Doch, er hat. Es ist die 50-15.«

»50-15?«

»Ja, Mariechen, im Psalm 50, Vers 15 steht: ›Rufe mich an in der Not, so will ich dich erretten, so sollst du mich preisen.‹«

»Das ist gut. Aber was ist preisen?« Das Wort verstand Marie nicht.

»Preisen ist wie loben und danken, nur ein anderes Wort.«

»Dann kann ich Gott ja jetzt preisen, weil er mich gerettet hat.«

»Genau das kannst du tun, mein Kind. Und vergiss es nicht: In jeder Not, auch wenn es zu Hause schwierig ist, will Gott dir helfen.« Dann fragte der Küster noch: »Weißt du eigentlich noch deinen Taufspruch? Ich denke, dein Papa hat ihn dir öfters gesagt.«

Marie überlegte. »Ich glaube, ich habe ihn vergessen. Weißt du ihn denn, Onkel Krischan?«

»Ich weiß ihn. Ich war ja bei deiner Taufe auch dabei, und Tante Adelheid ist doch deine Taufpatin.«

»Also wie heißt der Spruch?«, drängte das Mädchen.

»Nun, er steht im Psalm 91: ›Gott hat seinen Engeln befohlen über dir, dass sie dich behüten.‹«

»Richtig, jetzt fällt mir der Vers auch wieder ein. Den hat Pastor Eicher auch bei Papas Beerdigung gesagt.«

»Auch richtig, Mädchen. Halte dich daran. Das hilft und gibt Kraft und macht Mut. Aber jetzt musst du gehn, damit es keinen neuen Ärger gibt.«

»Den ertrag ich jetzt leichter, Onkel Krischan. Und danke, dass ich auf den Turm durfte und dass du mich heruntergeholt hast!«

Leichtfüßig und mit vielen Hopsern lief das Mädchen nach Hause, die Ziffern 50-15 im Rhythmus der Bewegung sich selbst aufsagend. War das ein schöner Nachmittag gewesen! Der konnte ihr auch durch die schlimmen Zustände in der Wohnung nicht mehr genommen werden.

Die Tochter der Katen-Assi

Die vielfältigen Nöte der Nachkriegsjahre waren für die Menschen in Wüstenfeld weitgehend überstanden. Die rasanten Veränderungen der fünfziger Jahre in allen Bereichen des Lebens wurden auch im Dorf sichtbar. Am Ortsrand war eine Neubau-Siedlung entstanden, in erster Linie für Heimatvertriebene und Flüchtlinge aus dem Osten gebaut. Viele Fahrzeuge belebten die Dorfstraßen. Eine nach der anderen wurden sie mit gepflasterten Bürgersteigen versehen und mit Asphalt befestigt. Im Dorf selbst wurde eine neue Straßenbeleuchtung installiert, so dass jedermann bei Dunkelheit seinen Weg leichter finden konnte.

Traktoren, moderne Landmaschinen, Autos aller Art, Motorräder mit und ohne Seitenwagen und natürlich modernere Fahrräder bestimmten das Straßenbild. Die alten Volksempfänger wurden zunehmend gegen neue Radios ausgetauscht. Auf den Hausdächern sah man die ersten Fernsehantennen. Die moderne Zeit zog also auch ins idyllische Wüstenfeld ein, und die weite Welt rückte den Dorfbewohnern näher.

Die Modernisierung des Haushalts in der Kate beim Henrichsbauern hielt sich in Grenzen. Das Geld war dafür nicht da. Witwenrente und Pflegegeld wurden weiterhin überwiegend verspielt, verraucht und vertrunken. Luise Grüber vermochte sich und ihren Lebensstil auch im Älterwerden nicht zu ändern.

Die Familie Homer, die nach dem Auszug der Benners die Wohnung nebenan bekommen hatte, übernahm diese Art zu leben. So saßen vom Nachmittag an bis in den späten Abend eben nicht mehr nur zwei Personen in der Grüberschen Wohnküche, sondern vier. Die beiden Kleinkinder der Homers wurden nur notdürftig versorgt und waren meist sich selbst überlassen. Wenn nicht Marie sich zuweilen um die beiden kümmerte, dann kümmerte sich keiner. Eine verlotterte Gesellschaft, die im Dorf bald nur noch die »Katen-Assis« hieß.

Dass Marie nicht längst in dieses Milieu abgerutscht war, war schon sehr erstaunlich. Da musste es einen besonderen Schutzengel geben, der das verhinderte. Was er nicht verhindern konnte, war, dass Marie von den meisten Leuten des Dorfes in den gleichen Topf gesteckt wurde wie ihre Pflegemutter. In der Schule kam sie einigermaßen zurecht. Sie gehörte nicht zu den ganz Hellen und hätte immer wieder Förderung gebraucht. Nur, von wem sollte sie die bekommen? Schulaufgaben machen war zu Hause sehr schwierig. Das Mädchen musste sich ins Schlafzimmer zurückziehen, wo es keinen Tisch und keinen Stuhl gab, musste draußen in der Laube sitzen und arbeiten oder aber inmitten der nachmittäglichen Kaffee-, Nikotin- und Alkoholrunden versuchen, zu lernen und zu tun, was verlangt war. Es kam häufig vor, dass sie die Hausaufgaben morgens vor Unterrichtsbeginn noch rasch hinkritzelte oder sie eben gar nicht vorweisen konnte. Ihrem Ansehen bei den Lehrern und in der Klasse war das gar nicht förderlich.

Kaum jemand hatte Verständnis für ihre Lage und hielt zu ihr. Nur Erika Eicher ergriff immer wieder Partei für sie. Und es gab die wenigen Erwachsenen, zu denen sich das Mädchen immer flüchten konnte, wenn die Pflegemutter wieder einmal tobte. Das kam oft vor. Es genügten schon geringe Anlässe. Wenn sie zum Beispiel in einem

Strumpf ein Loch entdeckte, wenn ein Kleidungsstück zerrissen war, wenn die Wohnung nicht aufgeräumt war, wenn irgendetwas vom Geschirr zu Bruch ging, wenn die Mutter einfach schlecht gelaunt war, dann ließ sie ihren Unmut lautstark und handgreiflich an der Pflegetochter aus. Dass die noch nicht davongelaufen war, darüber wunderte sich mancher. Es waren wohl Maries Bindungen an die erwachsenen Freunde im Dorf, die sie hielten.

Auch war es schon irgendwie verwunderlich, dass das Jugendamt entgegen der früheren Aussage über Kontrollen und Prüfungen diese Dinge gar nicht wahrnahm. Oder ob doch jemand einen Hinweis auf die Zustände in der Kate gegeben hatte? Eines Tages brachte der Briefträger ein Schreiben des Jugendamtes, das den Besuch einer Fürsorgerin ankündigte.

»Wenn die Frau Weidemann kommt, möchte ich, dass die Wohnung bestens in Ordnung ist, Mariekind. Die Frau soll einen guten Eindruck von uns haben, und sie soll sehen, dass du es gut hast bei mir.«

Marie verschlug es fast die Sprache, als ihre Pflegemutter sie mittags nach der Schule ausgesprochen freundlich in Empfang nahm. Dabei war der Tisch nur für zwei Personen gedeckt – wo war nur dieser komische Ernst? –, und auf dem Herd stand das fertige Mittagessen, Kohlrabisuppe, eines von Maries Lieblingsgerichten.

»Du hast es doch gut bei mir, oder?«

Das Mädchen schluckte. Sollte sie jetzt widersprechen? Sollte sie später der Fürsorgerin die Wahrheit sagen, wenn sie kam? »Habe ich mich beklagt?«, fragte sie ein wenig patzig zurück.

»Nein, natürlich nicht. Wobei ich zugebe, dass du ab und zu Grund dazu hättest.«

Was sind das für neue Töne, musste die inzwischen fast Dreizehnjährige denken. »Was wäre denn, wenn ich mich tatsächlich beklagte?« Das war eine mutige Frage.

»Dann würde die Fürsorgerin sicher prüfen, ob du Recht hast. Aber du hast nicht Recht. Wir bringen die Wohnung in Ordnung, wir räumen auf. Wir sind alleine, wenn die Frau kommt, und dann wird sie sehen, dass wir hier sehr gut miteinander auskommen.«

»Du hast ja nur Angst, dass du kein Pflegegeld mehr für mich bekommst, wenn ich mich beklage«, hörte Marie sich sagen und war selbst erstaunt über ihren Mut zu solch einer Behauptung.

»Das ist nicht war. Das lügst du!«, empörte sich Luise Grüber. »Ich käme auch ohne dein Geld aus!«

»Und warum bekomme ich dann nicht mal etwas Neues zum Anziehen und muss immer geschenkte und geflickte und selbst gestrickte Sachen tragen, über die die Leute lachen? Warum machst du immer einen Aufstand, wenn ich Geld für die Schule brauche? Und warum bekomme ich nicht wenigstens ab und zu ein bisschen Taschengeld? Und warum ...«

»Sei sofort still!«, herrschte die Mutter das Mädchen an. Sie war nahe daran, in den sonst üblichen barschen Ton zu fallen, beherrschte sich dann aber doch. »Das können wir ja ändern. Ab nächstem Monat bekommst du Taschengeld. Und in den Herbstferien fahren wir in die Stadt und kaufen dir ein paar neue Sachen. Du bist sehr gewachsen in der letzten Zeit.«

»Meinst du das jetzt ehrlich, Mama?« Marie wusste nicht, was diese Rede bedeuten sollte.

»Ehrlich, Kind. Wir wollen doch auch zusammenbleiben oder nicht?«

Marie seufzte ein wenig auf: »Natürlich. Wo sollte ich denn auch sonst hin? Das Mädchen von den Katen-Assis will doch sowieso niemand.« Sie schluckte. »Es könnte ja auch viel schöner sein, wenn du nicht so viel rauchen und trinken würdest und wenn du andere Freunde hättest und wir auch schon mal was unternehmen könnten und ...«

»Ist ja schon gut, Kind«, unterbrach Luise den erneuten Redefluss des Mädchens. »Ich werde mir Mühe geben, mich zu ändern. Vielleicht gelingt mir das ja. Und jetzt pack mit an, damit wir die Wohnung auf Vordermann kriegen.«

»Und was ist mit Ernst? Wenn die Frau Weidemann, oder wie die heißt, den hier antrifft, was sagst du, wer das ist?«

»Der Ernst ist schon abgereist. Der macht ein paar Tage Urlaub. Der ist gar nicht hier, wenn die Frau kommt. Also müssen wir nichts erklären. Und mit Homers haben wir nur gute Nachbarschaft, wenn du danach auch noch fragen willst.« Luise Grüber hatte damit tatsächlich die Antwort auf Maries nächste Frage schon gegeben.

Das Mädchen sagte jetzt nichts mehr, begann nur damit, den Tisch abzuräumen und auch sonst in der Stube Ordnung zu machen.

Als am nächsten Tag Frau Weidemann vom Jugendamt zu Besuch

kam, fand sie eine saubere und aufgeräumte Wohnung vor. Es standen sogar Blumen auf dem Tisch. Nichts deutete darauf hin, dass es einen dritten Bewohner der beiden Stuben gab und dass die Wohnküche üblicherweise Ort eines ausschweifenden Lebens war. Frau Weidemann war ganz angetan von dem, was sie an äußeren Lebensbedingungen für das Pflegekind und seine Pflegemutter vorfand. Und auch der Umgangston der beiden gefiel ihr. Sie gaben sich ja auch wirklich alle Mühe, die Situation in gutem Licht erscheinen zu lassen. Der Bericht würde positiv ausfallen. Das Pflegschaftsverhältnis konnte bedenkenlos fortgeführt werden. Frau Weidemannn hatte da gar keine Zweifel.

»Hättest du Lust, eine Kur zu machen?«, fragte sie gegen Ende ihres Besuches. »Du bist für dein Alter recht groß. Dabei könntest du ein paar Pfunde gebrauchen.«

»Au ja«, begeisterte sich Marie sofort, »das wäre toll. Wohin würde ich dann fahren? Und wann?«

»Nur langsam. So schnell traben die Pferde nicht«, bremste der Gast ihre Begeisterung, »darüber wird es sicher November werden, bis alles geregelt ist. Du würdest dann mit einer ganzen Gruppe junger Leute zusammen sein. Ich vermute mal, irgendwo im Teutoburger Wald. Vielleicht in Melle. Da gibt es ein gutes Kindererholungsheim, mit dem wir zusammenarbeiten. Aber da bekommt ihr rechtzeitig Nachricht.«

»Darf ich dazu etwas fragen?«, meldete sich die Pflegemutter wieder.

»Bitte, Frau Grüber.«

»Marie brauchte für einen Kuraufenthalt sicher ein paar neue Sachen. Im November kann es schon kalt sein. Ihre Winterschuhe werden ihr bis dahin auch nicht mehr passen.«

»Das ist sicher richtig. Ich werde sehen, ob ich einen Zuschuss zur Beschaffung von Kleidung genehmigt bekomme, damit Sie ein paar Wintersachen und neue Schuhe kaufen können.«

»Dafür wäre ich sehr dankbar«, beeilte sich Luise Grüber, höflich zu reagieren. Und dann war der Besuch bald zu Ende und die Fürsorgerin mit ihrem Käfer abgefahren.

»Das wäre überstanden«, atmete die Pflegemutter auf.

»Ja, das wäre es«, bestätigte Marie. »Und jetzt kann alles wieder zum Alten zurückkehren«, fügte sie ein wenig bitter an.

»Sei nicht unverschämt«, gab die Pflegemutter zurück, wobei ihr Ton bereits die Rückkehr zur üblichen Schärfe andeutete. »Sei dankbar, dass ich das mit dem Kleidergeld herausgeholt hab.«

»Bin ich ja auch. So brauche ich mich im nächsten Winter wenigstens nicht in die alten Schuhe reinzuzwängen und kriege dann vielleicht endlich mal eine vernünftige Winterjacke. Und das mit der Kur ist toll! Darauf freue ich mich.«

Auf den Besuch der Fürsorgerin folgten ein paar Tage, die Marie so richtig genoss. Sie durfte wieder im Schlafzimmer ihr Bett benutzen, sie hatte Ruhe, ihre Aufgaben zu machen, die Mutter kommandierte nicht ständig herum, die Wohnung sah einigermaßen ordentlich aus und stank auch nicht so nach Rauch und Bier. Die Homers waren nicht ständig bei ihnen. Warum konnte es nicht so weitergehen?

Aber nach einigen Tagen kam Ernst zurück, und als dieser dürre Mensch seinen Platz wieder eingenommen hatte, waren die schönen Tage zu Ende. Das alte Lotterleben kehrte ein, die Katen-Assis waren wieder in ihrem gewohnten Fahrwasser.

Marie war enttäuscht über den Rückfall in die alten Zustände. Sie ertrug das alles aber leichter in Erwartung der Kur, die schon nach wenigen Tagen vom Jugendamt bestätigt wurde. Im November würde es tatsächlich nach Melle gehen. Und vorher würde es einen Einkaufstag in der Stadt mit Frau Weidemann geben. Sie würde Marie abholen und mit ihr die notwendigen Dinge einkaufen.

Eine so schöne Adventszeit hatte Marie in ihren dreizehn Lebensjahren nicht erlebt wie die in Melle. Zwölf Mädchen und zehn Jungen, alle zwischen zwölf und vierzehn Jahren, waren vier Wochen zusammen unter der Leitung von Schwester Ola, einer Diakonisse. War das eine liebe Frau, richtig wohltuend für eine verwundete Kinderseele!

Die Tage waren ausgefüllt mit Singen, Spielen und Basteln, Sport in einer Turnhalle und Wandern bei herrlichem frühwinterlichen Wetter. Dazwischen gab es auch immer wieder Zeiten, in denen sich jeder selbst beschäftigen konnte. An den Abenden machten die Hauseltern adventliche Musik mit Klavier und Flöte. Und wer Gitarre oder Flöte spielen wollte, konnte wenigstens einige Grundbegriffe lernen. Schwester Ola las an jedem Abend eine adventliche Geschichte vor, die den Kinderherzen gut taten und sie das Kind in der Krippe als den Heiland der Welt willkommen hieß.

In diesen vier Wochen gab es regelmäßige gute Mahlzeiten, wie Marie das bisher nicht gekannt hatte. Die Folgen blieben nicht aus: Marie nahm schön zu. Schwester Ola war richtig zufrieden mit dem Resultat, das die Waage bei der Abschlussuntersuchung anzeigte.

Schade, dass die Wochen so rasch vorübergingen und dass Marie die Eindrücke und Erlebnisse nicht festhalten konnte! Wie groß war der Kontrast, als sie die Weihnachtstage mit ihrer Pflegemutter, mit Ernst und den Homers verbringen musste! Da gab es zwar einen Mini-Weihnachtsbaum mit richtigen Kerzen, da gab es auch das obligatorische Lied »Am Weihnachtsbaume die Lichter brennen« und ein richtiges Mittagessen mit Suppe, Fleisch, Gemüse und Pudding als Nachtisch. Aber es gab keine Weihnachtsgeschichten von Maria und Josef und dem Kind in der Krippe, von den Hirten und den drei weisen Männern, wie sie im Evangelium stehen. Es gab auch keinen Besuch der Christvesper in der Kirche, wo die Weihnachtsgeschichte sicherlich vorgelesen wurde. In die Kirche gingen doch nur die Dummen, meinte ihre Pflegemutter.

Da gab es auch nicht die schöne Weihnachtsmusik, wie Marie sie von Melle her noch in den Ohren hatte. Wenn es im Radio Weihnachtslieder gab, drehte Luise Grüber den Sender sofort weg. Dieses fromme Gesülze wolle doch keiner hören. Wie gerne hätte Marie es gehört! Dazu musste sie schon zu den Küstersleuten oder zum Pastor gehen. Ein paar Mal durfte sie allerdings auch ihren Patenonkel Norbert und Tante Irmgard besuchen. Dort war die Atmosphäre viel weihnachtlicher als zu Hause.

Wenn die Pflegemutter ihr gerade diesen Besuch verweigern wollte, hatte Marie seit der Begegnung mit Frau Weidemann vom Jugendamt einen Trumpf in der Hand. Sie brauchte nur anzudeuten, dass sie Frau Weidemann eine Karte schreiben würde, dann wurde ihr erlaubt, was sie gerne wollte.

Auf diese Weise gelang es Marie auch, die häusliche Orgie zur Jahreswende in der Kate diesmal nicht miterleben zu müssen. Sie durfte die Nacht im Küsterhaus bei ihrer Patentante Adelheid verbringen.

Konfirmationsgeschenke

Das Frühjahr 1957 wurde für Luise Grüber und Marie eine kritische Zeit. Seit anderthalb Jahren ging Marie in den kirchlichen Unterricht und die Konfirmation stand bevor. Sie sollte am 24. März gefeiert werden. Etwa zur gleichen Zeit ging Maries Schulzeit zu Ende. Nach acht Jahren Volksschule sollte dann das Arbeitsleben beginnen. Aber in welchem Beruf? Pflegemutter Luise Grüber zeigte kein großes Interesse, ihrer Marie einen ordentlichen Ausbildungsplatz zu besorgen. Mädchen brauchen keine Ausbildung, war ihre Meinung. Die sollen was arbeiten und Geld verdienen, damit sie eine Aussteuer zusammenkriegen. Was hilft denen eine Ausbildung, wenn sie dann doch heiraten und Hausfrau werden!?

Marie wäre liebend gerne Friseuse geworden. Der Friseurmeister im Dorf hatte ihr versprochen, dass sie gerne nachfragen dürfe, wenn es denn so weit wäre. Als Marie freundlich und höflich fragte, ob sie Lehrling in seinem Salon werden könne, bekam sie eine Absage. Den Grund erfuhr das Mädchen hintenherum: Der Friseur wollte nichts mit der Katen-Assi zu tun haben und deshalb ihre Pflegetochter nicht einstellen.

Bei anderen Geschäftsleuten, bei denen Marie wegen einer Lehrstelle nachfragte, erging es ihr genauso. Selbst in den Nachbardörfern war das so. Sie bekam überall Absagen. Da half auch keine Fürsprache der Küstersleute oder der Verwandten. Die Leute befürchteten alle, sie bekämen mit der Tochter in Haus und Betrieb auch mit der Mutter zu tun. Schließlich blieb Marie die Einzige ihrer Klasse, die keine Lehrstelle hatte.

Luise Grüber ließ das ziemlich kalt. Irgendetwas musste das Mädchen tun, und ein Arbeitsverhältnis ließ sich schon finden. Dann würde sie Geld verdienen und sie, die Pflegemutter, hätte ihren Nutzen davon. Schließlich war Ernst inzwischen aus der gemeinsamen Wohnung ausgezogen, und was der an Geld mitgebracht hatte, fehlte jetzt zum ausschweifenden Leben.

Der 17. März war Prüfungssonntag der Konfirmanden. Marie war als einzige ohne Angehörige im Gottesdienst. Ihre Pflegemutter hatte es nicht für nötig erachtet, dabei zu sein. Während der Predigt flüsterte Erika Eicher in der Kirchenbank Marie plötzlich ins Ohr:

»Du sollst nachher zu meinem Vater kommen. Ich glaube, du kannst bei uns auf dem Hof arbeiten.« Von dem Moment an konnte Marie den Worten des Pastors nicht mehr folgen. Zu sehr beschäftigte sie die gute Ahnung, dass es doch noch Menschen gab, die sie nicht mit ihrer Mutter in dieselbe Schublade steckten.

Nach dem Gottesdienst teilte sie die Neuigkeit im Vorbeigehen rasch ihren beiden Paten mit, die vor der Kirche miteinander sprachen. Dann ging sie mit Erika zu deren Vater, der noch auf dem Kirchplatz stand und wohl auf die Mädchen wartete.

»Ihr beiden habt eure Sache gut gemacht«, begrüßte der Bauer seine Tochter und ihre Freundin. »Fleißig gelernt. Gratuliere.«

Marie wurde ein wenig verlegen. Das Lob konnte sie eigentlich nicht annehmen, war sie doch beim Aufsagen von Liedern und Katechismusstücken ein paar Mal stecken geblieben. Wann hätte sie die auch vernünftig lernen sollen? Dennoch bedankte sie sich artig für das Kompliment. »Erika hat mir gesagt, ich soll ...«

»Wenn du willst, kannst du bei uns auf dem Hof arbeiten und Landwirtschaft lernen. Am 1. April wäre dein erster Arbeitstag. Überleg dir's.« Der Bauer hatte das Mädchen gar nicht ausreden lassen, sondern war gleich zur Sache gekommen. »Nur eine Bedingung stellen wir.« Er zögerte und räusperte sich. Marie schaute ihn mit großen, fragenden Augen an. Was konnte das für eine Bedingung sein?

»Du wirst bei uns wohnen. Wir haben ein kleines Zimmer für dich. Es wird Zeit, dass du aus der Kate und den Verhältnissen zu Hause rauskommst. Nur deine Mutter wollen wir auf dem Hof nicht sehen. Das verstehst du hoffentlich. Übrigens, Kost und Logis sind frei, und du bekommst ein Taschengeld je nachdem, wie du arbeitest.«

Marie glaubte nicht recht zu hören und wusste schon gar nicht, wie sie jetzt reagieren sollte. Sollte sie lachen, weinen, dem Bauer um den Hals fallen? Was würde die Mutter dazu sagen? Die würde doch einen Aufstand machen. In Maries Kopf sausten die Gedanken wie wild durcheinander. »Ich muss mir das überlegen«, brachte sie schließlich nur heraus.

Doch darauf ließ Herr Eicher sich nicht ein. »Du musst gar nichts überlegen, Marie. Ab 1. April bist du bei uns. Und so wird's gemacht. Ich habe darüber bereits mit deiner Fürsorgerin gesprochen. Die ist einverstanden. Deine Mutter wird das schon schlucken müssen. Und jetzt muss ich heim. Der Stall wartet.«

Der Mann ließ dem Mädchen keine weitere Gelegenheit, etwas zu sagen. Er ging einfach und ließ Marie mit Erika stehen.

»Und was mach ich jetzt?«, fragte Marie ihre Freundin ein wenig ratlos.

»Nach Hause gehen und der Mutter die Neuigkeit berichten«, war die Antwort.

»Das sagst du so einfach. Die zerreißt mich doch in der Luft vor Wut und Ärger. Was hat Erikas Vater sich beim Jugendamt zu melden, wird sie sagen.«

»Glaube ich nicht. Die wird froh sein, dass du Arbeit hast. Und wenn sie ausrastet, kriegt sie sich auch wieder ein. Du hast schon anderes ausgestanden. Wenn du erst mal bei uns bist, geht es dir doch viel besser. Die zwei Wochen gehen auch noch rum.«

»Mag sein. Nein, wird so sein. Aber ich glaub, ich sag ihr das erst nach der Konfirmation. Sonst geht der nächste Sonntag völlig baden.«

»Hm, wenn du das hinkriegst, bis dahin dicht zu halten. Vielleicht ist es wirklich besser so.«

Für ein paar Momente schwiegen die beiden. Dann fragte Erika: »Hat sich das eigentlich geklärt mit deinem Konfikleid?«

»Nein, hat sich nicht«, gab Marie traurig zurück. »Ich werd wohl in diesem blöden Strickkleid vor dem Altar stehen müssen.« Marie sah an sich runter und strich mit der Hand über die Maschen. »Die Leute werden wieder was zu reden haben.«

»Haben denn nicht deine Paten noch ein kleines Schwarzes im Schrank, das dir passen könnte?«, fragte Erika.

»Weiß ich nicht. Ich trau mich nicht zu fragen. Mama würde das auch gar nicht akzeptieren, wenn ich ein Kleid von denen anzöge. Wird sowieso ein trauriger Tag, der nächste Sonntag. Mama hat Streit mit den Küstersleuten, und sie hat Streit mit den Verwandten. Wie meistens. Die werden nicht zur Konfifeier kommen.«

»Schade. Tust mir Leid. Und jetzt muss ich auch gehen. Aber red doch mal mit Tante Adelheid.«

»Mal sehen, was ich mache. Aber danke, dass du dich so um mich kümmerst. Bis morgen!« Marie schaute ihrer Freundin noch für ein paar Momente über den inzwischen leeren Kirchplatz hinterher. Dann wandte sie sich um und ging nach Hause. Auf der anderen Seite der Kirche begegnete ihr wie zufällig Adelheid Menn, die Küstersfrau und Patin. »Was wollte denn der Eicher von dir?«

Marie atmete tief durch: »Ich kann bei ihm arbeiten. Er will mir einen Vertrag geben. Er hat auch schon mit Frau Weidemann gesprochen. Die ist wohl einverstanden.«

»Das ist doch wunderbar, Mädchen! Das ist ja schon fast ein Konfirmationsgeschenk«, freute sich die Patentante, »hoffentlich schluckt Luise das.« Dann verdunkelte sich ihr Gesicht ein wenig und sie zögerte, weiterzusprechen, als überlegte sie, ob sie sagen sollte, was sie sagen wollte. Dann sagte sie es doch: »Übrigens kannst du am Samstag zur Beichte und am Sonntag zum Gottesdienst nicht in diesem Strickkleid kommen. Du fällst damit völlig aus dem Rahmen.«

Jetzt kamen Marie die Tränen. »Was soll ich denn machen? Ich hab kein schwarzes Kleid, das ich anziehen könnte«, schluchzte sie. »Wenn mir nicht irgendjemand noch eins besorgt ...«

Tante Adelheids Gesicht hellte sich plötzlich wieder auf. »Ich hab da eine Idee. Schau morgen gegen Mittag bei mir rein. Vielleicht weiß ich dann mehr.« Diese geheimnisvolle Rede vermochte kaum, Maries trübe Stimmung aufzuhellen. Kein Konfikleid, einen Arbeitsplatz, den sie vorläufig verschweigen musste, einen traurigen Konfirmationssonntag in Aussicht ... Es war alles so schwer. Marie wischte sich noch ein paar Tränen von ihrem hübschen Gesicht. Die Mutter musste ihr den Kummer nicht gleich ansehen.

»Na, wie war's?«, wurde Marie wenig später zu Hause begrüßt.

»Hättest ja mitgehen können, wenn's dich wirklich interessiert«, gab Marie zur Antwort und gab auch auf weitere Fragen keine Antworten. Der Rest des Tages verlief fast in völligem Schweigen.

Der kommende Vormittag – die Schulentlassung war schon vorbei, weshalb das Mädchen auch zu Hause war – war auch vom Schweigen bestimmt. Alle Versuche der Mama, das Mädchen zum Reden zu bringen, waren vergeblich.

Gegen Mittag verließ Marie das Haus, ohne zu sagen, wohin sie ging. Als sie nach kurzer Zeit zurückkam, war sie völlig verwandelt. »Ich fahre gleich mit Tante Adelheid in die Stadt. Der Bus geht in zehn Minuten. Wir kaufen ein Konfirmationskleid. Frau Weidemann vom Jugendamt hat das Geld bewilligt. Jetzt brauche ich doch nicht in der blöden Stricklumpe vor den Altar zu treten. Ich bin wieder weg.« Und schon war sie wieder draußen.

Zurück blieb eine einigermaßen konsternierte Frau, die dann doch anfing, sich Gedanken über das zu machen, was sich da zur Zeit abspielte. Marie nahm ihre Konfirmation offenbar doch ernster, als sie, die Pflegemutter, das angenommen hatte. In der Frau meldete sich so etwas wie Verantwortungsgefühl. Sie musste sich wohl doch ein paar Gedanken um den nächsten Sonntag machen. Aber welche?

Luise Grüber dachte nach, während Marie mit Tante Adelheid in der Stadt einige Geschäfte aufsuchte, bis die beiden ein schickes Kleid zu dem festlichen Anlass gefunden hatten. Schwarze Strümpfe und schwarze Schuhe hatte das Jugendamt auch genehmigt. Die Rechnungen sollten dort eingereicht werden.

Marie war selig. Wenigstens vor der Gemeindeöffentlichkeit brauchte sie sich jetzt nicht mehr zu schämen. Sie konnte befreit vor den Altar treten und den Konfirmationssegen empfangen.

Adelheid Menn war dankbar, dass ihr auf Maries Stichwort hin die Idee mit dem Jugendamt gekommen war, und sie war glücklich, dass sie ihrer Patentochter diese Freude hatte machen können.

Ganz so traurig, wie Marie es befürchtet hatte, war der Konfirmationssonntag dann doch nicht. Im Gegenteil, der Tag wurde richtig gut und schön. Nicht nur, weil die Frühlingssonne angenehm warm vom wolkenlosen Himmel schien und die Blumen in den Händen der Mädchen so richtig zum Leuchten brachte. Luise Grüber hatte doch tatsächlich ihr bestes Kleid aus dem Schrank genommen und war zur Verwunderung aller Leute mit in den Gottesdienst gegangen. Die Katen-Assi in der Kirche! Wer hätte das gedacht. Und das mit einer so hübschen Konfirmandin.

Marie sah wirklich schick aus in ihrem schwarzen Kleid mit dem kleinen weißen Kragen und den Rüschen im Oberteil. Sie brauchte sich wahrhaftig nicht hinter den anderen Konfirmandinnen zu verstecken. Vielleicht war das ein Grund dafür, dass die Leute vergaßen, Abstand von der Katen-Assi zu halten. Sie war nach dem Gottesdienst mitten drin im Trubel auf dem Platz mit Choralblasen des Posaunenchors, mit gegenseitigem Gratulieren und Beglückwünschen, mit Händeschütteln und Fotografieren der Konfirmanden einzeln und in der Gruppe und mit ihren Familien ...

Marie strahlte und war glücklich. In diesen Augenblicken empfand sie sogar etwas wie Liebe und Dankbarkeit für ihre Pflegemutter, und ein wenig Mitleid, weil die sich ihr Leben selbst verpfuscht hatte.

Das Mutter-Tochter-Foto, das natürlich auch aufgenommen wurde, hielt einen Moment heiler Welt fest, die es in Wirklichkeit gar nicht gab. Aber wenigstens für den Moment gab es den Anschein, künftig immer wieder anzuschauen …

Marie freute sich auch über den Konfirmationsspruch aus Psalm 121, den ihr der Pastor zugedacht hatte und den sie in Holz gebrannt in den Händen hielt:

> »Der Herr behüte dich vor allem Übel, er behüte deine
> Seele. Der Herr behüte deinen Ausgang und Eingang
> von nun an bis in Ewigkeit.«

War das nicht die gleiche Aussage wie in ihrem Taufspruch? Auch da ging es schon darum, dass Gott sie behütete. Ob es da einen Zusammenhang gab zwischen den Ereignissen damals und heute?

Und dann gingen dem Mädchen plötzlich ganz fremde Gedanken durch den Kopf: Wenn doch ihre leibliche Mutter hier dabei sein könnte und ihr leiblicher Vater. Wer waren die? Wo lebten die? Ob sie überhaupt wussten, dass ihre richtige Tochter heute konfirmiert wurde? Ob es da noch Geschwister gab? Irgendwann würde sie ihre Eltern finden. In diesem Augenblick gab Marie sich selbst das Versprechen, später einmal auf die Suche zu gehen.

Die Pflegemutter weckte das Mädchen aus diesem Sekundentraum. »Komm, lass uns gehen. Zu Hause wartet noch eine Überraschung.«

Was sie zu Hause vorfand, war für Marie wirklich eine Überraschung, mit der sie nicht gerechnet hatte. Waltraud Homer hatte während des Gottesdienstes die Stube mit Blumen und Girlanden geschmückt, hatte den Tisch festlich gedeckt und ein festliches Essen vorbereitet mit Fleischsuppe, Rotkraut, Erbsen und Möhren, Kartoffeln und Klößen, Rinder- und Schweinebraten und Pudding mit Obst. Die Konfirmandin glaubte zu träumen.

Wann hatte sie zuletzt ihre Mama in die Arme genommen? Sie wusste es nicht. Das war ihr immer sehr schwer gefallen. Aber in diesem Moment konnte sie nicht anders, sie musste es tun und Mama in die Arme nehmen. Dabei flossen dem vierzehnjährigen Mädchen und der fast sechzigjährigen Frau die Tränen nur so über die Gesichter. Wer weiß schon zu sagen, was das für Tränen waren: Tränen der Freude und des Glücks? Tränen der Reue über das Versagen? Tränen der Dankbarkeit für einen glücklichen Moment? Der Erleichterung über das Besondere dieses Augenblicks?

Es wurde doch noch ein schöner Tag für Marie, ein Tag mit einer fröhlichen Tischgemeinschaft zusammen mit den Nachbarn ohne Zigaretten und Alkohol. Nur leider ohne die Paten. Die noch einzuladen, hatte der Mutter wohl der Mut gefehlt. Dafür hätte sie Schuld zugeben müssen und um Verzeihung bitten. Das wäre dann doch des Guten zu viel gewesen.

Lehrjahre auf dem Eicherhof

Die Auseinandersetzung mit der Pflegemutter war hart und heftig gewesen, bis sie schließlich eingesehen hatte, dass sie Marie nicht halten konnte. Gegen das Einverständnis des Jugendamtes mit dem Ausbildungsplatz und dem Zimmer auf dem Hof der Eichers hatte Luise Grüber dann doch nicht angehen wollen. Also hatte sie es geschehen lassen müssen, dass ihre Pflegetochter am letzten Märzabend mit ihrem Bündel davongezogen war, wenn auch nur ans andere Ende des Dorfes, aber immerhin aus dem unmittelbaren Einfluss- und Verfügungsbereich hinaus.

Aber wenigstens zwei Drittel des monatlichen Entgeltes hätte sie gefälligst abzuliefern. Das sei sie ihrer Pflegemutter wohl schuldig. Wovon sie denn sonst leben solle bei den gestiegenen Kosten und der wenigen Rente! Und außerdem hätte sie sich regelmäßig zu melden, denn schließlich sei sie, die Mama, immer noch die Erziehungsberechtigte.

Dies und noch manches andere hatte Marie sich anhören müssen, ehe sie das Haus verließ, um ihr Stübchen auf dem Hof in Besitz zu nehmen und am nächsten Morgen ihre Arbeit anzutreten. So etwas wie wehmütige Abschiedsgedanken hatten dabei nicht aufkommen können. Im Gegenteil, die Vierzehnjährige hatte sich gefühlt wie von einer großen Last befreit. Es waren ja auch tatsächlich völlig neue Verhältnisse geworden, in denen sie für die nächste Zeit leben, frei atmen und sich ungezwungen verhalten konnte.

Das Leben und die Arbeit auf dem Hof waren interessant und abwechslungsreich. Jeden Tag gab es für Marie Neues zu lernen und zu tun. Die Anweisungen und Anleitungen dazu gab meistens der

Bauer selbst oder seine alte Mutter, die auf dem Hof mitarbeitete wie eine Frau in den besten Jahren.

Die junge Frau, Hanna Eicher, kümmerte sich mehr um die Dinge im Haus und im Garten. Ihr brauchte Marie eher selten zur Hand zu gehen. Hausarbeit machte ihr ohnehin weniger Freude. Die war ihr in der Kate vermiest worden.

Erika, die einzige Tochter der Familie und Maries Freundin, hatte seit dem 1. April zu ihrem Leidwesen einen Ausbildungsplatz auf einem Hof im Münsterland, so dass die beiden Freundinnen sich hatten trennen müssen. Sie sahen sich einmal im Monat, wenn Erika freie Tage bekam.

Die Grundarbeiten für die landwirtschaftliche Helferin waren täglich die gleichen: Füttern, Misten und Melken, Pflege und Versorgen des Kleinviehs und Sauberhaltung des Hofgeländes und der Scheunen. Dann musste Marie mit hinaus auf Wiesen und Felder und dort dem Bauern zur Hand gehen. Manchmal musste sie auch bei der Reparatur von Maschinen und Gerät helfen.

Marie machte das alles großen Spaß, und sie war gerne bei der Arbeit. Die wöchentliche Unterbrechung des Hofalltags durch die Fahrt zur Berufsschule in der Kreisstadt war ihr eher lästig. Wenn die Zeit vor und nach dem Unterricht wenigstens zu einem Bummel durch die Geschäftsstraßen gereicht hätte! Doch gegen solches Begehren stand der Busfahrplan. Außerdem hätten die immer besser gefüllten Regale der Kaufhäuser und Läden nur Wünsche geweckt, die das Mädchen sich nie hätte erfüllen können.

»Noch eine Runde, Marie, dann machen wir erst einmal Schluss. Wir werden mit der Rübensaat doch nicht mehr fertig. Heute Nachmittag kann's weitergehen. Das Pferd nehmen wir mit. Das Gerät lassen wir hier.«

»Darf ich den Alex dann nach Hause reiten?«, fragte Marie ihren Chef, dem sie auf dem einspännigen Saatgerät zur Hand ging.

»Von mir aus. Ich hab nichts dagegen. Pass nur auf, du hast keinen Sattel.«

»Ich pass schon auf, Bauer. Der Alex ist doch friedlich.«

»Stimmt, der hat noch nie einen abgeworfen.«

Die beiden fuhren das Saatgerät an den Ackerrand und spannten aus. Marie setzte sich dem braunen Hannoveraner auf den blanken

Rücken oder besser, auf das Arbeitsgeschirr und ritt los. Der Bauer kam zu Fuß hinterher. Der Weg war ja nicht weit.

Bis zum Hof waren es noch kaum hundert Meter, als sich Walli, die Mutter von Alex, laut wiehernd hören ließ. Sie hatte wohl ihren Sohn gewittert. Der reagierte auf den Ruf der Mutter, indem er plötzlich in einen schnellen Galopp verfiel. Marie auf seinem Rücken geriet in Schwierigkeiten. Sie rutschte zur Seite, hielt sich noch ein paar Meter an der Mähne und am Geschirr und musste sich dann fallen lassen, weil die Kraft nicht mehr reichte. Sie schlug unsanft auf den Boden auf. Alex stürmte davon. Ob er Marie noch mit dem Huf getroffen hatte, wusste sie nachher nicht mehr. Sie hatte nur furchtbare Kopfschmerzen. Sonst war alles an ihr heil. Mit brummendem Schädel rappelte sie sich hoch und ging dem Pferd nach, das bereits an der im oberen Teil geöffneten Stalltür mit seiner Mutter schmuste.

Die Bäuerin hatte Alex allein auf den Hof kommen sehen und kam aus dem Haus geeilt. »Ist etwas passiert?«, fragte sie besorgt.

»Nichts Besonderes«, gab Marie zurück und setzte sich auf die Bank am Dielentor, »der Alex hat mich nur etwas unsanft absteigen lassen.«

»Sag Bescheid, wenn irgendwas mit dir ist. Und demnächst benutzt du deine eigenen Beine. Ich mag das nicht, wenn du reitest. Das weißt du genau.« Die Bäuerin ging wieder hinein, ohne sich weiter um das Mädchen zu kümmern. Sie sah ihren Mann kommen. Der konnte sich der Sache annehmen.

Der Bauer, der inzwischen auch den Hof erreicht hatte, sah das Mädchen an und meinte nur, schon ein wenig besorgt: »Geh rauf, Marie, und leg dich einen Moment hin. Du siehst nicht gut aus. Ich komme heute Nachmittag allein zurecht.« Dann nahm er Alex beim Halfter und führte ihn in seine Box.

Marie folgte dem Rat ihres Chefs und legte sich ins Bett, stand aber später wieder auf, als die Zeit zum Melken kam. Dabei war ihr überhaupt nicht gut. Der Kopf brummte, alles um sie her drehte sich, ihr war zum Brechen elend. Dennoch setzte sie sich unter die Kühe, um ihren Aufgaben nachzukommen.

Bis Oma Eicher in den Stall kam. »Stell sofort den Eimer weg, Kind«, – sie sagte immer Kind zu Marie und die durfte Oma sagen. »Hanna hat mir erzählt, was passiert ist. Du siehst schlecht aus, richtig käsig. Du hast sicher eine Gehirnerschütterung.«

»Kann schon sein«, brachte Marie nur hervor, während sie sich vom Melkstuhl erhob. Und dann konnte sie den Brechreiz nicht länger unterdrücken. Gut, dass ihr das im Stall passierte. Das Stroh unter den Kühen nahm die Soße auf.

»Und jetzt fährt Georg dich nach Hause. Deine Mutter kann dich pflegen. Da hast du mehr Ruhe und kriegst nicht mit, dass hier Arbeit ist. Wir schicken dir dann noch den Arzt vorbei. Der muss nach dir sehen.« So bestimmte es Oma Eicher, und so geschah es dann auch.

Luise Grüber war gar nicht erbaut von der Geschichte. Marie pflegen zu sollen, passte ihr nicht in den Kram. Denn der Arzt hatte tatsächlich eine Gehirnerschütterung diagnostiziert und wenigstens zehn Tage Bettruhe angeordnet. Da musste sich die Pflegemutter zusammenreißen, Ruhe in der Wohnung halten, ordentlich kochen und sich auch sonst einschränken.

Marie störte sich nicht an dem Geschimpfe ihrer Mutter. Sie verschlief ohnehin die meiste Zeit. Als sie sich nach einer Woche wieder einigermaßen gesund fühlte, ging sie zurück auf den Hof und wieder an die Arbeit, gegen den Rat des Arztes. Freilich passten die Eichers auf, dass sich ihr Lehrling nicht übernahm. Nach einer weiteren Woche waren dann alle Beschwerden vergessen, und Marie war wieder voll dabei.

Inzwischen war Emil auf den Hof gekommen. Das Arbeitsamt hatte ihn an diese Stelle geschickt, weil Georg Eicher noch eine weitere Arbeitskraft brauchen konnte. Emil war ein unsteter Typ. Diese Stelle war schon seine siebte in den vergangenen zwei Jahren. Er hielt es nirgendwo lange aus. Immer wenn ihm etwas quer gekommen war oder wenn er zu viel und zu schwer arbeiten musste, wie er meinte, hatte er wieder in den Sack gehauen, wie er das nannte. Wie lange er es wohl auf dem Eicherhof aushielt?

Emil war ein starker Raucher und er trank auch ab und an einen über den Durst. Dem Bauern gefiel das überhaupt nicht, und er stellte den Knecht immer wieder zur Rede. Emil störte sich wenig daran. Solange er seine Arbeit tat, konnte ihm der Bauer sagen, was er wollte. Eine Weisung beachtete er allerdings: Er rauchte nur noch auf dem freien Hof, nicht mehr im Haus und auch nicht mehr in den Stallungen und Scheunen.

Irgendwann hatte er dann einmal wieder keine Zigaretten mehr. Er war der Meinung, Marie oder die Bäuerin hätten sie ihm versteckt oder gar weggeworfen. »Du wirst sie gestern in der Kneipe vergessen haben«, meinte Marie nur, »ich brauche deine Giftstengel nicht. Du weißt, dass ich nicht rauche.«

Emil gab sich damit nicht zufrieden. Immer wenn er Marie begegnete, fing er wieder damit an, sie des Diebstahls und des Betrugs zu bezichtigen. Abends kam er in die Wirtschaftsküche, wo Marie mit dem Melkgeschirr beschäftigt war. Wieder verlangte er die Herausgabe seiner Zigaretten.

»Geh doch und kauf dir neue, oder hast du schon wieder kein Geld mehr? Und jetzt lass mir endlich meine Ruh! Du hast hier sowieso nichts zu suchen!«

Marie wurde energisch und Emil böse. Und er wurde handgreiflich. »Du Schlampe, gib mir meine ...«

»Emil!«, kam es da sehr scharf von der Tür her. Georg Eicher hatte die lautstarke Auseinandersetzung im Vorbeigehen gehört und war gerade rechtzeitig hereingekommen. »So geht's hier bei uns nicht zu«, donnerte er den Knecht an. »Das ist das letzte Mal, dass ich zu der Sache etwas sage. Beim nächsten Mal kannst du gehen. Reiß dich zusammen, Kerl.«

Emil zuckte zusammen und wurde ganz klein. Er ließ natürlich gleich von Marie ab, murmelte so etwas wie eine Entschuldigung und trollte sich.

Von da an hatte Marie Ruhe vor dem Saukerl, wie sie ihn fortan nur noch nannte. Emil hielt es danach nicht mehr lange auf dem Hof aus. Mitten in der Haupterntezeit kündigte er und war weg.

Die Eichers waren allesamt friedliebende Leute. Selten, sehr selten war im Haus oder auf dem Hof ein hartes Wort zu hören. Dass Menschen auch über längere Zeiträume freundlich miteinander umgehen konnten, war für Marie eine ganz neue Erfahrung. In den Jahren ihrer Arbeit auf dem Hof gab es eigentlich nur zwei Anlässe, bei denen der Bauer beinahe ausgerastet wäre. Wer wollte es ihm verdenken.

Emil war nicht mit den Pferden zurechtgekommen. Alex und Walli mochten ihn offenbar nicht. Die Bäuerin hatte auch ihre Probleme mit den beiden Hannoveranern. Oma Eicher hielt sich schon lange vom Pferdestall fern. Nur der Bauer selbst und Marie konnten sich unbedenklich in den Boxen aufhalten. Die beiden waren von den Braunen gelitten. Und so war es selbstverständlich, dass Marie die

Aufgabe der Pferdepflege bekommen hatte. Wenn sie dann ein Lob erhielt, weil die beiden Tiere wieder so richtig glänzten und Mähne und Schweif recht gekämmt waren, dann war das Mädchen stolz.

Einmal hatte sie es allerdings zu gut gemeint. Für Sonntag war eine Ausfahrt geplant. Natürlich mussten Alex und Walli vor der Kutsche tipptopp aussehen. Marie gab sich alle erdenkliche Mühe, das Sonntagsgeschirr zu schwärzen und auf Hochglanz zu polieren. Die beiden Braunen wurden ganz besonders sorgfältig gestriegelt und gebürstet, ihre Mähnen und Schweife entsprechend gekämmt. Dabei fiel Marie auf, dass bei beiden Tieren beides wohl etwas ungleichmäßig gewachsen war. Also nahm sie eine große Schere und stutzte zunächst Alex und dann auch Walli Mähne und Schweif. Sie war gerade mit den letzten Feinabstimmungen befasst, als der Bauer in den Stall kam. »Was ist das denn hier?«, entsetzte er sich. »Bist du denn von allen guten Geistern verlassen? Wer hat dich beauftragt, hier Friseur zu spielen? Du bist wohl nicht ganz gescheit! Wie kannst du nur mit der Schere hantieren. Ich könnte dich ...« Der Bauer war schier außer sich.

Marie versuchte kleinlaut zu begründen: »Aber die Mähnen waren doch so stufig ...«

»Was waren die? Stufig? Pferdemähnen werden bei uns nicht beschnitten. Merk dir das ein für alle Mal. Und auch die Schwänze nicht. Verstanden? Hast du das verstanden?«

»Ja, Chef, es tut mir Leid.« Marie hätte sich am liebsten in eines der Mauselöcher verkrochen, die im Stallboden zu finden waren. »Ich habe es doch nur gut machen wollen. Die beiden sollten doch besonders hübsch aussehen.«

»Hübsch aussehen!? Verhunzt hast du die beiden. Und jetzt feg die Haare hier weg, damit ich die Spuren dieses Elends nicht mehr sehe.«

So böse hatte Marie den Bauer noch nie zuvor erlebt. Warum hatte ihr das nie jemand gesagt, dass Pferdemähnen und Pferdeschweife nur gekämmt werden dürfen, aber nicht gestutzt? Weil sie das nicht gewusst hatte, war sie ein bisschen beleidigt über den lauten und unwirschen Ton des Bauern.

Später musste das Mädchen noch einmal erleben, wie Georg Eicher sehr böse wurde und kurz davor stand, sein Lehrmädchen für immer nach Hause zu schicken.

Marie hatte bald gelernt, den Trecker zu fahren, des Bauers Heiligtum. Das machte ihr Spaß, und sie machte das auch gut. Der Lanz gehorchte ihr. Deshalb hatte der Bauer auch gar keine Bedenken, das Mädchen allein auf Feld oder Wiese zu schicken und bestimmte Arbeiten verrichten zu lassen, zum Beispiel mit den Schleifringen und der Egge oder mit dem Heuwender. Nur mit dem Mähwerk hatte er Marie bisher nicht arbeiten lassen. Das war ihm für das Mädchen zu gefährlich. Solche Arbeiten machte er lieber selbst.

Während der Heuzeit musste Georg Eicher dann einmal dringend in die Stadt zur Landwirtschaftskammer. Aber die Mahd der großen Wiese stand auf dem Plan, auch wegen des Wetters. Also musste Marie ran. Der Chef gab ihr genaue Anweisungen, wie sie mit dem Mähwerk umzugehen hatte, wo sie mit dem Schnitt beginnen sollte, wie sie am südlichen Wiesenrand zu fahren hatte, der von einigen Bäumen begrenzt war, wie sie den quer über die Wiese führenden Graben auszumähen hatte ...

Marie passte sehr gut auf und merkte sich alles gut. Mit einem Handschlag auf den Kotflügel des Treckers verabschiedete der Bauer seine Hilfskraft. »Mach's gut, Mädchen, ich verlass mich auf dich. Mittags bin ich wieder da.« Dann verließ der Mann mit seinem DKW den Hof, und für Marie ging es ab auf die große Wiese.

Wie das alles klappte! Das Mädchen war so recht von sich selbst begeistert. Eine Bahn nach der anderen wurde gefahren und gemäht. Am Anfang Messerbalken runter, Mähwerk einschalten, langsam anfahren, Spur halten. Am Ende anhalten, Mähwerk ausklinken, Messerbalken anheben und einrasten und leer zurückfahren.

Mit jeder Bahn kam der südliche Wiesenrand näher. Das war die kritische Zone. Nur jetzt nicht nervös werden, dachte Marie. Alles machen wie gehabt.

Aber der Messerbalken durfte hier nicht auf den tiefsten Stand heruntergelassen werden, wegen der Baumwurzeln. Und es musste vorsichtiger gefahren werden. Das Letzte tat Marie, das Erste hatte sie versäumt.

Und dann war es passiert. Der Messerbalken blieb an einer Wurzel hängen. Mit einem Ruck blieb der Trecker stehen, wobei er zunächst ein Stück nach rechts weggerissen wurde. Ein schmerzhafter Schlag fuhr der Fahrerin in Arme und Hände, die das Lenkrad hielten. Sie wurde unsanft mit dem Bauch gegen das Rad gedrückt. Sofort trat

Marie Kupplung und Bremse, und zugleich zog sie den Hebel des Mähwerks. Dann holte sie erst einmal tief Luft. So ein Mist. Dass ihr das kurz vor Abschluss der Arbeit noch passieren musste!

Was jetzt? Rückwärtsgang rein und langsam zurückfahren. Ging nicht. Noch mal versucht. Ging wieder nicht. Der Trecker hing fest. Anscheinend hatte sich der Messerbalken so richtig in die Wurzel eingebohrt.

Marie seufzte laut auf und schimpfte mit sich selbst. Was würde der Bauer nachher sagen? Und wie herauskommen aus der misslichen Lage? Das Mädchen schaute sich um. Niemand war zu sehen. Marie stieg vom Trecker und versuchte, den Messerbalken mit der Hand freizubekommen. Ging nicht. Das Ding steckte zu fest. Ein wenig ratlos und in langsam aufsteigender Panik stand sie an ihrem Gefährt. Den Trecker stehen lassen, nach Hause laufen und Hilfe holen? Noch einmal einen Versuch machen, im Rückwärtsgang herauszukommen?

Marie horchte. Sie hörte einen Bulldog kommen. Das konnte nur Klaus sein, der Sohn vom Henrichsbauern, der ein heimliches Auge auf Erika geworfen hatte. Nur der Henrichshof fuhr einen solchen Trecker. Wenn das wirklich Klaus war, dann kam Hilfe.

Es war Klaus. Marie lief hinüber, heftig mit den Armen winkend, so dass der junge Mann auf seinem lauten Untersatz schon ahnte, dass irgendetwas nicht in Ordnung war. »Was ist los, Marie?«, fragte er gegen den Lärm seines Gefährts. »Hast du Probleme?«

»Der Messerbalken hängt fest. Du musst mir helfen; ich komm allein nicht mehr flott.«

»Ehrensache, meine Liebe. Ich komme.« Klaus lenkte seinen Bulldog über die große Wiese, hielt an, stieg ab und schaute sich das Malheur an. »Sauber gemäht«, lobte er, »und das hier haben wir gleich. Steig auf. Schmeiß den Trecker an und Rückwärtsgang rein.«

Marie tat wie geheißen.

»Und jetzt nach rechts einschlagen. Wie du reingefahren bist, musst du wieder raus. Ich helfe am Balken ein bisschen nach.«

Marie ließ langsam die Kupplung kommen, und tatsächlich gelang es, den Messerbalken freizubekommen.

»Gott sei Dank«, kommentierte Marie mit einem Seufzer der Erleichterung den Erfolg der Aktion.

»Das dicke Ende kommt aber wohl nach, Frau Traktoristin.«

»Wieso, was ist jetzt noch?«

»Ich glaube, nichts Gutes. Der Verbindungsbolzen zum Messer ist zu Bruch. Mähen geht nicht mehr. Da wird der Bauer sich freuen.«

»O Schreck, was mach ich jetzt?«

»Gar nichts, nach Hause fahren. Das bisschen Gras musst du schon stehen lassen, bis ein neuer Bolzen eingebaut ist.«

»Ist das schwierig?«

»Nicht für den, der's kann. Und wenn das Gestänge in sich nicht verbogen ist. Dein Chef kriegt das schon hin. Der kann das.«

»Danke, Klaus. Ich hoffe, der Bauer lässt mich leben.«

»Mach dir da mal keinen Kopf. Gefallen wird ihm das wohl nicht. Aber der weiß, was er an dir hat.« Und dann fragte er noch: »Was macht eigentlich Erika? Sie war lange nicht zu Hause.«

»Würdest ihr wohl gerne mal wieder begegnen. Versuch's doch mal übernächstes Wochenende. Dann kommt sie heim.«

»Und ob ich das versuche, Marie. Und jetzt glückliche Heimfahrt.« Klaus schwang sich auf den Sitz seines Bulldogs und fuhr davon. Marie hob den Messerbalken an, arretierte ihn und fuhr dann auch los.

Aber irgendwie war sie doch nicht so ganz bei der Sache. In der Einfahrt zum Hof fuhr sie ein bisschen zu weit rechts, und schon hatte sie einen Zaunpfahl umgerissen. Um das Maß voll zu machen, nahm sie bei der Einfahrt in die offene Scheune den Bogen zu weit und schrammte mit dem vorderen linken Kotflügel an der Mauer entlang. Laut schimpfend brachte Marie das Fahrzeug zum Stehen, blieb dann wie gelähmt auf ihrem Sitz kleben, verbarg das Gesicht in ihren Händen und wartete auf das Donnerwetter, das gleich losbrechen würde. Ihre Heimkehr war ja nicht ungehört geblieben. Blech auf Stein gibt ein unangenehmes Geräusch, das sich vom üblichen Motorengeräusch durchaus abhob.

Georg Eicher kam, sah den Schaden und legte los. So böse hatte Marie den Chef noch nie erlebt; ein solches Gewitter hatte er noch nie losgelassen. Die Schimpfkanonade damals im Pferdefrisiersalon war ein leises Säuseln gegenüber dem, was Marie jetzt zu hören bekam. Sein guter neuer Trecker linksseitig ramponiert, die Mähtechnik im Eimer, der Messerbalken verbogen, die Wiese wahrscheinlich nicht ordentlich gemäht, den Zaun beschädigt ... Welche menschliche Dummheit, Unzulänglichkeit, Unfähigkeit, und das alles auf einem Haufen!

Etwa fünf Minuten dauerte das Gewitter mit Blitz und Donner, dann war der Bauer plötzlich still. Marie saß immer noch auf ihrem Sitz, hielt den Kopf mit ihren Händen und mit den Fingern die Ohren zu. Ihre Tränen konnte der Bauer nicht sehen. Dann hörte sie ihn nur noch schwer atmen wie nach einer anstrengenden Arbeit. In wesentlich ruhigerem Ton sagte er: »Komm runter, Mädchen. Passiert ist passiert. Jetzt müssen wir reparieren. Das Ding muss bald wieder flott sein.«

Wie von einer Last befreit, sprang Marie vom Trecker. Am liebsten wäre sie ihrem Chef für den letzten Satz um den Hals gefallen. Aber sie konnte nur ein »Tut mir Leid« stammeln.

»Schon gut. Beim nächsten Mal passt du besser auf. Und jetzt hol die Werkzeugkiste«, gab der Bauer zur Antwort.

Marie wischte sich die letzten Tränen vom Gesicht und machte sich an die Arbeit, den Schaden gemeinsam mit dem Bauern zu beheben, soweit das jetzt möglich war. Dabei bemerkte sie nebenbei, dass der Henrich Klaus ihr geholfen hatte, den Trecker wieder frei zu kriegen. Ob der Bauer das überhaupt registrierte?

Für das Klein- und Federvieh war Oma Eicher verantwortlich. Von ihr musste Marie in ihrer Zeit auf dem Hof auch etwas lernen, was ihr gar nicht so recht war.

»Kind, nachher kommst du zu mir in den Schuppen. Am Sonntag soll es Hühnersuppe geben«, erwähnte Oma Eicher beim Frühstück so nebenbei. Marie ahnte nichts Gutes, und ihr wurde ein wenig flau im Magen. Da sollte ein Huhn geschlachtet werden, und sie konnte doch kein Blut sehen. Ihr wurde immer schlecht, wenn sie beim Schlachten Blut rühren musste. Das musste die Oma eigentlich wissen. Aber Auftrag war Auftrag.

Später, als das Mädchen in den Schuppen kam, hielt die Altbäuerin bereits ein ängstlich gackerndes und wild schlagendes Tier von den roten Rhodeländern an den Füßen in ihrer linken Hand. In der rechten hielt sie ein Beil. »Muss ich das jetzt lernen, wie man ein Huhn schlachtet?«, fragte Marie ganz vorsichtig in der Hoffnung, die Oma würde sie von dieser Lektion befreien.

»Natürlich musst du das lernen, Kind. Auf einem Bauernhof muss man ein Huhn schlachten können. Also pass gut auf.«

Das arme Tier wehrte sich mit allen Kräften gegen den Griff der Frau und schlug noch wilder mit den Flügeln.

»Ganz still, mein Gutes«, versuchte die Frau den gefiederten Todeskandidaten zu beruhigen, »wenn du still hältst, merkst du gar nichts.« Dann an Marie gewandt, die ein wenig beklommen dabeistand: »Schau, Kind, wie man ein Huhn für die Suppe vorbereitet. Du musst das Tier ganz fest fassen, dass es dir nicht noch davonfliegt. Sieh her. Dann legst du es rasch mit dem Kopf auf den Hauklotz und schlägst blitzartig mit dem Beil zu. Das Tier merkt dann gar nicht, was eigentlich passiert.«

Während die alte Frau noch sprach, hatte sie schon vollführt, was sie beschrieben hatte. Der Kopf des Huhns lag neben dem Hauklotz. Blut schoss stoßweise aus dem Hals. Das geköpfte Tier zuckte noch ein paar Mal, und dann war es vorbei mit ihm.

»Und jetzt zeige ich dir, wie du das Tier ordentlich von seinen Federn befreist. Pass gut auf, wie das mit dem Rupfen geht.« Die alte Bäuerin hatte noch recht flinke Hände, und bald hielt sie den nackten Tierkörper auf ihrem gummibeschürzten Schoß.

»Das arme Huhn«, kommentierte Marie, während sie die Federn zusammenfegte und auflas.

»Aber das ist der Welt Lauf«, meinte die Oma. »Der Schöpfer hat die Hühner doch dazu gemacht, dass sie den Menschen Eier legen und für eine gute Suppe zur Verfügung stehen. Und jetzt zeige ich dir auch noch, wie du demnächst ein Huhn ausnimmst.«

Marie schaute gut hin, damit sie auch jeden Handgriff mitbekam, innerlich schauderte sie dabei ein bisschen.

»So, das wäre geschafft.« Oma Eicher legte das vorbereitete Tier oder das, was noch von ihm übrig war, in eine Schüssel. »Bring's rüber zu Hanna, Kind. Das Weitere ist ihr Geschäft. Und das nächste Huhn ist dann deins.«

Marie schüttelte sich. Sie mochte gar nicht daran denken. Aber sie kam wohl nicht um diese Prüfung herum.

Die nächste Hühnersuppe stand dann auch bald auf dem Speiseplan. »Kind, heute gehen wir auf Hühnerjagd.« Das war ein paar Wochen später Omas Signal für Maries Prüfung im Hühnerschlachten. Sie ging mit der alten Frau zum Gehege, in dem das Federvieh freien Auslauf hatte.

»Siehst du dort das weiße Leghorn, das mit den freien Stellen am Hals? Das arme Tier ist heute dran.«

»Warum gerade das? Ist das Huhn krank?«, wollte Marie wissen.

»Nein, das Tier ist nicht krank. Wir befreien es nur aus seiner unteren Position in der Hackordnung. Also rein in den Pferch und das Tier gefangen.«

Das war nun leichter gesagt als getan. Denn so einfach lässt sich auch ein geschundenes Huhn nicht einfangen. Schließlich gelang es Marie doch, das Tier in eine Ecke des Geheges zu drängen und einzufangen. Sie klemmte es sich zunächst unter den Arm und ging dann mit Oma Eicher zur Hinrichtungsstätte in den Schuppen. Am Hauklotz nahm sie den heutigen Todeskandidaten mit der linken Hand an den Füßen. Schwierig, schwierig war das bei der Wildheit, mit der sich das Tier dem Griff zu entziehen versuchte. Oma Eicher gab ihr dann das Beil in die andere Hand. »Nur Mut, jetzt kommt's drauf an, ob du schnell bist und triffst.«

Mit einem Schwung legte Marie das Tier auf den Hauklotz und schlug mit dem Beil zu. Leider nicht genau genug. Der Schlag hatte den Kopf nicht völlig abgetrennt. Das Blut spritzte und die schlagenden Flügel verteilten es über alles, was sich in der Nähe befand. Auch über Marie. Vor Schreck ließ sie die Füße des Tieres los und musste erleben, wie das Huhn, wenngleich sicherlich nicht mehr am Leben, wie wild durch die Scheune raste, bis es nach zwei Runden um den Hauklotz zusammenbrach.

»So kann es gehen, Kind. Mach dir nichts draus. Das ist mir auch schon passiert. Aber sonst hast du deine Sache schon gut gemacht. Beim nächsten Mal passiert dir das wohl nicht mehr. Und jetzt ans Rupfen und Ausnehmen.«

Auch diese Aufgaben erledigte Marie zur Zufriedenheit ihrer Lehrmeisterin. Dann konnte sie endlich aufatmen. Die Altbäuerin gewährte ihr sogar eine richtige Pause nach den Strapazen dieser Aktion.

Dann hatte Marie ihre Berufsschulzeit beendet und feierte ihr dreijähriges Eicherhof-Arbeitsjubiläum. Die Bauersleute spendierten Kaffee und Kuchen und schenkten ihrem Lehrmädchen ein nagelneues Fahrrad. Von nun an war Marie beweglich. Darüber war sie sehr glücklich.

Auch darüber, dass ihre Pflegemutter ihr den Besuch eines Tanzkurses im »Ochsen«, einem Gasthof im Nachbarort, erlaubt hatte. Aber um zehn Uhr habe sie gefälligst zurück zu sein. Sie werde das kontrollieren.

Was sie auch tat. Immer wenn sie Marie unterwegs wusste, wartete Luise Grüber abends an der Straße in der Nähe des Hofes, bis das Mädchen zurück auf den Eicherhof gekommen war. Dann erst konnte sie selbst beruhigt nach Hause gehen.

Für Marie, inzwischen fast achtzehn Jahre alt, waren diese Kontrollen sehr lästig. Sie sollten auch nicht ohne Folgen bleiben.

Thomas war in Maries Leben aufgetaucht. Der hübsche junge Mann war Dachdeckerlehrling, der mit seinen Arbeitskollegen auf den Dächern und an den Schieferwänden des Eicherhofs zu tun hatte. Marie war ihm gleich aufgefallen. Sie gefiel ihm. Sie gefiel ihm so sehr, dass es zuweilen sogar seine Arbeit behinderte, dann nämlich, wenn Marie auf dem Hof in Sichtweite zu tun hatte.

Gegen die Anbändelungsbemühungen des feschen Jünglings hatte Marie auch keinerlei Einwände. Im Gegenteil. So war es ihr durchaus recht, wenn Thomas ab und zu nach Feierabend auf den Hof geradelt kam, um mit dem Mädchen zu plaudern und zu schäkern. Oft saßen sie dann abends auf der Bank am Dielentor und hatten ihren Spaß. Eine harmlose Turtelei, an der zuweilen Oma Eicher teilnahm. Was also war dabei? Wer sollte da schon gleich merkwürdige oder gar unsaubere Gedanken hegen?

Luise Grüber hegte solche. Das konnte nicht angehen, dass ihre minderjährige Pflegetochter Liebschaften anfing. Da konnte nichts Gutes bei rauskommen.

Einige Tage nach Maries achtzehntem Geburtstag war es, an einem wunderbaren Abend. Die Mondscheibe stand in voller Größe am wolkenlosen Himmel. Die Oktoberluft war noch ziemlich mild. Und still. Nur ein paar Käuzchenrufe waren zu hören, und Fledermäuse huschten durch das Dunkel.

Nach dem Abend im Tanzkurs hatte Thomas seine Angebetete wieder einmal am »Ochsen« abgeholt, um sie nach Hause zu begleiten. Außer Schäkern und Händchenhalten auf den Fahrrädern war da nichts. Am Ortsanfang mahnte Marie den jungen Mann: »Du musst hier bleiben. Meine Mama steht mit Sicherheit vor Eichers an der Ecke und lauert.«

»Pfeif auf deine Pflegemutter«, versuchte der Junge Marie zu beeinflussen, »du bist doch kein Kind mehr. Ich fahre einfach mit bis zum Hof.«

»Das tust du nicht. Das gibt Ärger, wenn sie uns sieht. Ich fahre allein«, gab das Mädchen bestimmt zurück. Und dann: »Du kannst hier aber eine halbe Stunde warten und dann nachkommen. Dann dürfte die Luft wieder rein sein, und wir hocken uns noch ein bisschen auf die Bank.«

Abgemacht. Marie fuhr allein ins Dorf, winkte ihrer Mama demonstrativ zu, die wie erwartet auf ihrem Posten stand, und bog dann in den Hof ein. Da sie wusste, dass der Hof von der Straßenecke aus einsehbar war, schob Marie das Fahrrad in den Schuppen, schloss die Tür und ging ins Haus und hinauf in ihr Zimmer. Dort zeigte sie sich noch einmal am Fenster und legte sich dann in voller Kleidung aufs Bett. In einer halben Stunde würde sie ja noch einmal hinuntergehen.

Nach etwa dieser Zeit hörte sie draußen Thomas' Signalpfiff. Rasch stand Marie auf und ging auf den mondhellen Hof hinunter. Da brach das Donnerwetter auch schon los. Der junge Mann hatte wohl doch nicht lange genug gewartet, oder Luise Grüber hatte irgendwie Lunte gerochen. Jedenfalls hatte sie Thomas gesehen und war ihm auf den Hof gefolgt. Dort hatte sie ihn am Wickel. Lautstark und garniert mit schlimmen Titulierungen wies sie ihn zurecht, wie er sich unterstehen könne, sich an das Mädchen heranzumachen. Was ihm denn wohl einfiele? Er solle sich gefälligst dahin scheren, wo er hingehöre ...

Thomas geriet in Bedrängnis. Er konnte sich der Frau nicht entwinden. Sie hatte ihn fest an seiner Jacke. »Lassen Sie mich sofort los! Loslassen, sag ich, oder muss ich zuschlagen?«

»Untersteh dich, du Lümmel. Eher schlag ich dich rechts und links um die Ohren.«

Marie eilte auf die beiden zu, um dazwischenzugehen. »Bist du ganz gescheit, Mama?!«, wurde auch sie laut. »Lass den Thomas in Frieden. Der hat dir nichts getan!«

Die Szene wurde so laut, dass es der Bauer in seiner Stube hörte und herauskam. »Was geht hier vor?«, donnerte er in das Getümmel der drei Menschen. »Auf meinem Hof wird zu nachtschlafender Zeit nicht gestritten und schon gar nicht geschlagen. Grüberin, sofort vom Hof! Und du, Marie, verschwindest nach oben, und der Junge sieht zu, dass er Land gewinnt. Und dann ist Ruhe hier!«

Augenblicklich wurde es still auf dem Hof, und Luise Grüber ließ von ihrem Opfer ab. Georg Eichers Worte erlaubten keinen Widerspruch. Die Frau trollte sich, jetzt wieder laut vor sich hin schimpfend. Thomas entschuldigte sich bei dem Bauern. Das habe er nicht provozieren wollen. Er sei auch schon weg. Er verließ den Hof, um sich nie wieder bei Marie sehen zu lassen.

Die stand da mit hochrotem Kopf und den Tränen nahe. Sie versuchte, die Situation zu erklären: »Wir wollten doch nur noch ein bisschen auf der Bank sitzen. Ich konnte nicht ahnen, dass meine Mama ...«

»Schon gut, Mädchen. Wie ich die Frau kenne, wird das noch ein Nachspiel haben. Und jetzt ins Bett und gute Nacht.«

»Gute Nacht, Chef, und danke.«

Als Marie am nächsten Nachmittag vom Rübenziehen nach Hause kam, teilte Oma Eicher ihr die Konsequenz des gestrigen Abends gleich mit. »Die Grüberin war hier und hat noch einen Aufstand gemacht. Du musst ab heute wieder zum Schlafen nach Hause.«

»Das ist nicht wahr!«, entsetzte sich Marie, und ihr Gesicht verfärbte sich. »Ich gehe nicht nach Hause.«

»Da bleibt dir leider nichts anderes übrig. Deine nette Pflegemutter hat das irgendwie beim Jugendamt durchgesetzt. Schade. Wer weiß, was die denen über dich erzählt hat, dass die sich darauf eingelassen haben.«

»Kann der Bauer denn nicht ...?« In Marie sträubte sich alles gegen diese Veränderung. Aber es blieb ihr nichts anderes übrig, als ihre Tasche zu packen und zu gehen. Lange würde sie es bei der Mutter wohl nicht aushalten.

Die Zustände zu Hause waren die alten, nur dass kein neuer Mann als Dauerbewohner mit in der Assi-Kate lebte, wie das Haus am Henrichshof im Dorf immer noch genannt wurde. Die Homers in ihrer Zwei-Zimmer-Wohnenge hatten inzwischen vier Kinder, die nach wie vor nachlässig versorgt wurden. Die Eltern arbeiteten sporadisch auf dem Hof des Eigentümers, weil sie das Geld brauchten, und überließen die Kleinen für die Zeit Luise Grüber. Wenn sie nicht arbeiteten, saßen sie in der Wohnküche ihrer Mitbewohnerin, tranken Kaffee, spielten Karten, tranken Bier und Schärferes und ließen Gott einen guten Mann sein. Kartenlegen gehörte auch immer noch zum Geschäft des Hauses, und Interessenten gab es wieder.

Als Marie bei ihrer Pflegemutter einmal nachfragte, weil sie gerne in die nächste Zeit schauen wollte, versagten Luise Grübers Künste zum Glück und zu ihrem Erstaunen. Die Frau wurde sogar böse beim Ansinnen des Mädchens. »Geh weg, dir kann ich keine Karten lesen«, schickte sie die Pflegetochter ungehalten und ärgerlich hinaus. – Immer wieder versuchte sie, das Mädchen mit jungen Männern ihres Vertrauens zu verkuppeln. »In deinem Alter braucht man einen Freund«, meinte sie.

»Aber wohl nur einen, der dir passt«, konterte Marie. »Den Thomas hast du mir vergrault, und deine Freunde gefallen mir alle nicht.«

Das Zusammenleben der beiden gestaltete sich schwierig. Wie gerne wäre Marie auf den Eicherhof zurückgekehrt. Dort ließ es sich leben. Hier in der Assi-Kate war sie wieder eingesperrt wie eh und je. Jeder Ausgang wurde mit Argusaugen überwacht, jede Verspätung sollte genau begründet werden. Marie suchte alle möglichen Wege, immer wieder aus dem Haus gehen zu können, auch abends. Jetzt kam es ihr entgegen, dass Georg und Hanna Eicher ihre Gehilfin zum sonntäglichen Kirchgang eingeladen hatten. Marie folgte dieser Einladung jetzt häufiger. Es war ihr auch recht, dass der Pastor einen Besuch bei ihrer Mutter gewagt und mit ihr gesprochen hatte, sie möge das Mädchen in die Jugendgruppe gehen lassen, die sich einmal in der Woche im Pfarrhaus traf.

Marie durfte hin und fand neue Kontakte. Nur in die Veranstaltungen der Landjugend wollte Luise das Mädchen unter keinen Umständen gehen lassen. Diese jungen Leute waren ihr zu frech. Da waren auch zu viele Burschen, die alles Mögliche miteinander anstellten. »Lass dich ja nicht mit einem von diesen Kerlen erwischen, das sag ich dir«, drohte sie.

Und dann erwischte sie das Mädchen doch, als es mit Wilfried, einem der Jungen aus der Landjugend, aus dem Kino im Nachbarort später als erlaubt nach Hause kam. Kaum durch die Tür, hatte Marie schon ihre Tracht weg. Rechts und links bekam sie es um die Ohren. Und was das Mädchen dabei zu hören bekam, trieb jedem anständigen Menschen die Schamröte ins Gesicht. Marie zog instinktiv ihren Kopf ein und hielt die Hände vors Gesicht, um es zu schützen. Dann machte sie auf der Stelle kehrt und verließ fluchtartig das Haus.

Natürlich nahmen Eichers sie auch zu später Stunde noch auf. »Ich werde morgen das Jugendamt informieren«, kommentierte der Bauer die Situation. »Der Herr Sorg oder die Frau Weidemann können sich hier noch einmal sehen lassen. Dann wird sich die Sache klären. Du bleibst jedenfalls vorläufig hier.«

Nichts lieber als das. Marie fiel ein Stein vom Herzen, dass Georg Eicher sie nicht aus irgendeiner Furcht wieder zurückschickte.

Einige Tage später kam Herr Sorg und hörte sich von Marie die Geschichte an. Sie erzählte ihm alles, was ihr in letzter Zeit Not gemacht hatte. Die Frage des Ausgangs wann, wohin, wie lange für eine Achtzehnjährige, die Frage der persönlichen Kontakte, die Frage des Taschengeldes. Herr Sorg nahm zu allen diesen Fragen Stellung und war auch bereit, seine Antworten der Pflegemutter schriftlich mitzuteilen. Persönlich hingehen mochte er nicht. Die Assi-Kate würde er nicht mehr betreten. Im Übrigen bekäme Marie eine Durchschrift des Schreibens, damit sie sich, falls erforderlich, auf das Jugendamt berufen könne.

Au weia. Das würde was werden, wenn Luise Grüber diese Post bekam.

Aber die Frau musste die Kröte schlucken. Unter Gezeter und mächtigem Geschimpfe schrieb sie die Auflistung, wie sie in letzter Zeit mit dem Pflegegeld für Marie umgegangen war. Das war ja auch gar nicht so einfach, hatte sie doch das Geld immer für sich ausgegeben. Marie war nur ein geringes Taschengeld von ihrem Arbeitslohn geblieben.

Jetzt wurden die Zeiten für Marie besser. Nun bekam sie die Freiheit einer Achtzehnjährigen und die Mittel, diese Freiheit zu gestalten. Vor allem gemeinsam mit der Landjugend. Kirchlicher Jugendkreis und Gottesdienstbesuch fielen zwar nicht weg, wurden aber ein wenig vernachlässigt. Sich mit der Landjugend treffen, gemeinsam unterwegs sein, Schützenfeste und andere Dorffeiern besuchen, Traditionen der Bauernbevölkerung pflegen, Volkstanz betreiben, das alles war jetzt wichtiger. Marie genoss die Zeit und blühte dabei auf. Mancher Bursche drehte sich nach ihr um. Mancher hätte gerne mit ihr angebändelt oder wäre gar mit ihr gegangen, wie man das zu nennen pflegte. Das Mädchen zeigte aber allen die kalte Schulter. Der Richtige war nicht dabei, noch nicht.

Im Frühsommer 1962 bat Marie eines Tages ihre Bauersleute um ihre Entlassung. Sie habe mit dem Jugendamt darüber gesprochen, dass sie künftig etwas anderes tun wolle. In der Landwirtschaft kenne sie sich inzwischen sehr gut aus, darum sei es im Blick auf eine spätere Ehe und Familie gut, sie würde für ein paar Jahre in einem Haushalt arbeiten. Herr Sorg und auch Frau Weidemann hätten ihr Einverständnis gegeben. Sie wollten auch bei der Stellensuche behilflich sein.

Georg und Hanna Eicher waren einerseits überrascht, zeigten sich aber andererseits auch verständnisvoll. »Kannst du denn wenigstens noch bis zum Herbst bleiben?«, fragte der Bauer. »Dann ist die meiste Jahresarbeit getan. Für das Frühjahr werden wir wohl wieder jemanden finden.«

»Klar, Chef, bis zum Herbst bleibe ich. Ich muss ja auch erst einen Platz haben, der mir zusagt.«

»Und der vielleicht ein paar Kilometer entfernt sein sollte. Ein größerer Abstand von deiner Pflegemutter wäre gut für dich«, ergänzte die Bäuerin, »außerdem brauchen wir dich noch zur Vorbereitung von Erikas Hochzeit.«

»Klar doch, dass ich dazu noch hier bleibe. Die Hochzeit will ich gerne noch mitfeiern.«

Das sollte ein Fest werden, wenn die Kinder der beiden größten Bauern des Dorfes sich zusammentaten! Erika war nach ihrer Ausbildung und einem anschließenden Jahr auf der Landfrauenschule seit einiger Zeit wieder zu Hause, sehr zur Freude von Marie. Sie hatte zwar wegen ihres Klaus nie sehr viel Zeit für ihre Freundin, dennoch tat die neue Nähe gut. Die beiden wussten manches voneinander, was andere Leute gar nichts anging.

Manches blieb allerdings nicht verborgen, wie zum Beispiel die zwingende Notwendigkeit, die Hochzeit möglichst bald zu veranstalten. Das war auf beiden Höfen zwar nicht gerade begrüßt worden. Aber die Eltern mussten sich in die Gegebenheiten schicken. Sie waren ja auch grundsätzlich mit der Verbindung der jungen Leute einverstanden, auch wenn Erika gerade erst zwanzig war.

Und so liefen die Vorbereitungen zu dem Fest auf vollen Touren. Auch die Landjugend hatte ihre Vorbereitungen zu leisten für den Polterabend und für die Gestaltung des unterhaltsamen Teils der Hochzeit.

Marie hatte an dem allen einen großen Anteil. Sie besorgte den Kinderwagen zur Schornsteindekoration, sie beschaffte die Leitern, mit deren Hilfe das Dach des Henrichschen Wohnhauses bestiegen werden konnte, sie organisierte Storch und Babywäsche, die später an der Leine über dem Hof flattern sollten.

So war das nun einmal. Wer den Schaden hatte, brauchte sich um die zugehörige Freude oder auch den Spott der Leute keine Gedanken zu machen. Die sorgten schon für die Verbreitung der guten Nachrichten und den Spaß daran.

Es wurde ein fröhlicher und ausgelassener Polterabend auf dem Henrichshof. Kinderwagen, Storch und Wäsche konnten tatsächlich unbemerkt angebracht werden, zum leisen Ärger der angehenden Eheleute und ihrer Eltern. Schade nur, dass ausgerechnet am nächsten Tag der Schornsteinfeger kam und den Kamin frei haben musste ... Auch die Hochzeit wurde ein fröhliches Fest, gefeiert in und vor der Scheune des Eicherhofs fast mit der ganzen Dorfgemeinschaft.

Für Marie war das zugleich das Abschiedsfest. Noch eine Woche und ihre Zeit als landwirtschaftliche Hilfskraft war zu Ende. Dann ging es auf zu neuen Taten, in neue Lebens- und Arbeitsbedingungen weit weg von zu Hause. Weit weg aber auch von den Freunden, die sie inzwischen gewonnen hatte, seit sie sich mehr und mehr von der Assi-Kate gelöst hatte. Weg auch von den Paten und ihren Familien, die sie immer wieder aufgefangen hatten, wenn es zu Hause mal wieder drunter und drüber ging. Weg auch von der Pflegemutter, der dieser Schritt ins Leben ganz und gar nicht gefiel und den sie als einen Schritt übelster Undankbarkeit wertete.

Marie ließ sich nicht beirren und blieb bei ihrem Entschluss. Andere bestätigten sie darin, dass es für sie einfach besser sei, wegzugehen und Neues zu lernen und zu erfahren.

Das Hausmädchen

Markwennungsen lag in einer lieblichen Gegend am nördlichen Rande eines kleinen waldreichen Bergrückens südwestlich von Hannover. Die kaum einhundert Backsteinhäuser sahen hübsch aus mit ihren kleinen Gärten. In der weitläufigen Ortsmitte gab es eine zweiklassige Schule, ein kleines Versammlungshaus für kirchliche und sonstige Veranstaltungen, einen Laden, in dem man so ziemlich alles kaufen konnte, was die Dorfbevölkerung brauchte, und das

Milchhäuschen. Hier konnte man vormittags Milch und Milchprodukte kaufen. Ein Metzger kam zweimal wöchentlich mit seinem Verkaufswagen und bot seine Ware an, ebenso ein Fischhändler. An der Hauptstraße gab es einen Gasthof mit einem Festsaal und einer Kegelbahn. Etwas außerhalb der Siedlung am so genannten Georgsplatz stand mitten im Wald ein Forsthaus mit einem kleinen Wildgehege, wie sich das für eine richtige Försterei gehörte. Das war dann auch schon alles.

Die Männer der Siedlung fuhren zum Arbeiten in nahe gelegene Kalibergwerke und Zuckerfabriken oder in die Lebkuchenbäckereien von Barsinghausen, oder sie arbeiteten bei der Försterei oder in einer der vielen kleinen Möbelfabriken der Umgebung. Manche fuhren auch zur täglichen Arbeit bis nach Hannover. Der Weg zum Bahnhof war mehr als einen Kilometer weit. Da musste man morgens früh aufstehen und kam abends spät nach Hause. Die direkten Verbindungen der Siedlung mit ihrem Umland durch Busse waren sehr spärlich. Was im Ort zu tun war, erledigten meist die Frauen und die alten Leute. Sie hüteten die Häuser und die Kinder und versorgten ihre Gärten und ein wenig Kleinvieh.

Etwa zwei Dutzend Menschen aus dieser Idylle verdienten ihr Geld in der Strickerei Potraffke am Heckenweg. Alexander und Tamara Potraffke hatten den Gebäudekomplex erst vor wenigen Jahren gebaut. Dass die beiden keine Einheimischen waren, verrieten schon ihre Namen. Alexander hatte zwar deutsche Vorfahren, kam aber aus Polen. Tamara war Russin. Sie sprach mit einem besonderen Akzent. Vor allem ihr »R« fiel auf. Beide Eheleute, er jenseits der fünfzig, sie knapp davor, waren sehr gefühlsbetonte Menschen. Sie konnten sehr laut und heftig miteinander umgehen und dann auch wieder sehr zärtlich sein. Im Umgang mit Mitarbeitern oder mit Kunden konnte die Frau ihr Temperament allerdings besser zügeln als ihr Mann. Der verlor schon einmal die Beherrschung, wenn ihm irgendetwas quer kam oder nicht nach seinen Vorstellungen ablief. Die Leute im Betrieb wussten davon manche Strophe zu singen.

Die Potraffkes waren leider kinderlos. Dafür gehörten zwei Dackel zur Familie, Donner und Doria mit Namen. Wenn fremde Personen das Haus oder die Wohnung betraten, bellten sie in den höchsten Tönen. Der Einbau der Klingel an der Eingangstür war eigentlich überflüssig gewesen. Die beiden Hunde meldeten jeden, der kam. Wenn sie sich einmal gar nicht beruhigen wollten, wurden sie in die Toilette eingesperrt. Dort hielten die Hunde Ruhe.

Vom Weg her – Straße konnte man den Heckenweg nicht nennen – sah man dem Anwesen der Potraffkes kaum an, dass sich in und hinter dem schicken Landhaus eine kleine Fabrik befand. Das Vorderhaus enthielt unten die Büroräume, darüber die Wohnung der Eigentümer, dazu unter dem Walmdach noch einige Gästezimmer. Nach hinten schlossen sich Lager- und Versandräume an und die Produktionshalle mit Strick- und Kettelmaschinen, Zuschneidetischen, Nähmaschinen usw. Das Grundstück war hübsch angelegt und sehr gepflegt. Die Potraffkes hatten Geschmack in jeder Hinsicht. Das konnte schon jeder feststellen, der nur von außen hinsah.

Hierhin also hatte es Marie Rothe verschlagen. Weit weg von zu Hause und in Lebens- und Arbeitsbedingungen, die für sie sehr neu und fremd waren.

Schon an ihrem ersten normalen Arbeitstag eckte das Mädchen böse an. Wie vom Eicherhof her gewohnt, stand Marie um fünf in der Frühe auf – sie durfte eins der Gästezimmer unter dem Dach bewohnen mit Dusche und Toilette gleich gegenüber –, machte sich fertig und begann etwa um sechs damit, das geräumige Wohnzimmer von den Resten des gestrigen Besuchs aufzuräumen. Die frühe Störung brachte die beiden Hunde in Rage. Das Gebell war fürchterlich. Das brachte natürlich die beiden Potraffkes auf den Plan. Wer wagte es, sie so früh zu wecken?

»Aufhören! Aufhören sofort, Marie!«, übertönte die Chefin den Staubsauger. »Sind Sie denn verlassen von allen guten Geistern? Wir bis um sieben schlafen. Solange Stille bleibt!«

Marie erschrak natürlich sehr und wollte eine Entschuldigung abgeben. Aber die Frau war schon wieder im Schlafzimmer verschwunden, nachdem sie den beiden Dackeln noch Ruhe geboten hatte. Also setzte das neue Hausmädchen sich in einen Sessel, nahm einige Modezeitschriften zur Hand, von denen es viele im Zeitungsständer gab, und vertrieb sich die Morgenstunde mit Blättern und Lesen. Ab morgen würde sie selbstverständlich erst um sieben aufstehen und niemanden wieder früher wecken als gewünscht.

Auch in anderen Dingen musste Marie sich immer wieder belehren lassen. Sie wollte ja auch lernen, aber doch nicht die gesamte Haushaltsführung auf einmal. Wann waren die Kartoffeln gar? Wie musste der Möhrensalat angerichtet werden? Wie lange musste die Leber braten? Wie rührt man eine klumpenfreie Soße? Wie deckt man den Tisch richtig, und wie dekoriert man die Speisen, wenn beim Essen Besuch da ist? ...

Tamara Potraffke war in diesen Dingen erstaunlich geduldig. Eine Sache nach der anderen zeigte und erklärte sie dem Mädchen und ließ sie dann in den nächsten Tagen das neu Gelernte ausprobieren.

Ihrem Mann ging dagegen die Geduld zuweilen ab. Einmal stand das Essen zwar fertig auf dem Herd, aber noch nicht vollständig angerichtet auf dem Tisch. Als der Hausherr sich an seinen Platz setzte, fehlten noch das Kartoffelpüree und das Gemüse. Das genügte, um Alexander Potraffke aus der Fassung zu bringen. Im selben Augenblick, in dem Marie mit der Püreeschüssel das Esszimmer betrat – die Chefin kam hinter ihr mit dem Gemüse –, rastete der Mann aus und pfefferte ihr die Fleischplatte entgegen. »Was ist das hier wieder für eine Schlamperei? Kann nicht einmal das Essen vollständig auf dem Tisch sein, wenn ich mich setze?«

Marie blieb ganz perplex in der Tür stehen. »Oh, da habe ich aber Glück gehabt, dass die Leber an mir vorbeigeflogen ist. Ich glaube, ich hätte sonst mit dem Püree geantwortet«, hörte sie sich zu ihrem eigenen Erstaunen sagen.

»Ganz schön mutig, das Mädchen«, wunderte sich ebenso erstaunt der Hausherr und ärgerte sich wohl in diesem Moment über sich selbst. Er stand vom Tisch auf und ging hinaus.

»So ist er manchmal«, seufzte seine Frau, »hat ihn wieder geärgert etwas, dann seine Reaktion ist so. Entschuldige, Marie. Wir essen allein trotzdem.«

Marie sammelte die Leberstücke ein und dekorierte sie mit dem, was von Äpfeln und Zwiebelringen noch zu gebrauchen war, auf einer neuen Platte. Der Rest kam in den Schweineeimer.

Die beiden Frauen waren gerade mit dem Essen fertig, als der Mann zurückkam. Mit einer knappen Erklärung, wohl an das Hausmädchen gerichtet, entschuldigte er sich: »So bin ich nun mal. Stellen Sie sich darauf ein.« Dann nahm er sich von dem restlichen Püree und dem Gemüse, aß schweigend und ging wieder hinunter in den Betrieb. Tamara Potraffke lobte Marie später für ihre Reaktion. »War gut, wie du ihm hast reagiert. Alex denkt immer, er kann machen, wie er will, und alle machen, wie er will. Aber er ist nicht Gott. Ist gut, wenn ihm manchmal widerspricht jemand. Aber du musst sein trotzdem vorsichtig. Ich möchte dich haben länger bei uns als die letzten Mädchen.«

Über diese letzte Bemerkung wunderte sich Marie natürlich. Später erfuhr sie dann von Tutti, einer schon älteren, redseligen Schlesierin, die die Büros putzte und für die Blumenbeete am Haus zuständig war, dass in den vergangenen zwei Jahren sieben verschiedene Hausmädchen bei den Potraffkes gearbeitet hätten. Aber keine hätte es lange ausgehalten. Der Chef hätte sie immer sehr bald vergrault. Dazu meinte Marie nur: »Das wird ihm bei mir nicht so schnell gelingen. Ich bin hart vor den Knien. Dafür habe ich ganz andere Dinge ertragen müssen.«

Dazu hätte nun Tutti gerne mehr erfahren. Aber Marie wollte darüber nicht sprechen. Warum sollte sie ihre Vergangenheit hier aufrollen, wo sie doch eine ganz andere und schöne Gegenwart erleben durfte? Was machten da ein paar Ausbrüche ihres Chefs?

Mit der Chefin verstand sich das Mädchen gut. Zwischen den beiden bildete sich bald ein Verhältnis gegenseitigen Vertrauens, so dass Marie auch mehr und mehr selbständig in der Küche und in der Wohnung arbeiten konnte. Tamara Potraffke wurde dadurch wieder freier für ihre Aufgaben in der Firma. Sie entwarf zum Beispiel die Modelle und stellte sie auch für Vorführungen von Strickwaren her. Auf Marie machte sie einen starken Eindruck.

Ab und an ging es ihr durch den Kopf, wie das wohl sein würde, eine solche Frau zur Mutter zu haben. Ja, ihre Mutter. Wenn sie nur wüsste, wie sie herausfinden könnte, wer sie war und wo sie lebte. Zu gerne hätte sie diese Frau kennen gelernt, auch wenn sie andererseits Zweifel an ihr hatte. Wie konnte eine Mutter nur ohne Not ihr Kind abgeben? Aber vielleicht war da ja eine Not gewesen, die die Frau gezwungen hatte … Und wer war ihr Vater? Welche Rolle spielte er in ihrer Lebensgeschichte? Marie gab sich erneut das Versprechen, diese Fragen eines Tages zu beantworten.

Von ihrer Pflegemutter hatte sie inzwischen einen weiten inneren Abstand gewonnen. Einmal im Monat schrieb sie ihr eine Karte oder einen kurzen Brief. Ab und an überwies sie ihr Geld, das sie sicher immer gebrauchen konnte, seitdem die Zahlung des Pflegegeldes eingestellt war. Marie verdiente ja selbst.

Antwort von der Mutter bekam sie selten und dann meist verbunden mit finanziellen Forderungen. Der Briefkontakt zu Erika, die übrigens inzwischen Zwillinge geboren hatte, der zu ihren Eltern auf dem Eicherhof oder zu Onkel Norbert und Tante Irmgard Grüber und den Küstersleuten war viel intensiver. Heimweh nach Wüstenfeld hatte sie nicht. Hier in der Mark, wie die Leute sagten, war es schön. Hier mochte sie gerne eine Zeit lang bleiben.

An der südlichen Seite des kleinen Gebirges – für die Menschen der Gegend um Hannover war dieser bis zu 405 Meter Höhe aufsteigende Bergrücken schon ein Gebirge – besaßen die Potraffkes eine Jagdhütte. Sie gehörte zu einem Jagdbezirk, den Alexander Potraffke gepachtet hatte. Dort verbrachte er die meisten Wochenenden. Meistens war seine Frau dabei, und dann musste auch Marie mit. Häufig waren Gäste dort, die dann auch versorgt werden wollten.

Das waren immer interessante Abwechslungen für das Hausmädchen. Es machte Spaß, den großen Wohnraum mit herrlichem Kamin in Ordnung zu halten, in der kleinen Küche zu werkeln und auch die verschiedenen schlichten Schlafräume unter dem Dach zu versorgen. Einen Stromanschluss hatte das Haus nicht. Das Licht spendeten Petroleumlampen und viele Kerzen. Wasser wurde aus dem vorbeifließenden Bach geholt, sauberes frisches Quellwasser. Gekocht wurde auf einem Herd, der mit Holz befeuert wurde. Die Toilette befand sich in einem Häuschen hinter dem Haus.

Gerne stand Marie noch vor dem Büchsenlicht auf, um ihren Chef auf einen der Hochstände zu begleiten. Dort schweigend zu sitzen, auf die aufgehende Sonne zu warten und das Wild zu beobachten, wenn es zum Äsen aus der Deckung kam, war herrlich. Weniger gefiel es dem Mädchen, wenn ein Reh oder ein Bock geschossen wurde. Die Tiere taten ihr immer Leid.

Manchmal, nach kurzen Nächten vor allem, überkam Alexander Potraffke auf dem Hochstand die große Müdigkeit, und er schlief wieder ein. Marie hatte dann den Auftrag, den Waldrand zu beobachten und ihn zu wecken, wenn Wild auf die Lichtung trat. Meistens ließ sie den Mann aber schlafen. Warum sollten die Tiere der Büchse ausgeliefert werden, um später in den Kochtopf zu kommen? Den folgenden Ärger ihres Chefs musste Marie dann freilich auf sich nehmen.

Marie bekam auch Kontakt mit der Jugend des Dorfes Nettelrode, zu dem das Revier gehörte. Sie stellte nach der Tradition der Gegend die Treiber bei den Jagden im Herbst. Wenn sie dann auch als Treiberin dabei sein konnte, war sie glücklich. Mit der Zeit lernte sie sogar, mit der Strecke umzugehen, wie die Jäger die Sammlung der erlegten Tiere nannten.

Unter den jungen Leuten von Nettelrode waren einige, die Marie sehr sympathisch waren. Heidi zum Beispiel. Mit ihr konnte sie sich eine Freundschaft vorstellen ähnlich der, die sie mit Erika gehabt hatte und die leider wegen der Entfernung nach Wüstenfeld nur noch auf ganz kleiner Flamme gehalten werden konnte. Da war auch Rita, mit der man gut auskommen konnte. Aber so als richtige Freundin? Das musste nicht sein. Da waren auch Jimmy und Otto und Herbert. Alle drei patente Kerle. Jimmy hatte es auf Heidi abgesehen, Otto auf Rita. Und Herbert? Warum nicht seinen Annäherungsversuchen ein wenig nachgeben? Herbert erinnerte Marie sehr an seinen Namensvetter, den Sohn der alten Frau Benner. Nur dass er nicht ganz so trottelig war.

Wenn Marie mit den Potraffkes in der Jagdhütte war und dort nichts mehr zu tun hatte, dann trafen sich die jungen Leute zu gemeinsamen Unternehmungen im Dorf oder in der Umgebung. Gut, dass Otto schon ein Auto hatte. Sein Käfer brachte sie überallhin. Fünf Leute durften ja in das Fahrzeug. Der sechste musste halt immer abtauchen, wenn irgendwo ein Polizeiauto oder eine weiße Mütze auftauchte.

Im Laufe der Zeit wurde die Beziehung zwischen Marie und Herbert enger. Die beiden waren richtig verliebt. Sie trafen sich immer häufiger auch ohne die anderen. Manchmal waren die nämlich im Weg, wenn die beiden ein wenig schmusen wollten. Herbert lieh sich auch schon einmal Ottos Käfer, mit dem die beiden dann irgendwo in einem Waldweg stehen blieben, um sich in die Arme zu nehmen, zu küssen und zu streicheln. Herberts Hände wurden dabei von Mal zu Mal mutiger. Sie wagten sich in Körperzonen, wo es bei beiden jungen Menschen anfing zu kribbeln. Sie wagten sich mehr und mehr auch unter Bluse und Pullover und unter den Rock. Dann nahm er auch Maries Hand und legte sie auf seine Hose. Marie ließ sich alles gefallen. Sie empfand diese Liebkosungen als Beweise von Herberts Liebe und dazu auch als angenehm. Wenn es ihr nicht mehr angenehm war, beendete sie das Spiel. »Jetzt ist genug, fahr mich nach Hause«, forderte sie Herbert auf. Der war auch brav und gehorsam, rückte seine Hose zurecht und brachte Marie in den Heckenweg zurück.

Aber zunehmend fiel ihm das schwerer. Eines Abends verlangte er sehr erregt von Marie: »Du hattest jetzt dein Vergnügen, und mich hast du hochgeschaukelt. Jetzt will ich auch was von dir. Lass uns zusammen schlafen.«

Marie erschrak. Das doch nicht. »Nein, mein Lieber, das mache ich nicht. Das geht zu weit.« Sie widersprach entschieden, und Herbert musste sich zufrieden geben. Murrend und knurrend schickte er sich in die Ablehnung und fuhr die Freundin nach Hause. Auf dem Weg sprach er fast kein Wort. Marie gab es bald auf, ihn zum Reden zu bringen, und saß den Rest der Fahrt schweigend neben ihm.

»Bist du jetzt sauer, Herbert?«, fragte sie beim Verabschieden.

»Nein, nein, mein Schatz«, beeilte er sich zu antworten. »Es ist schon gut. Wir sehen uns.« Nach dem Aussteigen noch ein flüchtiger Kuss durch die geöffnete Scheibe und weg war Herbert. Marie blieb etwas irritiert zurück. Der Abschied war so kühl gewesen. War Herbert jetzt enttäuscht von ihr, dass sie sich ihm verweigert hatte? Aber das konnte er doch nicht von ihr verlangen, dass sie sich ihm ganz hingab. Nein, das würde sie auch nicht tun. Neckereien und Zärtlichkeiten waren schön, aber die noch intimeren Dinge gehörten in die Ehe.

Ein paar Abende später kam Herbert wieder mit dem geliehenen Käfer und holte Marie ab. Heute fuhr er nur bis hinter das Forsthaus am Georgsplatz. Hier kamen um diese Zeit keine Menschen mehr vorbei, die die Verliebten im Auto stören würden, auch wenn es noch ziemlich hell war. Bei leiser Musik aus dem Autoradio unterhielten sie sich auf der Rückbank des Wagens über dies und jenes, dann plötzlich über eine denkbare Verlobung und über die Hochzeit von seinem Bruder, zu der Herbert das Mädchen gerne als Brautjungfer mitgenommen hätte. Dabei rückten sie sich immer näher, begannen zu schmusen, und Herberts Hände begannen ihr Spiel. Marie ließ es geschehen, und es war ihr auch heute wieder sehr angenehm. Dann aber wurde Herbert plötzlich heftig. Er drückte Marie längs in den Sitz, schob ihr den Rock hoch und nestelte an seiner Hose. »Marie, jetzt lass mich zu dir. Ich halt das nicht mehr aus.«

Das Mädchen schrie auf: »Lass das! Das tust du nicht! Das lasse ich nicht zu!« Es gelang ihr, sich aus der Umklammerung des Freundes zu lösen.

Der wandelte sich plötzlich von einem Augenblick zum anderen. Er ließ von dem Mädchen ab, sprang aus dem Fahrzeug, ging um es herum und riss die andere Türe auf. »Raus, blöde Zicke, mach, das du aus dem Wagen kommst. Einem Appetit machen und dann zum Essen nach Hause schicken gibt's nicht mehr. Ich hab die Schnauze voll. Hau ab, ich will dich nicht mehr sehen.«

Marie rappelte sich vom Rücksitz des Wagens auf, kletterte nach draußen und ordnete ihre Kleider. »Herbert, so versteh doch. Ich kann das nicht. Und ich will das auch noch nicht.«

»Spar dir dein Gesülze, prüde Tante.«

»Herbert, Lieber, ich hab dich doch lieb. So versteh mich doch.« Marie versuchte das wohl Unvermeidliche aufzuhalten. »Du kannst doch jetzt nicht einfach Schluss machen.«

»Und ob ich das kann. Mit dir hab ich nichts mehr am Hut. Da gibt es andere, die sich nicht so zieren. Steig wieder ein, ich bring dich noch an die Ecke. Bin ja nicht so.«

»Herbert, bitte, lass uns doch in Ruhe noch einmal reden«, drängte Marie beinahe flehend.

»Nix da, es ist aus. Schluss! Ende!«, gab er barsch zurück.

Jetzt schaltete auch Marie um. Mit einem tiefen Seufzer sagte sie: »Dann musst du eben gehen. Such dir eine, die gleich mit dir ins Bett steigt. Ich gehe zu Fuß. Brauchst mich nicht zu fahren.« Damit schlug sie die Wagentür zu, wandte sich um und ging. Herbert kam nicht nach. Er fuhr wohl den Waldweg über den Berg. So konnte er auch nicht sehen, dass dem Mädchen die Tränen nur so über die Wangen liefen. Dass diese Liebe so enden würde, hatte Marie sich nicht vorgestellt.

Die Enttäuschung saß tief, und der Liebeskummer fraß tage- und wochenlang an ihr. Kaum jemand konnte Marie so recht trösten. Tutti nicht, ihre Chefin nicht und auch Heidi nicht. Die war plötzlich noch die Einzige aus dem Sechserclub. Herbert hatte die anderen wohl gegen Marie eingenommen. Nur Heidi gab nichts auf sein Gerede und hielt zur Freundin. »Du hast das schon richtig gemacht, Marie. Mein Jimmy darf auch nicht alles, was er möchte. Der muss auch warten.« –

Zeit heilt Wunden, sagt man. Auch solche, die durch enttäuschte Liebe verursacht wurden.

Seit einiger Zeit besaßen Alexander und Tamara Potraffke ein altes Chalet in der Schweiz. Um den Umbau und die Renovierung des Hauses am Nordufer des Vierwaldstätter Sees vorzubereiten, gönnten sich die beiden einen kurzen Maiurlaub und fuhren hin. Marie durfte mitfahren. Eine gute Ablenkung in ihrem Liebeskummer. Zum ersten Mal eine lange Reise in einem Mercedes, zum erssten Mal in einem fremden Land, zum ersten Mal richtig hohe Berge, zum ersten Mal ...

Die Reisenden waren abends spät angekommen. Als Marie am nächsten Morgen noch im Nachthemd auf dem Balkon des Chalets stand, glaubte sie zu träumen. Über sich einen strahlenden Himmel, garniert mit vielen weißen Wölkchen, die bereits hell im Sonnenlicht schimmerten. Vor sich den noch dunklen See, so groß, wie sie noch nie einen gesehen hatte. Der Maschsee, wohin Potraffkes sie schon einmal mitgenommen hatten, war dagegen eine Pfütze.

Auf der gegenüberliegenden Seeseite die noch schneebedeckten Gipfel der Vierwaldstätter Alpen. Rechts der Riese Pilatus, der sein weißes Haupt noch in einer Wolke versteckt hatte. Links die Rigi, die sich markant gegen die dahinter aufgegangene Sonne abhob. Um das Chalet herum blühten eine Menge Blumen, wie sie das Mädchen noch nie gesehen hatte, und verströmten verschwenderisch ihren Duft. Die Luft war dazu erfüllt von dem Gesang unzähliger Vögel.

Plötzlich hatte Marie eine Liedstrophe im Kopf, die sie vor vielen Jahren im Konfirmandenunterricht gelernt hatte: »Mein Auge sieht, wohin es blickt, die Wunder deiner Werke; der Himmel, prächtig ausgeschmückt, preist dich, du Gott der Stärke. Wer hat die Sonn an ihm erhöht? Wer kleidet sie mit Majestät? Wer ruft dem Heer der Sterne?«

Wie begann dieses Lied doch noch? Und wer hatte es geschrieben? Ach ja, Gellert, Christian Fürchtegott Gellert hieß der Dichter. »Wenn ich, o Schöpfer, deine Macht, die Weisheit deiner Wege ...« Richtig, so fing das Lied an. Ob sie die anderen Strophen auch noch zusammenbekam? Marie kramte in ihrem Gedächtnis.

»Wer misst dem Winde seinen Lauf? Wer heißt die Himmel regnen? Wer schließt den Schoß der Erde auf, mit Vorrat uns zu segnen?

O Gott der Macht und Herrlichkeit, Gott, deine Güte reicht so weit, so weit die Wolken reichen.

Dich predigt Sonnenschein und Sturm, dich preist der Sand am Meere. Bringt, ruft auch der geringste Wurm, bringt meinem Schöpfer Ehre! Mich, ruft der Baum in seiner Pracht, mich, ruft die Saat, hat Gott gemacht; bringt unserm Schöpfer Ehre!

Der Mensch, ein Leib, den deine Hand so wunderbar bereitet, der Mensch, ein Geist, den sein Verstand dich zu erkennen leitet: Der Mensch, der Schöpfung Ruhm und Preis, ist sich ein täglicher Beweis von deiner Güt und Größe.

Erheb ihn ewig, o mein Geist, erhebe seinen Namen; Gott, unser Vater, sei gepreist, und alle Welt sag Amen, und alle Welt fürcht ihren Herrn und hoff auf ihn und dien ihm gern. Wer wollte Gott nicht dienen?«

Marie wurde es ganz merkwürdig ums Herz. Das Herrliche, das sie hier vor Augen hatte, war alles Gottes Schöpfung. Und sie selbst war Gottes Geschöpf. Und ein hübsches noch dazu. Sagten ihr wenigstens die Leute. Dass ihre Beine ein wenig dünn geraten waren, störte das Bild wenig. Dafür hatte sie eine gute Figur. Das hatte ihr Herbert unzählige Male ins Ohr geflüstert. Wie um sich selbst zu kontrollieren, strich das Mädchen mit beiden Händen über ihr Haar, ihr Gesicht, ihren Körper. In einem halben Jahr würde sie einundzwanzig. Ob da schon irgendwo ein anderer auf sie wartete, ohne dass es gleich wieder eine Enttäuschung gab?

Um welche Dinge ihre Gedanken auf einmal zu kreisen begannen.

Dann tauchte der letzte Satz des Liedes plötzlich wieder auf. »Wer wollte Gott nicht dienen?« Was hatte das zu bedeuten, dass sie dieser Satz jetzt beschäftigte? Sie hatte in letzter Zeit wenig nach Gott gefragt. Ja, ihren Konfirmationsspruch hatte sie immer wieder vor Augen. Der hing ja in ihrem Zimmer an der Wand. »Der Herr behüte dich vor allem Übel, er behüte deine Seele. Der Herr behüte deinen Ausgang und Eingang von nun an bis in Ewigkeit.« Ob dieser Herr, der ihr hier als Schöpfer dieser schönen Welt so deutlich vor Augen stand, mehr von ihr erwartete? Ob sie in der Mark nicht doch wieder ab und an in den Gottesdienst gehen und sich dem kirchlichen Jugendkreis im Dorf anschließen sollte.

»Na, Marie, gefällt es dir hier?«

Marie erschrak ein wenig. Sie hatte gar nicht bemerkt, dass Tamara

Potraffke auf den Balkon gekommen war und hinter ihr stand, auch noch im Nachtgewand. »Und ob es mir hier gefällt. Das ist alles herrlich, einfach wunderbar«, bestätigte das Mädchen. »Wie freue ich mich, dass ich das sehen darf!«

»Wir werden dir zeigen noch mehr. Wir wollen nicht arbeiten nur. Muss auch ein bisschen sehen von Schweizer Gegend. Mal sehen. Aber heute erst arbeiten. Komm jetzt Frühstück machen. Alexander wird aufstehen gleich. Und du weißt ...«

Das wurden herrliche zehn Tage, in denen sich harte Arbeit am Häuschen mit erholsamen Vergnügungen abwechselten. Besonders die Ausflüge prägten sich Marie unvergesslich ein.

In den letzten Tagen verschlechterte sich dann das Wetter, so dass ihnen der Abschied aus dieser schönen Welt nicht ganz so schwer fiel. Beim letzten Blick vom Balkon auf die jetzt sehr verhangenen Berge und den völlig in Grau liegenden See musste Marie ihrer Chefin ganz spontan um den Hals fallen. »Danke! Davon werde ich noch lange träumen.«

In Markwennungsen lebte Marie so richtig auf. Sie kam mit den Leuten im Haus und im Betrieb gut aus, inzwischen auch mit ihrem Chef. Der hatte sogar so etwas wie Respekt vor seinem Hausmädchen bekommen, seit er mehrfach erfahren musste, dass sie nicht so mit sich umspringen ließ, wie die Mädchen vor ihr. Marie spürte auch, dass die Leute im Betrieb sie mochten. Mit der alten Tutti hatte sie inzwischen ein vertrautes Verhältnis. Die beiden erzählten sich viel, was sie nicht unbedingt jedem anderen erzählt hätten. Die Schlesierin mahnte Marie dann auch, sie müsse ihre Volljährigkeit doch zu Hause bei ihrer Pflegemutter feiern.

»Dazu habe ich eigentlich keine Lust. Das gibt doch nur wieder Ärger«, wehrte sich Marie gegen diesen Vorschlag.

»Und wenn, dann warst du noch einmal da und kommst wieder zurück. Mit einundzwanzig bist du doch dann ein wirklich selbständiger Mensch und kannst allein über dich entscheiden.«

»Wenn du meinst, Tutti. Ich werd mir's überlegen«, versprach Marie. Die Chefin lieferte noch ein paar Argumente dazu und gab ihr Anfang Oktober ein verlängertes Wochenende frei. Der besondere Geburtstag fiel ohnehin auf einen Samstag. Dann konnte sie sonntags wieder zurückkommen. Marie kündigte der Mama ihren Besuch an.

Sie fuhr nach Hause, wie immer bepackt mit allerlei guten Sachen wie Fleisch und Wurst vom niedersächsischen Land. Dazu kamen eine Strickjacke für ihre Mutter und weitere Stricksachen für die Kinder von Homers und Erikas Zwillinge. Kaffee hatte sie auch im Koffer. Sie wollte der Pflegemutter möglichst wenig Kosten verursachen. Erster Streitpunkt würde ohnehin wieder das leidige Geld sein.

Der Empfang in der Assi-Kate war einigermaßen herzlich. Die Mama hatte den Tisch für ein passables Abendessen zu zweit bereits gedeckt. Bald saßen die beiden zusammen und ließen es sich schmecken. Der Frieden dauerte nur nicht lange. In der Tat war das Geld rasch das wichtigste Thema. Es reichte der Mama vorne und hinten nicht. Die Miete war gestiegen, Strom und Wasserkosten waren angehoben worden, die Lebensmittel teurer geworden. Sie müsse die Homerskinder tagsüber immer durchfüttern, weil die Eltern auf dem Hof arbeiteten, und und und ... Luise Grüber steigerte sich in ihren Unmut hinein und wurde dabei immer lauter.

»Dann fehlt mir dein Pflegegeld. Was da fehlt, hab ich von dir zu kriegen. Dass du's weißt!«

Marie hatte für heute genug. »Was du da sagst, Mama, kann ich nicht so sehen. Ich habe dir immer wieder Geld überwiesen, und du hast es verraucht und versoffen«, meinte sie nur dazu, stand auf und ging. »Ich will hier keinen Streit. Deshalb bin ich nicht hergekommen. Ich komme wieder, wenn du dich beruhigt hast.«

Sie ging nur über den Hof, Erika, die Freundin und Jungbäuerin auf dem Henrichshof zu begrüßen und ihr die Mützchen und Jäckchen für die Zwillinge zu geben. Waren die süß, die beiden! Solche Kinder würde sie auch einmal haben wollen, ging es ihr durch den Kopf.

Als sie später in die Kate zurückkam, saßen die Erwachsenen des Hauses wie üblich um den Tisch, rauchten, spielten Karten, tranken Bier und Schnaps und führten große Reden. Marie widerte das an, und sie verschwand gleich im Schlafzimmer.

»Ich möchte morgen meinen Geburtstag hier feiern. Ich hatte dir das geschrieben, und ich möchte meine Paten einladen«, offenbarte sie der Mama beim Frühstück.

Die brauste gleich auf: »Das kommt gar nicht in Frage. Die Menns und die Grübers kommen mir hier nicht rein. Und auch sonst keiner kommt mir hier rein. Entweder du feierst deinen Geburtstag mit uns oder du feierst ihn allein.«

»Werd doch nicht gleich wieder so laut, Mama«, versuchte Marie die Frau zu beruhigen. »Ich werde volljährig. Da werde ich mir doch einladen dürfen, wen ich haben will.«

»Dann feier woanders, aber nicht hier. Basta.«

Marie seufzte auf. »Warum ist mit dir immer nicht zu reden? Willst du denn nicht irgendwann einmal Frieden halten?«

»Frieden, Frieden, Frieden. Was ist das? Was redest du da? Wer bringt immer den Unfrieden? Den Streit gibt es nur, wenn du kommst. Warum kommst du überhaupt?«

»Mama, ich habe einen besonderen Geburtstag. Morgen bin ich nicht mehr dein kleines, dummes, blödes Pflegekind, von dessen Geld du lebst. Da wollte ich wenigstens noch einmal mit dir und meinen Freunden feiern.«

»Ha, das ist es. Du wolltest mir zum Schluss noch eins auswischen, indem du mir die Leute alle ins Haus holst, die mich sonst mit dem Arsch nicht angucken. Undankbares Gör.«

Marie stand kopfschüttelnd auf und seufzte. »So hatte ich mir das nicht vorgestellt, Mama. Schade. Ich werde sehen, wo ich meinen Geburtstag feiere, und morgen wieder nach Hause fahren.«

»Siehst du, da haben wir's. Nach Hause fahren, sagst du. Du bist hier zu Hause! Hier, wo du dich um deine Mutter zu kümmern hast. Aber du haust ab irgendwohin, und ich kann sehen, wo ich bleibe. Undank ist der Welt Lohn. Geh doch, wenn es dir hier nicht vornehm genug ist. Geh doch zu deinen feinen Herrschaften!«

Marie lehnte mit dem Kopf gegen die Schlafzimmertür und ließ den Wortschwall über sich ergehen. Ihr kamen die Tränen.

Sie ging ins Schlafzimmer, packte mit wenigen Handgriffen ihre Sachen und schickte sich zum Gehen. »Tut mir Leid, Mama. Ich hatte mir ein anderes Wochenende gewünscht. Aber das wird wohl nichts. Es ist besser, ich gehe.« Sie wischte sich ein paar Tränen vom Gesicht. »Danke für alles, Mama.« Dann verließ sie die Wohnung.

Damit hatte Luise Grüber nun wohl doch nicht gerechnet. Sie erwachte plötzlich wie aus einem bösen Traum und eilte hinter Marie her. »So bleib doch, Kind. Es war doch alles nicht so gemeint. Verzeih mir meinen Ausfall, aber bleib! Ich mache dir auch einen schönen Geburtstag. Marie, so hör doch!«

Marie hörte zwar noch, reagierte aber nicht mehr. Zu tief saß die Enttäuschung. Am liebsten würde sie ihren Geburtstag gar nicht mehr feiern. Mit wem denn auch und wo? Wenn sie den nächsten Bus bekam, schaffte sie es heute noch zurück nach Markwennungsen.

Marie beeilte sich, zur Haltestelle zu kommen. Sie erreichte den Bus noch soeben. Im Vorbeifahren warf sie einen letzten Blick auf die Kate. Ade, Assi-Kate, ade, Wüstenfeld, macht's alle gut! Ob sie irgendwann einmal zurückkommen würde? Marie glaubte es nicht. Den Paten würde sie schreiben und Erika auch, vielleicht auch ihren Eltern.

Mit dem letzten Zug erreichte Marie am späten Abend gerade noch Barsinghausen. Die sechs Kilometer nach Hause musste sie wohl oder übel zu Fuß gehen. Gegen Mitternacht fiel sie dann traurig und todmüde ins Bett.

Am Morgen erlebte sie eine Überraschung, die sie doch ein wenig versöhnte. Tamara Potraffke hatte sie kommen hören und wohl geahnt, dass die Reise missglückt war. Die Hausfrau war eigens etwas früher aufgestanden, hatte selbst den Tisch gedeckt und Maries Platz mit einer Kerze, mit Blumen und einer hübschen Glückwunschkarte dekoriert. »Herzlich willkommen in der Volljährigkeit« stand darauf und dazu noch ein paar gute Wünsche. Daneben lagen ein paar kleinere Geschenke und über der Stuhllehne eine wunderschöne Strickjacke.

Marie kamen nun noch einmal die Tränen. »Danke, Chefin. Danke. Wie ich mich freue.«

Das gemeinsame Frühstück der beiden Frauen – Alexander war wohl in der Jagdhütte – war so etwas wie Balsam auf Maries verwundete Seele. Später trösteten sie auch Mut machende Briefe von Menns, Grübers, Eichers, die alle Marie zu Hause hatten gratulieren wollen. Auch Erika hatte ihr noch einmal geschrieben und ein Bild der Zwillinge beigelegt.

Im folgenden Frühjahr wurde Marie mit einer anderen Geschichte konfrontiert, in die sie wohl oder übel hineingezogen wurde.

Von Tutti erfuhr Marie, dass sich in die Ehe der Potraffkes offenbar gewisse Schwierigkeiten eingeschlichen hatten. Alexander musste wohl eine Freundin haben. Nicht immer, wenn er vorgab, zur Jagdhütte zu fahren, fuhr er auch wirklich dorthin. Und nicht immer war er wirklich zu Geschäftsverhandlungen unterwegs. Dafür war er so naiv, sein Auto im Nachbarort einfach vor das Haus der jungen Zuschneiderin seines Betriebs zu stellen. Hätte er es doch wenigstens in den Hof gestellt!

»Weiß die Chefin davon?«, wollte Marie von der alten Tutti wissen.

»Keine Ahnung, ob sie es wirklich weiß. Aber sie wird es ahnen. Es fällt doch jedem auf, wie er mit der Rosel rumturtelt.«

»Muss man ihr dann nicht die Wahrheit sagen?«

»Das geht nur, wenn du Beweise hast, mein Kind. Die musst du aber erst haben.«

»Und das Auto vor Rosels Tür?«

»Ist kein Beweis. Sie hätten wegen der neuen Zuschnitte was zu bereden gehabt, hat der Alex seiner Frau erklärt. Habe ich zufällig mitbekommen.«

»Mit langen Ohren wahrscheinlich«, grinste Marie.

»Na ja, ich bin schon ein bisschen dichter an die Tür gegangen. Die sprechen ja auch immer sehr laut zusammen«, glaubte Tutti sich für ihr Lauschen entschuldigen zu können.

Wenig später lieferte Alexander Potraffke selbst den Beweis für seine Untreue. Er war abends noch nach Bad Nenndorf gefahren, um dort mit einem Fabrikanten wegen der Lieferung von neuen Strickmaschinen zu verhandeln. Bei seiner Tamara hatte er sich nicht abgemeldet. Marie gab ihr die Information.

»Aber Verträge sind schon gekommen heute. Da muss nichts mehr werden verhandelt«, wunderte sich die Chefin, »da ist was faul. Ich werde anrufen in Hotel.«

Gesagt, getan. Tamara Potraffke griff zum Hörer und wählte die Nummer. »Was sagen? Herr Potraffke ist angekommmen mit Frau? Danke. Ich später melde mich.«

Tamara legte den Hörer auf die Gabel. Ihre Hand zitterte dabei. Aus ihrem Gesicht war alle Farbe gewichen. »Dieser Schuft! Dieser Schwein! Denkt, er mich einfach kann betrügen mit eine andere. Dem werde ich machen ein Ende.«

»Was wollen Sie tun?«, fragte Marie und legte der Frau wie zur Beruhigung die Hand auf den Arm.

»Ich fahre nach Bad Nenndorf in Hotel. Erwische ihn in flagranti. Dann er soll erleben, wer Tamara Iwanowa ist.«

Oh, dachte Marie, da ist wirklich Feuer im Dachstuhl. Wenn

Tamara sich mit ihrem Mädchennamen nannte, war das immer ein Zeichen, dass sie kurz vor der Explosion stand. »Chefin, tun Sie nichts Unüberlegtes. Werden Sie erst einmal ruhig«, versuchte Marie die aufgebrachte Frau zu besänftigen.

»Schon gut, Marie. Ich werde schon richtig machen.« Wenig später war sie unterwegs. Es dauerte auch gar nicht lange, da war sie bereits wieder zurück. Ihr Mann kam gleich nach ihr. Und dann brach das Gewitter los mit Blitz und Donner, dass es nur so funkte und krachte zwischen den Eheleuten.

Das zusätzliche Gekläff der beiden Dackel beendete Marie rasch, indem sie die Hunde in die Toilette einsperrte. In ihrem Zimmer hielt sie sich die Ohren zu, um die wechselseitigen Verbalattacken nicht mitzubekommen. Dann wurde es still, fast gespenstisch still. »Die werden sich doch wohl nicht gegenseitig umgebracht haben?«, musste sie denken und hielt für eine Weile den Atem an. Dann aber konnte sie wieder Luft holen. Sie hörte Frau Potraffke nach oben kommen. Nein, Alexander war es, der sein Bettzeug nach oben brachte und damit in einem der beiden Gästezimmer verschwand. Dann war wieder Ruhe.

Auch am nächsten Morgen war noch Ruhe. Der Chef kam mit erkennbar schlechtem Gewissen und in übelster Laune an den Frühstückstisch. Seine Frau kam nicht. Nach einer Weile stand er auf, um hinüber zum Schlafzimmer zu gehen.

»Marie, kommen Sie schnell, Tamara ist gar nicht bei sich!« Wie ein Schrei der Verzweiflung kam es in die Küche herüber. Marie ließ alles stehen und liegen und rannte über den Flur. Im Schlafzimmer fand sie den Mann, wie er seine Frau an den Schultern schüttelte und ihr rechts und links Ohrfeigen verpasste. »Tamara, werd wach. Das kannst du nicht machen. Du kannst mich nicht einfach allein lassen.« So und ähnlich rief Alexander Potraffke seine Frau immer wieder an, die wie leblos in seinen Armen hing.

Auf dem Nachtschränkchen stand eine Flasche Wodka, daneben lag ein Tablettenröhrchen. Offenbar ein Selbstmordversuch.

»Ich gehe und rufe den Arzt und einen Krankenwagen«, sagte Marie nur und war schon am Telefon. Sie wählte die Notrufnummer. Dann eilte sie ins Schlafzimmer zurück.

Im gleichen Augenblick bäumte sich die Frau auf und ihr Magen entleerte sich über ihr Kleid – sie hatte sich am Vorabend gar nicht ausgezogen –, über das Bett, über den Vorleger.

»Gott sei Dank, sie lebt«, brachte der Mann nur heraus, dann sackte er selbst auf einem Stuhl zusammen. Marie bemühte sich, die Frau zu halten und ihr das Gesicht zu reinigen.

Sehr schnell kam der Arzt und gleich darauf der Krankenwagen. Tamara Potraffke schlug für einen Moment die Augen auf, war aber gleich wieder weg. »Alkoholvergiftung, verstärkt durch Tabletteneinnahme«, diagnostizierte der Arzt und zog eine Spritze auf. »Versuchen Sie ihr ein sauberes Kleid anzuziehen. Wir müssen sie mitnehmen. Besser gleich ein Nachthemd. Sie muss wohl ein paar Tage im Krankenhaus bleiben.«

Alexander Potraffke rappelte sich von seinem Stuhl auf. Marie hatte derweil schon ein frisches Nachthemd aus dem Schrank genommen. Beide versuchten gemeinsam, Tamara die beschmutzten Kleider auszuziehen und das Hemd überzuziehen. Das war schwierig, weil die Frau alles an sich hängen ließ. Als sie offenbar spürte, dass ihr treuloser Mann an der Umkleideprozedur beteiligt war, öffnete sie die Augen und schlug mit der Hand nach ihm: »Du fasst mich nicht an. Nur Marie.« Dann war sie wieder weg.

Beim Versuch, Tamara auf die Trage zu heben, passierte es: Marie rutschte auf dem Erbrochenen aus und schlug unglücklich mit dem Knie gegen die Bettkante. Sie schrie laut auf und sackte gleich zusammen. Gut, dass der Arzt da war, der sich das Knie sofort ansehen konnte. Er betastete es und schlug unvermittelt mit einer heftigen Bewegung seitlich dagegen. Marie schrie noch einmal auf. Dann atmete sie tief durch. Der Schmerz ließ schon nach.

»Die Kniescheibe war raus«, erklärte der Arzt nur lapidar. »Das Problem ist aber schon wieder behoben. Ich mache noch einen Verband. Und Sie brauchen dann das Knie nur noch ein paar Tage zu schonen. Möglichst wenig laufen, Fräulein.«

Die Sanitäter brachten derweil Tamara Potraffke auf ihrer Trage hinunter zum Fahrzeug, um dann rasch das Krankenhaus in Barsinghausen zu erreichen. Wenngleich die schlimmste Gefahr vorbei war, musste doch Tamaras Magen vollends ausgepumpt und der zusammengebrochene Kreislauf mobilisiert und stabilisiert werden.

Alexander Potraffke fuhr im Auto hinterher, um bei seiner Frau zu sein. Die allerdings hatte ihn offenbar nicht in ihrer Nähe haben wollen, denn er kam schon bald zurück und begab sich ziemlich deprimiert an seinen Schreibtisch.

An Marie war es, trotz ihres verbundenen Knies, Ordnung zu machen und das Schlafzimmer zu säubern. Sie holte sich Tutti zu Hilfe, der sie dann die ganze Geschichte natürlich ausführlich erzählen musste. So erfuhr sie bald jedermann im Betrieb und in der Siedlung.

Zuschneiderin Rosel kam nicht mehr an ihren Arbeitsplatz zurück. Diese Bedingung für ein mögliches Zusammenbleiben der Eheleute hatte Tamara Potraffke ihrem Mann am Vorabend noch gestellt. Und der wollte seine Frau dann doch nicht verlieren.

Die kam nach wenigen Tagen aus dem Krankenhaus zurück und ging wieder ihren häuslichen und geschäftlichen Aufgaben nach. Es dauerte eine Weile, bis die Stimmung im Haus sich normalisierte und es zu merken war, dass Tamara ihrem Alexander die Eskapade mit der Zuschneiderin verziehen hatte. Die beiden zogen im Schlafzimmer auch wieder zusammen, aber die alte, wenngleich zuweilen sehr raue Herzlichkeit mit Streit und Versöhnung wollte sich lange nicht einstellen. Dazu kam, dass Alexander Potraffke die Freude an der Arbeit abhanden gekommen war. Er ging nur noch lustlos in den Betrieb. Viele Entscheidungen überließ er seiner Frau oder seinem Betriebsleiter, Herrn Collmann. Er trug sich mit dem Gedanken, sich ein neues Haus zu bauen, dann die Firma zu verkaufen und sich zur Ruhe zu setzen. Wenn Tamara noch ein paar Jahre arbeiten wollte, dann konnte sie das ja bei dem neuen Inhaber tun, wenn der sie übernehmen würde. Was aus Marie werden würde, dazu äußerte er sich zunächst nicht.

Ihr Verhältnis zur Chefin war durch die Geschichte um den Seitensprung ihres Mannes und den Beinahe-Selbstmord noch besser geworden. Durch die veränderte Situation geriet Marie aber unter eine gehörige Spannung, die auch Tamara Potraffke nicht mildern konnte. Das verursachte bei Marie einen juckenden Hautausschlag. Als die Behandlung mit Salben und Bädern keinen durchgreifenden Erfolg brachte, riet der Facharzt zu einer Luftveränderung. So kam es, dass Marie für drei Wochen Urlaub bekam und gemeinsam mit Heidi, der Freundin aus Nettelrode, mit einer Reisegesellschaft auf die Nordseeinsel Norderney fuhr. Marie genoss die Zeit. Bei dem meist guten Wetter lag sie im Sand und sonnte sich und badete auch ab und an im salzigen Nordseewasser. Meistens war sie dabei allein, denn die Freundin hatte keine Lust zu dieser Art Entspannung. Heidi musste immer irgendwo unterwegs sein.

Nach einigen Tagen ging Marie auf einem Ponyhof reiten. Mehrmals gab es Ausritte in Gruppen, die Marie viel Spaß machten.

Drei Wochen Norderney waren schnell vorbei. Für Marie brachten sie den erwünschten Erfolg. Die Hautkrankheit war abgeklungen und würde hoffentlich in Markwennungsen nicht wieder auftreten.

Die Katastrophe

Marie war kaum zu Hause angekommen, als sie die neuste Neuigkeit auch schon erfuhr: Die Firma war bereits verkauft. Herr Collmann, der Betriebsleiter, war der neue Inhaber. Er plante für die nächste Zeit umfangreiche Umbauarbeiten und Erweiterungen, unter anderem ein Wohnheim für griechische Arbeiterinnen, die demnächst ins Land kamen. Die Potraffkes konnten zwar mit ihrem Hausmädchen noch eine Weile im Haus wohnen bleiben, mussten aber die Beeinträchtigungen der Bauarbeiten ertragen. Dabei mussten sie selbst erheblichen Druck machen, damit ihr eigener Neubau fertig wurde. Das konnte am Ende zeitlich noch eng werden.

Maries Zukunft schien dennoch gesichert. Tamara Potraffke hatte darauf bestanden, dass das Mädchen bei ihnen bleiben sollte. Alexander hatte dem schließlich auch zugestimmt.

In der nächsten Zeit wurde es laut am Heckenweg. Eine Firma aus der Nähe begann, die Bau- und Umbauarbeiten vorzubereiten. Ein LKW brachte die ersten Materialien. Steine wurden gestapelt, Sand wurde aufgekippt, ein Zementsilo aufgestellt, ein Förderband schon einmal hingestellt.

Der LKW-Fahrer, Heinz Maage, war ein schlanker, langer Blonder so um die dreißig. Er hatte sehr bald ein Auge auf das Hausmädchen der alten Firmeninhaber geworfen. So lud er Marie ins Kino ein. Er würde sie auch abholen und wieder nach Hause bringen. Marie bedankte sich höflich und lehnte zunächst ab. Sie wollte nicht schon wieder eine Freundschaft beginnen, nachdem sie die Enttäuschung mit Herbert gerade mal unter den Füßen hatte. Doch Heinz Maage war beharrlich und ließ mit seinem Werben nicht locker. Schließlich nahm Marie doch eine Einladung an und ging mit dem jungen Mann ins Kino. Der Film war eine traurige Liebesschnulze, bei der sie häufig ihr Taschentuch benutzen musste.

Nach einigen Wochen kam Heinz regelmäßig mittwochs, um das Mädchen abzuholen, und samstags immer dann, wenn Marie nicht mit in der Jagdhütte war. Er kam meist mit dem Taxi oder dem Auto seines Bruders. Die beiden wanderten dann zum Waldkater, einem Ausflugslokal am Nordrand des Bergrückens, oder hinauf zum Annaturm oder zum Nordmannsturm, oder sie saßen auch nur auf der Gartenbank. In Maries Herz begann wieder ein Pflänzchen der Liebe zu keimen. Ob Heinz jetzt der Richtige war?

Eines Tages sprach Tutti sie an: »Du, Marie, ich muss es dir sagen, der Heinz ist nichts für dich.«

Das Mädchen wurde richtig ärgerlich. »Wieso willst du das wissen?«

»Doch, ich sag dir's. Schlag dir den aus dem Kopf. Es ist besser für dich.«

»Woher willst du wissen, was besser ist für mich? Du gönnst mir den nur nicht.«

»Hör mal zu, Mädchen. Wir beide verstehen uns doch. Ich habe es immer gut mit dir gemeint. Und wenn ich dir jetzt sage, lass die Finger von dem, dann habe ich meine Gründe.«

»Dann sag sie mir!«, forderte Marie bestimmt. »Du hast mir schon mal einen Rat gegeben, der nicht der richtige war.«

»Hast Recht. Ich hoffe, du trägst es mir nicht mehr nach. Aber hier geht es um mehr.«

»Dann rede endlich«, drängte Marie.

»Eigentlich lieber nicht. Es muss dir reichen, wenn ich sage, der ist nichts für dich«, verweigerte Tutti weiter die Auskunft.

»Das ist unfair, Tutti. Ich muss das wissen.«

»Na gut, wenn du unbedingt darauf bestehst.« Die Frau atmete tief ein. »Der Heinz ist verheiratet und hat Familie.«

»Das ist nicht wahr, Tutti, das lügst du!«, brauste Marie auf.

Tutti blieb ganz ruhig. »Wenn du's mir nicht glaubst, frag ihn selbst.«

»Und ob ich ihn frage, das versprech ich dir.« Marie wandte sich ungehalten, aber auch verunsichert ab und ließ Tutti stehen.

Ein paar Tage später kam sie triumphierend auf die Frau zu. »Du verwechselst Heinz mit seinem Bruder. Der ist verheiratet. Heinz natürlich nicht. Wie könnte er denn sonst so oft hier sein?«

Tutti schaute die junge Freundin traurig an. »Armes Kind, dass du man nur nicht enttäuscht wirst.« Dann fügte sie noch an: »Mach mir nur später keine Vorhaltungen, wenn du mit dem Kerl auf den Bauch gefallen bist. Ich habe dich jedenfalls gewarnt.«

Marie schüttelte Tuttis erneute Warnung ab, und es kam, wie es kommen musste. Ihre Empfindungen für Heinz wuchsen zur großen Liebe, größer als sie sie gegenüber Herbert empfunden hatte. Heinz war der Richtige. Der beantwortete ihre Liebe, wie Marie sich das erträumt hatte.

Aber Heinz war auch keiner von denen, die zum Warten bereit waren. Und er kannte das Mittel, mit dem er Marie gefügig machen konnte. Sie hatte ihm nämlich die Geschichte mit Herbert erzählt. In feinen Dosierungen baute er seine Strategie auf. Er deutete immer wieder einmal an, die Verbindung zu lösen und die Freundschaft zu beenden. Er sei sich nicht sicher, ob sie denn für ihn die Richtige sei. Er wisse gar nicht so recht, ob er sich überhaupt binden solle. Er glaube auch nicht, dass er ein guter Ehemann und vielleicht Vater werden könne ...

Marie fiel voll auf diese Masche herein. Sie tat alles, um Heinz zu binden und seine Liebe zu behalten. Als er zuletzt dem verliebten Mädchen drohte, er werde die Beziehung abbrechen, damit sie wieder frei sei, da wurde Marie weich. Sie geriet in eine Art innere Panik, und als ihre Herrschaften über Allerheiligen für einige Tage verreist waren, öffnete sie dem Freund ihr Zimmer und ihr Bett. Ihn nur nicht wieder verlieren. Nur das nicht.

Und dann war es passiert. Marie hatte ihre Mädchenehre und ihre Unschuld an Heinz abgegeben. Wenige Minuten berauschendes Glück stellten die Weichen für die Zukunft völlig neu. Und dann hatte Heinz plötzlich sehr viel zu tun und keine Zeit mehr für Marie. Er hatte immer neue Begründungen, warum er nicht kommen konnte. Zugleich ging in Marie eine rasche innere Veränderung vor. Ihr war morgens immer so merkwürdig übel. Ihre meist gute Laune war wie verloren. In der Küche zu stehen und zu kochen war ihr zuwider, und ihr schmeckte es auch nicht mehr so recht. In ihr keimte eine böse Ahnung, ihr Zusammensein mit Heinz könnte Folgen haben.

Maries Veränderung fiel den Menschen um sie herum auf. Rückfragen von ihrer Chefin oder von Tutti oder von anderen beantwortete sie aber immer ausweichend. Sie wusste ja selbst nicht...

Nach zwei Wochen bekam sie dann Gewissheit. Ihre Periode blieb aus, die sich bisher immer sehr pünktlich eingestellt hatte. Sie war schwanger.

Es dauerte ein wenig, bis ihr die Tragweite dieser Tatsache bewusst wurde. »Du bist schwanger, Marie. Du kriegst ein Kind«, sagte sie sich selbst ein ums andere Mal. Dabei wusste sie nicht, ob sie sich darüber freuen oder in Tränen ausbrechen sollte. Heiraten. Erika hatte auch heiraten müssen. Was war schon Schlimmes dabei? Sie war sich doch einig mit Heinz. Sie musste ihm diese Neuigkeit so schnell wie möglich mitteilen. Sie würden über die Hochzeit reden müssen und über eine Wohnung. Das Kind sollte doch dann eine Familie und ein Zuhause haben. Hoffentlich kam Heinz auch morgen und meldete sich nicht wieder ab. Er musste kommen! Er wurde Vater, und das musste er doch wissen!

Die Zeit, bis Heinz am nächsten Abend kam, schien Marie wie eine Ewigkeit. Er kam in einem Leihwagen, wie in letzter Zeit häufiger. Marie stieg sehr aufgeregt ein: »Ich muss mit dir reden, Heinz.«

»Mal langsam, was ist denn los?«, bremste er. »Lass dich doch erst einmal in den Arm nehmen.«

»Nein, lass das. Erst muss ich dir's sagen. Ich bin schwanger. Heinz, ich kriege ein Kind.«

In dem Überschwang, in dem Marie ihrem Freund diese Neuigkeit mitteilte, bemerkte sie zunächst gar nicht, dass dem Mann alle Farbe aus dem Gesicht wich und es ihm die Stimme verschlug.

»Heinz, hast du gehört? Wir kriegen ein Kind!«, wiederholte Marie.

Heinz saß wie vom Schlag getroffen und stierte ins Nichts. »Nein! Nein! Das nicht! Das kann nicht sein! Du musst dich irren, Marie. Von dem einen Mal kann das nicht sein. Sag, dass du dich irrst.« Seine Stimme steigerte sich. »Du sagst das doch bloß, weil du Angst hast, dass ich Schluss mache. Aber das machst du mit mir nicht. Ich lasse mich von dir nicht kaufen!«

Marie wurde ganz irritiert. »Ich dachte, du freust dich. Mein Kind ist doch dein Kind, Heinz.«

»Mein Kind ist dein Kind, Heinz«, wiederholte der Mann in einem merkwürdigen Ton. »Ich kann kein Kind von dir gebrauchen. Ich habe schon vier. Und das fünfte wird bald geboren.«

Marie verstand gar nichts mehr. Jetzt erst bemerkte sie, dass sein Gesicht bleich und wie versteinert war mit einem Ausdruck des Entsetzens.

»Was heißt das, vier Kinder und das fünfte wird geboren?«, drang sie in ihn. »Sag es, sag es mir sofort!«

Heinz hielt das Steuer des Wagens mit beiden Händen fest, als wolle er es aus seiner Halterung reißen. Mit tonloser Stimme gab er die schlimme Auskunft: »Ich bin verheiratet, habe vier Kinder, und das fünfte wird bald geboren.«

Jetzt erstarrte Marie wie vom Schlag getroffen. Das konnte doch wohl nicht wahr sein! Sie rang nach Fassung und Luft. Nach einigen Augenblicken des gespannten Schweigens brach es aus ihr heraus: »Nein, nein, nein! Was bist du für ein Kerl?! Was bist du für ein mieser Typ?! Du bist ein Schwein, ein ganz elendes Schwein! Erzählt mir was von großer Liebe, und ich gebe alles dafür hin, alles. O Gott, warum war ich so blind? Warum habe ich das nicht gemerkt? Und dann hat die Tutti mich auch noch gewarnt. Und ich habe sie ausgelacht. Ausgelacht habe ich sie. Das kann nicht sein, dass der verheiratet ist, habe ich zu ihr gesagt. Das kann nicht sein. So kann ein Mensch nicht mit einem anderen spielen, habe ich zu ihr gesagt. Du verwechselst ihn mit seinem Bruder, habe ich zu ihr gesagt. Und jetzt das.«

Marie barg ihr Gesicht in den Händen und begann verzweifelt zu weinen. Ihr ganzer Körper schüttelte sich und bebte.

Heinz schwieg, atmete nur schwer und hielt immer noch wie verkrampft das Lenkrad des Wagens. Dann brach er das Schweigen: »Schau, Liebes.«

Weiter kam er nicht. Marie brauste auf: »Nenn mich nicht Liebes. Ein Spielball war ich für dich. Liebes! Das ich nicht lache.«

Heinz stöhnte laut auf. Dann bemühte er sich um einen sachlichen und beschwichtigenden Ton: »Also dann nicht. Pass auf, Marie. Dass du jetzt ein Kind kriegst, habe ich nicht gewollt.«

»Aber du hast es gemacht«, fuhr Marie schrill dazwischen.

»Aber zwischen uns muss sich doch deshalb nichts ändern«, versuchte Heinz weiter zu beruhigen, »wir bleiben zusammen und treffen uns immer wieder, und ich zahle später für das Kind.«

»Jetzt bist du ganz verrückt. Ich glaub's nicht.« Marie war zutiefst empört und getroffen. Sie stieg hastig aus dem Wagen. »Hau ab, du Ekel. Geh zu deiner Frau und beichte. Ich krieg mein Kind auch ohne dich. Und ich krieg's auch groß ohne dein Geld.« Damit knallte sie die Tür ins Schloss und lief wie gehetzt ins Haus.

»Marie, so warte doch. Lauf doch nicht einfach weg. Lass uns doch darüber reden ...«, hörte sie ihn noch hinter sich herrufen. Aber sie reagierte nicht darauf. Sie warf sich im Zimmer nur noch auf ihr Bett und schluchzte verzweifelt. Was sollte nun werden, o Gott, was sollte werden?

Unglück verbindet

Die nächsten Tage waren für Marie sehr schlimm. Ihre Gedanken kreisten nur um das Kind und um die Zukunft. Immer wieder stand ihr das eigene Schicksal vor Augen: selbst ein unerwünschtes Kind, selbst ein ungeliebtes Kind, von der Mutter abgegeben und aufgewachsen bei fremden Leuten. Dann den geliebten Pflegevater früh verloren und der ungeliebten Pflegemutter überlassen. So sollte es ihrem Kind nicht gehen, nein, so nicht. Da musste sich irgendein anderer Weg finden. Die Frage war nur, wem sie sich anvertrauen sollte in ihrer notvollen Situation.

Der Umzug der Potraffkes ins neue Haus stand bevor. Marie packte zu wie immer, aber sie tat ihre Arbeit mehr oder weniger mechanisch und ohne Anteilnahme. Über ihr neues Zimmer mit Dusche und Toilette – welch ein Luxus – konnte sie sich nicht freuen. Zu sehr war sie mit ihrer Zukunft und der des Kindes beschäftigt und mit dem, was die Nettelroder Freundin geraten hatte. »Lass den Klump doch wegmachen«, hatte Heidi vorgeschlagen. »Das machen doch viele, denen es so geht wie dir.«

Marie hatte sich empört über so einen Vorschlag. Das sei kein Klump, das sei ein Kind, ein richtiger Mensch, der da im Wachsen war. »Das kann man nicht einfach wegmachen. Das ist Mord. Wie soll ich denn leben als Mörderin meines eigenen Kindes?«

»Wie naiv du doch bist«, hatte Heidi geantwortet. »Mörderin? Dann leben ja viele Mörderinnen auf dieser Welt.«

»Ja, sie leben, und ich werde keine!«, hatte Marie ganz entschieden widersprochen. »Ich werde schon einen Weg finden, wie das gehen kann mit Kind und ohne Mann.«

Hätte sie doch Heidi nur nichts gesagt! Die schlachtete die Neuigkeit bei ihren Freundinnen und Bekannten jetzt so richtig aus. Sie konnte sich das höhnische Frohlocken besonders von Herbert so richtig vorstellen. Die Marie kriegt ein Kind! Und das von einem verheirateten Mann! Hätte sie mal lieber mit mir...

»Du müsstest einen Mann finden, der dich mit dem Kind nimmt«, hatte Tutti ihr geraten.

»Ich bin sicher, Marie, dass es eine Lösung gibt. Da wird einer kommen, der dich mit dem Kind nimmt.«

»Deine Worte in Gottes Ohr«, hatte Marie auf die versuchte Ermunterung reagiert.

»Du kannst bleiben bei uns, bis Kind soll geboren. Dann du gehst in Frauenhaus in Hannover. Da ist gute Sorge für ledige Mütter und Kinder. Später zeigt sich neuer Weg«, hatte Tamara Potraffke mit Verständnis und Anteilnahme geraten. »Aber du musst sagen, wer ist Vater. Vater muss zahlen für Kind.«

»Ich will von dem kein Geld. Ich will mit dem nichts mehr zu tun haben. Gar nichts mehr.«

Sollte sie vielleicht zurückgehen nach Wüstenfeld? Die Mama ging zwar inzwischen auf die siebzig zu. Ob die das Kind tagsüber versorgen würde? Oder vielleicht würde Waltraud Homer sich kümmern. Ein fünftes Kind zu ihren vier, das könnte gehen. Sie, Marie, würde sich eine Arbeit suchen und das nötige Geld verdienen. Aber wie würden die Leute im Dorf sich verhalten? Die Vorurteile gegen die Bewohner der Assi-Kate bekämen neue Nahrung. Die Marie ist auch nicht besser. Der Apfel fällt nicht weit vom Stamm...

Bei diesen Gedanken klang es Marie plötzlich wieder im Ohr, was die Schulkinder hinter ihr hergesungen hatten: »Marie, Marie, Marickelchen ist ein blödes Zickelchen, hat der Namen zwei und ist vogelfrei.« Nein, diese Lösung war keine. Sie ging nicht zurück nach Wüstenfeld. Dieses Umfeld konnte sie ihrem Kind nicht zumuten. Das würde nicht gut gehen.

Nach ihrer Arbeit nahm sich Marie die Dezemberausgaben verschiedener Zeitschriften mit auf ihr Zimmer. Die Seiten über Advents- und Weihnachtsschmuck interessierten sie nicht. Sie suchte die

Kontaktanzeigen und hatte sie auch bald gefunden. Eine nach der anderen studierte sie, in der Männer Frauen fürs Leben suchten. Wer da nicht alles einsam war und eine Frau wünschte: Landwirte, Architekten, Rentner, Handwerker, Ingenieure ... So und so alt, groß, attraktiv, intelligent, musisch, liebevoll, zärtlich, treu, allem Schönen zugetan, ehrlich, finanziell unabhängig. Marie schwindelte bei der Fülle von Anzeigen, die sie in den verschiedenen Zeitschriften fand. Da sollte eine sich die richtige heraussuchen können. Und dann blieb sie doch an einer Anzeige hängen. Sie las:

> »Ich (männl.), 25 J., 186 cm groß, 80 kg schwer, led., eher stiller Typ, möchte gerne junge Frau zwischen 20 und 30 Jahren kennen lernen; Kind kein Hinderungsgrund. Nur ernst gemeinte Zuschriften (bitte mit Bild) unter...«

Marie nahm eine Schere und schnitt die Anzeige aus. Die Wörter »Kind kein Hinderungsgrund« unterstrich sie mit einem roten Stift. Sollte sie schreiben? Sollte sie nicht? Für ein paar Momente verharrte sie unschlüssig. Wie hatte Tutti gesagt: »Da wird einer kommen, der dich mit dem Kind nimmt.« Und sie hatte geantwortet: »Deine Worte in Gottes Ohr.« Ob in der Anzeige eine Antwort Gottes stecken konnte? Ob Gott ihr überhaupt antwortete? Musste der sich nicht von ihr abgewendet haben, wo sie doch offenkundigen Ehebruch begangen hatte? Und das in dem Raum, in dem ihr Konfirmationsspruch vom Schutz Gottes an der Wand hing. Warum hatte er sie nicht behütet? Aber hatte sie ihn denn in letzter Zeit überhaupt einmal darum gebeten? Durch Maries Kopf wirbelten die Gedanken, dass ihr beinahe schwindelig wurde.

Dann erinnerte sie sich plötzlich daran, was ihr Onkel Krischan, der Küster, damals gesagt hatte, als er sie versehentlich im Turm eingeschlossen hatte: »So musst du das immer machen. Wenn du in einer Not bist, darfst du beten.« Dann hatte er ihr Gottes Telefonnummer genannt. Marie wunderte sich über ihre Gedanken, aber sie schob sie nicht beiseite. Wie hieß noch diese Nummer? Die hatte doch auch etwas mit einem Psalm zu tun. War das nicht 15-50? Oder 50-51? Nein 50-15. Das war die Nummer.

Zum ersten Mal seit langer Zeit zog Marie das »Neue Testament mit Psalmen« aus dem Regal, das sie von den Küstersleuten zur Konfirmation bekommen hatte. Wann hatte sie dieses Büchlein zuletzt in der Hand gehabt, außer neulich beim Umzug? Sie konnte sich nicht erinnern, jemals ernsthaft darin gelesen zu haben. Alle guten Vorsätze, die sie irgendwann wieder einmal getroffen hatte, waren Vorsätze geblieben.

Marie suchte die Stelle Psalm 50, Vers 15. Sie war ja nicht schwer zu finden. Und dann las die Unglückliche, was ihr damals Onkel Krischan für Zeiten der Bedrängnis geraten hatte: »Rufe mich an in der Not, so will ich dich erretten, so sollst du mich preisen.« Ob sie das tun durfte, sie, die sich, freilich ohne es zu wissen, in eine Ehe hineingedrängt hatte? Ob Gott ihr Gebet überhaupt hörte und dann auch annahm, wo sie doch in den letzten Jahren kaum nach ihm gefragt hatte? Sie wusste doch auch gar nicht so recht, wie sie beten sollte. Und doch legten sich ihre Hände wie von selbst ineinander. »Gott, hilf mir hier heraus. Wenn diese Anzeige eine Lösung ist, dann will ich dir danken. Dann will ich mich auch wieder um dich kümmern. Hilf mir, dass mein Kind einen Vater bekommt. Hilf mir, dass das alles gut wird.«

Marie bemühte sich, innerlich ruhig zu werden und ihre Gedanken zu ordnen. Dann nahm sie ihre Schreibmappe und begann zu schreiben: »Lieber Unbekannter, ich melde mich auf Ihre Anzeige in ...« Dann schrieb sie in knappen Sätzen ihre Geschichte so auf, wie sie der Wahrheit entsprach. Sie wunderte sich selbst über ihre Offenheit und Ehrlichkeit. Aber wenn es zu einer Beziehung kommen sollte, dann durfte die nicht auf Lug und Trug aufgebaut sein. Der unbekannte Briefempfänger musste über ihre Situation Bescheid wissen.

Zwei dicht beschriebene Seiten lang war der Brief, als Marie ihn dann endlich faltete und in einen Umschlag steckte. Beinahe hätte sie doch vergessen, das gewünschte Bild beizulegen. Sie fand eins in ihrem Bilderkästchen, steckte es noch in den Umschlag, schob auch noch einen kleinen Strohstern dazu und verschloss den Umschlag. »Gott, mach das Richtige draus«, ging es ihr durch den Kopf, als sie den Brief an der Straßenecke in den Postkasten warf.

Schon nach wenigen Tagen kam Antwort von einem Dietrich Schumacher aus dem Flurenweg 5 in Oberhengstenrod/Ww. Das musste der »stille Typ« sein. Wer sollte ihr sonst schreiben? Ob der auch ein

Bild eingelegt hatte? Und wo lag Oberhengstenrod/Ww.? Marie konnte es kaum erwarten, den Brief zu öffnen. Der würde die Fragen beantworten. Leider musste sie sich gedulden bis nach dem Mittagessen. Erst musste die Küche aufgeräumt sein.

Dann hielt sie schließlich den mit ungelenker Hand geschriebenen Brief in ihren zitternden Händen. Das kleine Foto zeigte einen jungen Mann mit freundlichem Gesicht und dunkelblondem Kurzhaarschnitt. Nicht unsympathisch, dachte Marie. Die Gestalt allerdings ein wenig mickrig. Das Mädchen las: »Liebes Fräulein Marie! Gerne antworte ich auf Ihren Brief. Weil Sie mir Ihre Geschichte so offen geschrieben haben, will ich auch offen schreiben, warum ich die Anzeige aufgegeben habe, um eine Frau zu finden ...«

Und dann erfuhr Marie, dass Dietrich Schumacher in seinem Dorf im Westerwald als Fremder aus dem Ruhrgebiet kaum Anschluss gefunden hätte. Seine Mutter hätte dort eine kleine Landwirtschaft gekauft, die er als Nebenerwerbsbetrieb mit ihr bearbeitete. Unter den jungen Leuten sei er verfemt, weil er einmal in einer dummen Laune einem jungen Mädchen, das er auf seinem Trecker mitgenommen hatte, unter Rock und Pullover gefasst hatte. Das sei als versuchte Vergewaltigung gedeutet worden. Er sei eigentlich gar nicht so, wie die Leute ihn jetzt sähen, und er sehne sich nach einem lieben Menschen, mit dem er leben könne. Immer nur zusammen mit seiner Mutter, das sei auch nicht das Rechte. Er sei gerne bereit, sich irgendwo mit Marie zu treffen.

Das hörte sich alles nicht schlecht an, dachte Marie und beschloss, möglichst bald einen Termin und einen Ort zu finden, wo sie sich mit Dietrich treffen könnte. Sie würde mit ihrer Chefin darüber sprechen. Die müsste ihr dazu ja auch wenigstens einen Tag Urlaub geben.

Nach Feierabend – Tamara Potraffke arbeitete jetzt als fest angestellte Modedesignerin bei Herrn Collmann – saßen die beiden Frauen über eine Landkarte gebeugt und suchten Oberhengstenrod. »Ww.« hieß Westerwald, und die Gegend lag weit weg von Markwennungsen. Den Ort selbst fanden sie erst in einem Straßenatlas, den die Chefin aus dem Fahrzeug heraufholte.

»Da braucht man ja einen ganzen Tag, um dahin zu kommen oder auch hierher«, stellte Marie schon ein wenig resignierend fest. »Das kann doch keiner auf sich nehmen.«

»Hat der Mann Auto?«, wollte die Chefin wissen.

»Er hat geschrieben, dass er mit einem Motorrad zur Arbeit fährt.«

»Hm, lass mich überlegen ein bisschen. Ich glaube, ich habe Idee. Anfang von Januar ich muss mit mein Chef nach Dortmund. Wir dich können vielleicht mitnehmen, und junger Mann wird kommen nach Dortmund. Das ist für ihn nach Karte vielleicht 140 Kilometer. Muss ein bisschen Bus fahren wahrscheinlich und dann Bahn. Oder kommt mit Motorrad. Wenn er ist wirklich interessiert, dann er wird Weg suchen zu kommen.«

»Und Herr Collmann würde mich auch mitnehmen?«

»Ach, ich denke, er wird. Warum soll er nicht? Morgen werden wir wissen und du kannst schreiben.«

So kam es, das Marie Rothe und Dietrich Schumacher sich am Dreikönigstag Anfang Januar 1965 an einem Tisch der Bahnhofsgaststätte in Dortmund gegenübersaßen. Der junge Mann war mit Bus und Bahn über Herborn, Siegen und Hagen lange unterwegs gewesen, um hierher zu kommen. Marie hatte es als Mitfahrerin im Auto einfacher gehabt.

Marie war zuerst am Treffpunkt. Es war kurz vor Mittag. Dietrich musste dem Fahrplan nach bald kommen. Sie suchte sich einen Platz, von dem aus sie die Eingangstür sehen konnte. Sie bestellte sich schon mal einen Kaffee. War ihr kalt oder war sie nur nervös? Sie wusste es selbst nicht genau. Jedenfalls tat ihr der Kaffee gut.

Etwa fünf Stunden würde sie Zeit haben, bis Herr Collmann und ihre Chefin sie wieder abholten. Gespannt beobachtete sie jede Bewegung der Tür. Die Leute beim ersten Anblick zu erkennen, war etwas schwierig bei der Winterkleidung, die sie trugen. Mantel und Mütze ließen da nicht viel erkennen. Aber der jetzt durch die Tür kam, musste Dietrich Schumacher sein. In der Linken trug er eine kleine Tasche und wohl eine in Papier gewickelte Blume. Mit der anderen zog er seine Mütze ab. Dabei schaute er sich um und kam dann direkt auf Marie zu. Er hatte sie wohl gleich erkannt. »Guten Morgen«, grüßte er höflich, »ich bin Dietrich. Und ich denke, du bist Marie.«

Die junge Frau nahm die entgegengestreckte Hand und erwiderte den Gruß. »Richtig, ich bin Marie. Schön, dass du gekommen bist.«

»Darf ich beim Du bleiben?«

»Natürlich, wer will denn so förmlich sein.«

»Ich habe eine Rose für dich als Geschenk zum Kennenlernen.«

Marie bedankte sich brav. »Und das mitten im Winter? Oh, ist die schön! Ich liebe Rosen. Hoffentlich wird es der nicht zu kalt.«

»Du kannst sie später ja wieder ins Papier wickeln. Dann ist sie geschützt. Ich sehe, du hast schon einen Kaffee bestellt. Ich brauche auch erst mal einen.«

Der Kellner kam, und Dietrich bestellte einen Kaffee. Er trank ihn schweigend. Es dauerte eine Weile, bis die beiden jungen Menschen zögernd ins Gespräch kamen. Sie tauschten zunächst nur weitere Banalitäten aus über ihre Fahrten nach hier, über das Winterwetter, über aktuelle Ereignisse wie die schweren Unwetter in Indien und Ceylon vor ein paar Tagen mit Tausenden von Toten, über den Vietnamkrieg, über Gerd Fröbe in dem Film »Goldfinger«, der demnächst in die deutschen Kinos käme, und über manches andere.

»Du weißt sehr viel, Dietrich. Ich interessiere mich nicht so sehr für die aktuellen Tagesereignisse. Aber jetzt solltest du mir noch mehr aus deinem Leben erzählen. Du konntest in dem Brief ja nicht alles schreiben, was ich vielleicht wissen möchte.«

»Du hast Recht, Marie. Kommen wir zum Thema, weshalb wir überhaupt hier sind. Mein Zug zurück geht um halb fünf. Den muss ich kriegen, sonst komme ich heute nicht mehr auf den Westerwald.«

»Aber vielleicht sollten wir uns doch erst etwas zu essen bestellen«, schlug Marie vor, »ich habe nämlich Hunger. Dann können wir besser reden, was wir reden müssen.«

Der Ober kam und nahm die Bestellung auf. Zweimal Eisbein mit Sauerkraut und Kartoffelpüree.

Bei dem Stichwort Kartoffelpüree fiel Marie die Geschichte mit der fliegenden Leberplatte ein. Sie musste unwillkürlich lachen. »Die Sache muss ich dir erst noch erzählen.« Marie legte los und erzählte diese und noch andere Geschichten, die sie im Haus und in der Jagdhütte der Potraffkes erlebt hatte. Der junge Mann hörte geduldig und interessiert zu.

Dann waren die beiden mitten drin in den Dingen, die sie sich zu sagen hatten über die Sonnenseiten, aber auch über die Schattenseiten ihres Lebens. Erstaunlich, wie schonungslos sie mit sich selbst umgingen. Und wie ehrlich sie auch von den Menschen sprachen, mit denen der jeweils andere zu tun bekäme. Zum Beispiel mit der Katen-Assi auf der einen und der frommen Mutter auf der anderen Seite.

Bei dem Reden verging die Zeit wie im Flug. Beide jungen Leute erschraken ein wenig, als sie entdeckten, dass die große Wanduhr im Lokal kurz vor vier Uhr zeigte.

»Und was fangen wir jetzt miteinander an?«, brachte Marie das lange Gespräch rasch auf den Punkt. »Sollen wir es miteinander versuchen?«

Dietrich zögerte keinen Moment mit seiner Antwort: »Wenn du meinst, das könnte klappen mit uns, dann versuchen wir's.«

»Und du wirst das Kind lieb haben, als wenn es deins wäre?«

»Ich werde mir auf jeden Fall alle Mühe geben.«

»Und wenn die Leute sagen, dass es wirklich dein Kind ist?«

»Es wird mein Kind sein«, gab Dietrich fest zurück. »Es wird ja auch meinen Namen tragen.«

»Und deine fromme Mutter?«

»Meine Mutter wird zwar ihre Bedenken anmelden, aber sie muss schon einverstanden sein. Sie weiß doch selbst, dass ich in den Dörfern bei uns keine Chancen habe. Und wen ich heirate, bestimme ich schon selbst.«

»Wann sehen wir uns wieder?«

»Bald. Du solltest möglichst bald auf den Westerwald kommen. Meine Mutter muss dich kennen lernen, und wir müssen dann auch konkret über die Hochzeit reden.«

»Wann stellst du dir das vor?«

Dietrich überlegte. »Hm, ich weiß nicht, wie schnell so was gehen kann. Aber Ende März, Anfang April sollte das schon klappen. Wir werden sehen.«

»Also sind wir uns einig, es miteinander zu versuchen?«, verlangte Marie noch einmal eine Bestätigung.

Dietrich griff über den Tisch nach ihren Händen. Er drückte sie fest. »Ich denke, wir sind uns einig. Und in zwei, drei Wochen sehen wir uns bei uns in Oberhengstenrod?«

»Ich werde kommen, ganz sicher«, bestätigte Marie.

»Und jetzt muss ich gehen«, erhob sich der junge Mann mit einem Blick auf die Uhr und holte seinen Mantel.

Dann standen sich die beiden gegenüber, um sich zu verabschieden. Ein wenig verlegen waren sie schon. Wie sollten sie sich jetzt verhalten, sie, die sich bis vor wenigen Stunden noch nie begegnet waren und die sich doch gerade das Eheversprechen gegeben hatten?

Marie brach das verlegene Schweigen: »Wenn du schon mein Mann wirst, dann kannst du mir zum Abschied auch einen Kuss geben.«

Der angehende Ehemann schaute ein wenig verdutzt. »Du hast Recht, das kann ich.« Er nahm Marie kurz, aber heftig in die Arme, wie in einer plötzlichen Gefühlswallung, und küsste sie auf beide Wangen. »Mach's gut, bis bald.« Dann wandte er sich und ging. Von der Tür winkte er noch einmal zurück. »Vergiss die Rose nicht!«, und er war draußen.

Marie ließ sich auf ihren Stuhl fallen, schloss die Augen und atmete tief durch. War das wirklich die Lösung? War Dietrich der Mann für sie? War das Gottes Antwort auf ihr Gebet? Eine fromme Schwiegermutter in derselben Wohnung? Ging das gut?

Tamara Potraffke weckte Marie aus ihren Überlegungen, in die sie versunken war. »Sieht gut aus, der junge Mann. Ich habe gesehen beim Rausgehen. Wird es gehen mit euch?«

»Wir werden es versuchen. Er nimmt das Kind als sein Kind.«

»Dann er ist guter Mann. Wann ihr werdet heiraten?«

»In einem Vierteljahr vielleicht. Ich soll möglichst bald in den Westerwald kommen.«

»Musst du fahren. Von mir aus nächste Woche.«

»Lieber erst Ende Januar. Ich brauche noch ein bisschen Zeit, das alles zu verarbeiten.«

»Gut, gehen wir. Herr Collmann wartet. Fängt an zu schneien. Müssen wir fahren. Bezahlen nicht vergessen.«

»Hat Dietrich schon erledigt.«

»Ich sagte, ist wohl guter Mann. Scheint zu stimmen.«

Marie zog ihren Mantel über und folgte ihrer Chefin zum Wagen, der auf dem Bahnhofsvorplatz auf die beiden wartete. Im Auto lehnte sie sich zurück, irgendwie froh und beinahe sogar ein bisschen glücklich. Sie schloss die Augen und begann zu träumen von Zeiten, in denen doch noch alles gut werden würde.

»Westerwäller sind immer freundlich!«

Drei Wochen später stand Marie Rothe etwas unschlüssig auf dem Bahnsteig in Herborn im Dillkreis. Bis hierher hatte sie mit der Bahn fahren sollen, dann weiter mit dem Bus.

»Kann ich Ihnen helfen?«, fragte ein Beamter mit roter Mütze, der offenbar der Bahnhofsvorsteher war.

»Gerne. Ich möchte nach Oberhengstenrod.«

»Nie gehört. Wo soll das denn liegen?«

»Das muss in der Nähe von Hachenburg sein.«

»Hachenburg. Da haben Sie Glück. Der letzte Überlandbus Richtung Altenkirchen geht in ...«, der Mann schaute auf die Uhr, »... in 15 Minuten. Das ist ein Bahnbus. Der fährt über Hachenburg. Die Haltestelle ist gleich vor dem Bahnhof. Wenden Sie sich an den Fahrer, der wird Ihnen weiterhelfen. Gute Weiterreise!«

Marie bedankte sich und begab sich auf den Bahnhofsvorplatz. Unter den dort stehenden Bussen fand sie einen mit der Zielangabe »Altenkirchen«. Sie stieg ein, zeigte ihre Fahrkarte und fragte vorsichtshalber: »Dieser Bus fährt doch über Hachenburg?«

»Ich fahre, junges Fräulein.«

»Sagen Sie mir bitte Bescheid, wenn wir dort sind.«

»Mach ich. Sie sind wohl nicht aus der Gegend.«

»Nein«, gab Marie bereitwillig Auskunft, »ich komme aus der Gegend von Hannover. Aber ich werde wohl demnächst auf den Westerwald ziehen.«

»Vom schönen Norden in diese kalte Gegend? Da muss die Liebe aber groß sein.« Der Busfahrer lachte. »Da oben müssen Sie sich immer warm anziehen. Da fegt der Wind das ganze Jahr. Und im Winter müssen Sie sich manchmal wie ein Maulwurf aus dem Schnee buddeln.«

»Zur Zeit auch?«, wollte Marie wissen.

»Zur Zeit geht's. Da oben liegt etwa ein halber Meter.«

Das Mädchen suchte sich einen Fensterplatz. Lange würde sie nicht mehr rausschauen können. Zu dieser Jahreszeit wurde es früh dunkel. Gut, dass der Bus geheizt war.

»Hallo, junges Fräulein, wollten Sie nicht in Hachenburg aussteigen?«

Marie schreckte zusammen. Da war sie doch tatsächlich eingeschlafen. »Oh, danke. Natürlich will ich«, gab sie dem Fahrer zurück.

»Dann müssen Sie sich fertig machen. Wir sind gleich am Bahnhof Hachenburg.«

Marie knöpfte ihren Mantel zu, griff ihr Köfferchen und begab sich an die Tür. Beim Aussteigen bedankte sie sich bei dem freundlichen Fahrer, und dann stand sie auf dem tief verschneiten, spärlich beleuchteten Bahnhofsvorplatz dieses unbekannten Westerwald-Städtchens.

Die wenigen Fahrgäste, die auch ausgestiegen waren, hatten sich bald verlaufen. Marie stand allein auf dem Platz. Wo war Dietrich? Er wollte sie doch hier abholen. Sie hatte ihm die Ankunftszeit des Busses doch geschrieben. Marie fröstelte, und ihr wurde ein wenig bange. Was jetzt? In den Bahnhof gehen und nach dem Weg fragen? Pech gehabt. Das Bahnhofsgebäude war geschlossen. Um diese Zeit war hier niemand mehr. Also drüben in der Gaststätte fragen, wie man um diese Zeit nach Oberhengstenrod kam.

»Sind Sie mit dem Bus gekommen?«, fragte der Wirt hinter seinem Tresen.

Marie bejahte.

»Warum sind Sie dann nicht in Oberhengstenrod ausgestiegen?«

»Ist der Bus denn da durchgekommen?«

»Nicht ganz. Aber am Straßenabzweig ist eine Haltestelle. Von dort hätten Sie ins Dorf laufen müssen.«

Mist, dachte Marie, warum hat Dietrich mir das nicht geschrieben? Er hatte dann wohl dort gewartet, und sie hatte von der Haltestelle nichts gewusst und war deshalb durchgefahren. »Und wie komme ich von hier aus jetzt noch dorthin?«

»Nur mit dem Taxi. Ich kann Ihnen gerne eins rufen. Sie können solange hier Platz nehmen und warten«, bot der Mann an. »Ich mache Ihnen auch gern einen Kaffee.«

»Wenn Sie das alles tun wollen, bitte.«

Der Wirt griff zum Telefon, und Marie setzte sich an einen der Tische. »Es dauert eine Viertelstunde«, meinte er, als er den Kaffee brachte.

Marie bedankte sich und fragte nach der Bezahlung.

»Lassen Sie mal, Fräulein. Das geht auf meine Kosten. Sie brauchen noch Geld für das Taxi.«

»Das ist aber sehr freundlich von Ihnen«, freute sie sich.

»Westerwäller sind immer freundlich, Fräulein«, gab der Wirt zurück.

Hoffentlich, dachte Marie. Wovon die hier wohl lebten, wenn immer so wenig los war und der Wirt dann noch so großzügig half?

Das Taxi ließ länger auf sich warten. »Es fährt sich sauschlecht auf der Schneedecke«, entschuldigte sich der schnauzbärtige kleine Dicke, als Marie Platz genommen hatte. »Wohin soll's gehen in Oberhengstenrod?«

»In den Flurenweg«, gab sie Auskunft.

»Na, ob ich da reinkomme? Die Nebenstraßen werden auf den Dörfern schlecht geräumt. Wenn die Bauern nicht selber schieben, ist manchmal kein Durchkommen. Aber die haben auch nicht alle Traktoren und Schneepflüge davor. Also los geht's.«

Marie bejahte und wünschte sich, der Mann würde jetzt einfach seinen Mund halten. Sie brauchte das Gerede nicht. Ihre Gedanken eilten voraus. Was würde sie antreffen? Wie käme Dietrich ihr entgegen? Ob er von seinem Abholgang überhaupt schon wieder zu Hause war? Ob er sich geärgert hatte, weil sie dort nicht ausgestiegen war und er den Weg durch Schnee und Dunkelheit umsonst gemacht hatte? Wie würde seine Mutter sie begrüßen? Wie würden die nächsten drei Tage verlaufen, die sie in dem Haus und dem Dorf sein würde? Wie würden ihr die Leute begegnen, bei denen Dietrich den schlechten Ruf hatte? Aber der Wirt hatte ja gesagt, die Westerwäller seien freundliche Leute.

Endlich hielt der Wagen unter einer kümmerlich leuchtenden Straßenlampe an. »Macht acht Mark achtzig«, nannte der Fahrer den Preis. Marie gab ihm einen Zehnmarkschein. »Stimmt so und danke.«

Das Taxi schlingerte davon. Marie schaute sich im trüben Licht um. »Flurenweg« las sie auf dem Straßenschild auf der anderen Seite. Da musste sie also hin. Weit konnte es nicht sein bis zum Haus mit der Nummer 5. Wenn sie nur etwas besser sehen könnte! Die Straße oder der Weg, es war nicht auszumachen, was es denn nun war, war schlecht geräumt. Beim dritten Haus auf der linken Straßenseite brannte eine Lampe über der Haustür. Dort musste es sein.

Maries Herz klopfte ihr bis zum Hals, als sie vor der Haustür stand. Auch im Flur brannte Licht. »Schumacher« stand auf einem kleinen Messingschildchen, das im Schein der Lampe vor sich hin glänzte. Marie klopfte. Eine Klingel fand sie nicht. Durch das Fenster in der Haustür sah sie Dietrich über den Flur kommen. Auch seine Mutter kam, eine große, hagere Frau mit strengem Gesicht und Knotenfrisur. Sie blieb aber in einer Stubentür stehen.

Der junge Mann öffnete und ließ Marie herein. Er nahm sie flüchtig in den Arm und griff nach dem Koffer. »Schön, dass du da bist, Marie. Ich hatte schon gedacht, du kämst nicht, als der Bus an der Haltestelle vorbeifuhr.«

»Ich freue mich auch, dass ich da bin, Dietrich. Du hattest mir nichts von der Haltestelle geschrieben, und ich hatte dem Busfahrer nichts von Oberhengstenrod gesagt. Nur von Hachenburg. Weil da niemand aussteigen wollte, ist er durchgefahren.«

»Und wie hast du dann hierher gefunden?«

»Mit einem Taxi bis an die Straßenecke. Den Rest zu Fuß.«

»Das hat ja dann noch prima geklappt«, freute sich Dietrich. »Aber jetzt komm, ich stell dich meiner Mutter vor.«

Die stand immer noch unbeweglich im Türrahmen, so wie Marie sie von draußen gesehen hatte. Das Mädchen ging auf die künftige Schwiegermutter zu und streckte ihr die Hand entgegen: »Guten Abend, Frau Schumacher. Ich bin Marie, Dietrichs künftige Frau.«

»So sieht also ein gefallenes Mädchen aus«, bekam sie zur Antwort. Keine Hand. Kein »Guten Abend«. Keine irgendwie positive Reaktion. Marie wurde es heiß und kalt. Wo komme ich hier hin?, dachte sie.

»Mutter!«, hörte sie Dietrich vorwurfsvoll sagen.

Wie sollte sie jetzt reagieren? Empört widersprechen? Auf das Stichwort eingehen? Es einfach überhören? Marie entschied sich spontan für die zweite Möglichkeit. »Sie sehen richtig, Frau Schumacher, so sieht ein gefallenes Mädchen aus. Aber Ihr Sohn will es mit dem gefallenen Mädchen probieren, und deshalb bin ich hier.«

Im Gesicht der Frau zuckte es, und durch ihren Körper ging so etwas wie ein Ruck. Ganz schön mutig oder auch dreist, mochte es ihr durch den Kopf gehen. Marie jedenfalls hatte das Empfinden bei sich selbst für beides.

»Mutter, nun lass uns in die Stube gehen, oder sollen wir auf dem Flur übernachten?« Dietrich wirkte verärgert. »So solltest du meine künftige Frau nicht begrüßen.«

Die Frau reagierte nicht darauf, gab nur den Eingang zur Küche frei. Die beiden konnten eintreten. Der Küchentisch war für drei Personen reichlich gedeckt mit Brot, Wurst und Käse. »Setz dich, Marie, stärk dich erst mal. Du warst sicher lange unterwegs.«

»Mehr als zwölf Stunden hab ich gebraucht. Das ist fast eine Weltreise bis hierhin.«

»Willst du lieber Kaffee, Tee oder heiße Milch?«

»Kaffee wird bei uns sehr wenig getrunken«, schaltete sich Frau Schumacher ein, als wollte sie sagen, dass der nicht zur Wahl stünde.

»Du kannst wählen«, überging Dietrich den Einwand seiner Mutter.

»Dann nähme ich am liebsten heiße Milch. Ich hab vorhin im Gasthof erst einen Kaffee getrunken. Hat übrigens der Wirt bezahlt.«

»Schöne Sitten, sich von fremden Leuten freihalten zu lassen«, entrüstete sich die Frau, »aber das passt ins Bild.«

Dietrich wurde ärgerlich. »Was passt ins Bild, Mutter? Du bist unhöflich, merkst du das nicht? Marie ist unser Gast. ›Seid gastfrei‹, sagst du doch sonst immer, weil es in der Bibel steht. Jetzt kannst du beweisen, dass du's auch sein kannst, wenn dir der Gast nicht passt.«

Ruth Schumacher zog die Luft wie verschnupft durch die Nase und murmelte etwas wie: »Entschuldigung, tut mir Leid. War nicht so gemeint.« Ihr Sohn hatte sie wohl an der richtigen Stelle getroffen.

»Möchtest du nicht erst beten, Mutter?« Dietrichs Frage klang erkennbar ironisch, als er den Topf mit der heißen Milch vom Herd genommen und vor Marie auf den Tisch gestellt hatte. Seine Mutter warf ihm deshalb auch einen bösen Blick zu. Aber sie war zum Tischgebet jetzt nicht mehr bereit. Das wäre wohl auch wirklich fehl am Platz gewesen.

Marie vermochte die Situation nicht so recht einzuordnen. War sie hier eigentlich richtig? Die Abendmahlzeit verlief überwiegend schweigend. Außer üblichen Tischhöflichkeiten wie: »Ich hätte gerne …«, »Möchtest du …?«, »Nimm doch noch …«, wurde nichts gesprochen. Es wusste wohl keiner so recht, was er denn reden sollte. Jeder aß vor sich hin. Die Luft war zum Schneiden. Marie wollte sich der Situation am liebsten so schnell wie möglich entziehen. Als sie den letzten Bissen geschluckt und ihr Besteck auf das Brettchen gelegt hatte, brach sie das Schweigen. »Danke fürs Essen. Und jetzt würde ich gerne bald schlafen gehen. Ich bin hundemüde. Kann ich?«

»Du kannst, Marie.« Dietrich hatte verstanden. »Komm, ich zeig dir dein Zimmer. Morgen ist ein neuer Tag, und hoffentlich ein anderer.« Die letzte Bemerkung war deutlich an seine Mutter gerichtet, die während der ganzen Mahlzeit mit unbewegtem Gesicht am Tisch gesessen hatte.

»Nimm's ihr nicht übel, Marie. Meine Mutter kann sich nicht so schnell daran gewöhnen«, warb Dietrich um Verständnis. »Sie ist in ihrem frommen Denken sehr festgefahren. Die ganzen Umstände passen da nicht rein. Aber ich denke, sie braucht nur Zeit. Tut mir Leid, dass deine Begrüßung missraten ist.«

»Ja, schade. Es hätte schöner sein können«, bedauerte Marie den ersten Abend in ihrem künftigen Zuhause. »Aber sie wird sich daran gewöhnen müssen, wenn wir hier zusammen leben wollen.«

»Sie wird«, meinte Dietrich wie zur Bestätigung. »Und jetzt richte dich hier ein für die nächsten drei Tage. Die Toilette ist im Gang zum Stall. Wasser steht im Krug auf dem Waschtisch. Schüssel ist auch da. Und Waschlappen und Handtücher. Schlaf gut. Um acht ist Frühstück.« Er wandte sich, um wieder hinunterzugehen.

»Kein Gute-Nacht-Kuss?«

»Hast Recht, entschuldige. Ich muss mich auch erst daran gewöhnen.« Er kam noch einmal zurück, nahm Marie kurz in die Arme und drückte ihr einen Kuss auf die Stirn. »Träum was Gutes!« Dann ging er hinunter, und Marie machte sich für die Nacht fertig. Sie war wirklich hundemüde, so müde, dass sie schon einschlief, als sie kaum das zweite Bein im Bett hatte.

So konnte sie nicht mehr hören, dass Dietrich ein sehr hartes Gespräch mit seiner Mutter hatte. Da fielen deutliche Worte auf beiden Seiten, allerdings bei ungleicher Verteilung der Rollen. Der sonst eher zurückhaltende Sohn hatte heute gegenüber seiner Mutter die besseren Argumente. Das treffendste davon war, dass sie ihren Glauben nicht ständig nur in Worte kleiden solle, sondern in Taten. Das stünde doch wohl sehr deutlich in der Bibel. Und jetzt hätte sie eine gute Gelegenheit dazu.

»Guten Morgen, Fräulein Marie, haben Sie gut geschlafen?« Oh, welch neuer Ton, registrierte diese sofort. Welche Wandlung über Nacht!

»Danke, ich habe sehr gut geschlafen«, bestätigte sie. »Diese Nacht hätte mich wohl jemand wegtragen können, und ich hätte das nicht gemerkt.«

»Setzen Sie sich doch schon, Dietrich ist noch im Stall, er kommt gleich.« Und dann fügte sie zu Maries großem Erstaunen hinzu: »Ich möchte mich für gestern Abend entschuldigen. Mein Verhalten war nicht recht. Bitte verzeihen Sie.« Dabei streckte sie der Jüngeren die Hand entgegen.

Marie nahm sie ohne zu zögern: »Ist schon gut, Frau Schumacher. Ich verstehe, dass die Situation für Sie nicht einfach ist.«

Die letzten Worte und den Händedruck hatte Dietrich beim Eintreten noch mitbekommen. »Dann haben wir ja heute Morgen ein friedlich-fröhliches Frühstück.« Er reichte Marie die Hand. Eine Geste der Zuneigung verkniff er sich.

»Darf ich denn zuerst die Losung lesen?«, fragte seine Mutter und schaute die beiden jungen Leute nacheinander erwartungsvoll an.

»Tu dir keinen Zwang an, Mutter, mach's wie immer, wenn wir morgens zusammen am Tisch sitzen«, gestand der Sohn ihr zu, »wir hören.«

Marie war gespannt, was jetzt kam. Sie kannte zwar den Begriff »Losungen«. Die Küstersleute hatten häufig davon gesprochen, und auch die alte Frau Benner hatte immer ein Losungsbuch auf dem Tisch liegen gehabt. Aber sie selbst hatte nie ein solches Buch besessen oder anderswo Losungen gelesen.

Die drei setzten sich zum Frühstück, und Ruth Schumacher schlug das kleine blaue Buch auf. Sie las erst leise für sich und zögerte offenbar, laut vorzulesen, was da für den 29. Januar stand.

»Hast du ein Problem mit dem Text?«, fragte Dietrich ein wenig erstaunt.

»Vielleicht«, gab die Mutter zu. »Aber hier steht's nun mal und ich muss es lesen.« Dann las sie: »Aus Amos 5,14: ›Suchet das Gute und nicht das Böse, auf dass ihr leben könnt.‹ Und aus 1. Thessalonicher 5,15: ›Sehet zu, dass keiner dem andern Böses mit Bösem vergelte, sondern jagt allezeit dem Guten nach untereinander und gegen jedermann.‹« Betroffen blickte die Frau vor sich hin und schwieg für einige Momente. Der gestrige Abend stand ihr vor Augen und überhaupt die ganze Situation mit dieser jungen Frau am Tisch, schwanger von einem Fremden; dazu ihr Sohn, nach Meinung der Leute schuldig geworden an einem Mädchen, der künftige Ehemann und spätere Vater eines fremden Kindes ... Aber sie hatte sich ja für ihr Verhalten am Vorabend entschuldigt, beruhigte sie sich selbst.

»Und das Gebet? Willst du das heute nicht lesen?«, forderte der Sohn. Die Mutter gab sich merklich einen Ruck und las das angefügte Gebet Martin Luthers:

> »Siehe, mein Herr Christus, da hat mir mein Nächster Schaden zugefügt. Das kann ich nicht ertragen. Ach mein Gott, lass dir das geklagt sein! Eigentlich sollte ich ihm verzeihen, aber ich kann es leider nicht! Ach Herr, ich kann mir nicht helfen! Da stehe ich nun; mach du mich anders, so kann ich nach deinem Willen und nach deiner verzeihenden Liebe handeln.«

Aufs Neue betroffen schwieg die Frau nach dem Lesen und blickte wieder auf ihr geschnitztes Frühstücksbrettchen.

»Amen! Das passt ja wie die Faust aufs Auge«, kommentierte Dietrich das Gehörte.

»Ja, es passt«, gab die Mutter leise zu. »Und ich muss es lernen. Wir müssen's alle lernen, das Gute zu tun und das Böse zu meiden.«

»Und nicht das Böse ewig vorzuhalten, Mutter«, hakte der Sohn nach, »sondern das Verzeihen auch immer wieder zu leben. Wir müssen's wirklich lernen, Mutter, wenn wir miteinander auskommen wollen.«

»Ich werde mir Mühe geben, Junge«, meinte sie etwas kleinlaut. »Ich hab mich bei Marie schon entschuldigt.«

»Ich weiß«, bestätigte Dietrich, »das war ja vielleicht ein Anfang. Und jetzt lasst uns frühstücken. Ich hab Hunger. Das Vieh ist lange satt, und unsereins hat noch nichts gekriegt.«

Marie hatte dem Gespräch gespannt zugehört und dabei immer wieder ihren Blick vom einen zum anderen wandern lassen. Wenn sie gestern Abend noch am liebsten wieder abgereist wäre – dieser Morgen ließ Hoffnung aufkommen. Vielleicht wurde ja doch alles gut mit dem Zusammenleben in diesem Haus.

Das Gespräch beim Frühstück drehte sich nur um belanglose Dinge. Frau Schumacher beteiligte sich auch heute Morgen wenig daran. Jeder scheute sich wohl, das aktuelle Thema der gemeinsamen Zukunft von Dietrich und Marie zur Sprache zu bringen.

Erst nach dem Tischgebet der Mutter erinnerte Dietrich daran, dass um zehn Uhr Pastor Schäbel zu Besuch käme. »Er will dich kennen lernen, Marie.«

»Wer ist Pastor Schäbel?«, wollte Marie wissen.

»Unser Pfarrer«, gab Dietrich Auskunft. »Er hatte mir zu der Anzeige geraten.«

»Und jetzt will er wohl wissen, ob sich die Sache gelohnt hat?«, vermutete das Mädchen.

»Und er wird uns wieder die gute Stube verstinken mit seiner Pfeife«, schimpfte die Mutter. »Christen sollten nicht rauchen. Und schon gar nicht ein Pastor, wenn er Vorbild sein will.«

»Lass ihn doch, Mutter, auch Christen haben ihre kleinen Laster. Hauptsache, er ist sonst in Ordnung«, gab Dietrich zurück. »Wer hat sich denn nach der Sache von damals um mich gekümmert? Keiner, nur er.«

»Beim Letzten hast du Recht, und das andere lass ich trotzdem stehen«, beharrte die Mutter und begann, den Tisch abzuräumen.

»Kannst der Mutter helfen, hier Ordnung zu machen und die Stube zu richten«, wandte sich Dietrich beim Hinausgehen an Marie, »ich mache drüben noch Feuer, damit wir nicht frieren.« An die Adresse seiner Mutter fügte er noch hinzu: »Setzt schon mal einen Kaffee auf. Der Pastor trinkt gerne einen starken, wie du weißt.«

»Ich weiß«, seufzte die Frau, »Pfeife und Kaffee, daran erkennt man unseren Pastor. Schlechtes Vorbild für die Gemeinde.«

»Aber wohl ein guter Mensch«, versuchte Marie einzulenken.

Ruth Schumacher murmelte noch irgendetwas vor sich hin, was Marie nicht verstand, und tat dann ihre Arbeit schweigend. Versuche, ein Gespräch mit ihr zu beginnen, blieben für Marie erfolglos.

Eine knappe Stunde später kam Pastor Schäbel, ein großer, kräftiger Mann etwa Mitte vierzig. Sein Gesicht strahlte Freundlichkeit aus, seine sonore Stimme erweckte Vertrauen, sein Händedruck vermittelte Festigkeit und Zuversicht. Seine berüchtigte Pfeife hatte er offenbar heute nicht bei sich. Zumindest trug er sie nicht wie sonst in der Hand. Bald saß er mit den beiden jungen Leuten um den Wohnzimmertisch. Der gekachelte Ofen verbreitete eine angenehme Wärme, die Kanne mit dem Kaffee einen einladenden Duft. Die Mutter hatte sogar eine frische Tischdecke aufgelegt und eine Schale mit Gebäck bereitgestellt.

»Du bist also die Antwort auf Dietrichs Anzeige«, wandte sich Pastor Schäbel an Marie und begann damit das Gespräch. »Ich darf doch du sagen?«

»Gerne«, bestätigte die junge Frau, während sie den Kaffee ausschenkte, »ich habe da kein Problem.«

»Marie wird Ihnen erzählen, was Sie von ihr wissen wollen«, meinte Dietrich.

»Oh, das ist eine Menge, am besten die ganze Geschichte von Anfang an. Wenn ich hier eine wichtige Stimme für eure Zukunft abgeben soll, muss ich mir ja einen Eindruck machen können.« Er nahm einen Schluck Kaffee. »Da hat deine Mutter ja mal einen guten gekocht«, lobte er das braune Getränk. Er nahm noch einen Schluck. »Also, Marie. Du kannst loslegen«. Er schaute sie erwartungsvoll an.

»Und wo soll ich anfangen?«, fragte sie zurück.

»Wenn's geht, ganz am Anfang. Ich möchte einfach wissen, wer du bist und wie deine Geschichte verlaufen ist. Dietrich kann das alles ruhig noch einmal hören.«

Marie atmete tief ein und begann ihren Bericht mit dem, was sie von ihrer frühen Kindheit wusste. Sie erzählte von dem geliebten Pflegevater und seinem plötzlichen Tod, von der weniger geliebten Mama und ihrer Lebensweise. Sie erwähnte auch ihren Wunsch, ihre leibliche Mutter kennen zu lernen. Vom Dorfleben in Wüstenfeld erzählte sie, von ihrer Schulzeit, der Zeit auf dem Eicherhof. Sie berichtete von den Erfahrungen bei Potraffkes in Markwennungsen.

Marie redete recht freimütig und beantwortete Zwischenfragen des Pastors sehr offen. Sie verschwieg auch nicht die dunklen und fragwürdigen Seiten ihres eigenen Verhaltens besonders in der Situation, in der sie sich dem verheirateten Mann hingegeben hatte, um den vermeintlichen Freund nicht wieder zu verlieren. »Ich muss vor Liebe und Angst verrückt gewesen sein, dass ich nicht auf die Warnung von Tutti gehört habe. Und jetzt muss ich sehen, wie ich mit der ganzen Sache klarkomme.«

An dieser Stelle erinnerte Pastor Schäbel: »Da ist ja einer, der gemeinsam mit dir mit der Sache klarkommen will. Dietrich, sag uns noch einmal, was dich zum heutigen Gespräch gebracht hat. Marie mag das auch noch einmal hören.«

»Aber das ist doch alles ...«, versuchte der junge Mann seinen Beitrag zu vermeiden.

Der Seelsorger ließ den Einwand nicht zu. »... schon bekannt, da hast du Recht. Aber die Dinge noch einmal auszusprechen, ist hilfreich für uns alle. Und wir haben Zeit genug.«

Also blieb Dietrich nichts anderes übrig, als seine Geschichte auch noch einmal zu erzählen. Auch er hatte es nicht leicht gehabt in seiner Kindheit und Jugend. Er war ohne Geschwister aufgewachsen. Den Vater hatte er nicht bewusst kennen gelernt. Der war im Russlandfeldzug gefallen. Die Mutter hatte sich in Recklinghausen allein als Schneiderin und später als Leiterin einer Nähstube durchschlagen müssen. Den Sohn hatte sie den Beruf des landwirtschaftlichen Gehilfen lernen lassen. Um den Jungen nicht länger den Gefahren der Großstadt auszusetzen, hatte sie dann von ihrem Ersparten, von ihrer teilausgezahlten Rente als Kriegerwitwe und mit Hilfe eines Bankkredits das landwirtschaftliche Anwesen in Oberhengstenrod gekauft. Von der alteingesessenen Dorfbevölkerung waren die beiden Städter kaum angenommen worden. Persönliche Kontakte hatten sich nur wenige ergeben. Da das Geld für den Lebensunterhalt und die Finanzierung von Haus und Hof immer knapp war, hatte Dietrich eine Stelle als ziviler Wachmann auf dem Bundeswehrstandort Stegskopf angenommen. Dort hatte er im Wechsel mit entsprechender Freizeit 24-Stunden-Dienste.

Das Verhältnis zur Mutter war immer ein bisschen gespannt, weil sie zur Kirche und in die »Gemeinschaft« ging, der Sohn sich aber eher distanziert verhielt. Die häufigen frommen Reden und die geistlich verbrämten Korrekturen der Mutter gingen ihm einfach auf den Geist. Und dann war das mit dem Mädchen passiert, was er sich selbst nicht hatte erklären können. Das Verhältnis zur Mutter war danach noch kritischer geworden, das zu den Leuten im Dorf wurde regelrecht gespannt. Das einzig Gute war noch gewesen, dass die Eltern von dem Mädchen nach gutem Zureden des Pastors keine Anzeige erstattet hatten. »Wenn ich Sie nicht gehabt hätte, ich weiß nicht ...«

»Schon gut, Dietrich. Ich habe nur getan, was meine Aufgabe als Seelsorger ist. Und ich kann es nicht ausstehen, wenn die mit der vermeintlich weißen Weste als Erste die Steine aufheben.«

Marie und Dietrich schauten Pastor Schäbel an. Was würde der jetzt sagen?

Die junge Frau ergriff die Initiative: »Jetzt sind Sie dran, Herr Pastor. Sie haben uns doch jetzt sicher etwas zu sagen.«

»Langsam, Marie«, erwiderte der und zog nun doch seine kleine Shag-Pfeife aus der Tasche, »ich möchte von euch erst noch wissen, wie ihr euch eure Zukunft vorstellt.«

Jetzt war es der junge Mann, der prompt antwortete. »Marie und ich werden heiraten, und Sie werden die Trauung halten.«

»Hm. Und das Kind?«

»Wird mein Kind sein.«

»Zu einer Ehe gehört mehr als nur verheiratet sein. Dazu gehört Liebe, mindestens Zuneigung.«

»Die Zuneigung ist da«, beeilte Marie sich den Einwand zu beantworten, »die Liebe muss wachsen.«

»Siehst du das auch so, Dietrich?«

»Ja, ich denke schon, ich sehe das auch so.«

»Und die Mutter?« Der Pastor zog aus der anderen Jackentasche einen kleinen Tabaksbeutel und begann, seine Pfeife zu stopfen.

»Das Zusammenleben muss sich einspielen«, gab Dietrich ein wenig nachdenklich zurück. »Wir werden unsere getrennten Bereiche haben. Nur die Küche müssen wir gemeinsam benutzen. Das wird wohl gehen. Was meinst du, Marie?«

Marie zögerte ein wenig mit der Antwort. »Ich hoffe, dass das geht. Wenn jeder ein bisschen zurücksteckt.«

»Gut.« Pastor Schäbel setzte sich aus der legeren Haltung gerade und straffte seinen Körper. »Ich danke euch beiden für euer Vertrauen, für eure Offenheit und Ehrlichkeit. Die sind nötig, wenn man sein Leben miteinander führen will. Auch die Bereitschaft, zu lernen und immer wieder sich selbst zurückzunehmen, ist nötig. Das wird auch für die Mutter gelten.«

Bei dieser Bemerkung trafen sich die Blicke der beiden jungen Leute. Sie hatten wohl in diesem Augenblick denselben Gedanken.

»Also«, nahm der Pastor den Faden wieder auf, »wenn ihr euch einig seid, dann solltet ihr es auch miteinander versuchen. Ich denke, Gott schreibt auch auf den krummen Linien eures Lebens noch gerade. Ihr erlaubt mir, dass ich unser Gespräch mit einem kurzen Gebet beende.« Dietrich und Marie hatten gegen diesen Abschluss des Gesprächs nichts einzuwenden, und sie sprachen sogar das Amen mit.

Dann bedankten sie sich bei dem Seelsorger dafür, dass er sich so viel Zeit für sie genommen hatte. Dietrich fügte noch an: »Sie hätten sich Ihre Pfeife ruhig anstecken dürfen, uns hätte das nicht gestört.«

»Danke, Dietrich, lieber nicht«, verabschiedete Pastor Schäbel sich von den beiden, »ich möchte noch ein paar Takte mit der Mutter und künftigen Schwiegermutter reden. Die liebt meine Pfeife nicht. Sie sagt immer, ich sei süchtig. Womit sie vielleicht sogar Recht hat. Ich will sie nicht ärgern.«

Frau Schumacher nahm sich die Zeit, auch wenn es inzwischen Mittag geworden war. Vorher schickte sie ihren Sohn in den Stall und bat Marie darum, auf die Kartoffeln und die Möhren zu achten, die zum Kochen auf dem Herd standen.

Später am Mittagstisch bemühte sie sich spürbar um eine neue Freundlichkeit. Nur eine Bemerkung stieß den jungen Leuten wieder etwas negativ auf: »Wir sind ein gläubiges Haus. Wir sehen es als Aufgabe, Ihnen eine Heimat zu geben.« Die beiden verkniffen sich eine Antwort darauf, und so blieb der Friede gewahrt.

Auch über den nächsten Tag, der zum Verlobungstag wurde. An diesem Samstagvormittag fuhren Marie und Dietrich nach Hachenburg und kauften Ringe. Schon beim ersten Juwelier fanden sie ein Paar, das ihnen beiden auf Anhieb passte und gefiel. Die Gravur der Namen sollte später nachgeholt werden.

Nachmittags besuchten sie die Pastorenfamilie, um ihre Verlobungsringe vorzuführen, zur abendlichen Feier einzuladen und um über die weiteren Schritte zu sprechen. Am Wochenende nach Ostern sollte die Trauung sein, mit einer anschließenden kleinen Feier. Bis dahin waren es noch mehr als zehn Wochen, genügend Zeit, um die notwendigen Formalitäten zu erledigen und die Hochzeitsfeier vorzubereiten. Bis dahin würde man Marie ihre Schwangerschaft hoffentlich noch nicht zu sehr ansehen.

Marie war von den Schäbels mit ihren drei Kindern und ihrer offenen, herzlichen Art begeistert. Sie konnte sich gut vorstellen, mit ihnen später einen engeren Kontakt zu haben. Von ihnen ging etwas aus, was sie empfand, aber nicht deuten konnte.

Die wenigen Leute, denen die beiden an diesem kalten und trüben Wintertag im Dorf begegnet waren, hatten ihnen nur grußlos mit großen Augen und fragend nachgeschaut. Dann hatten sie die Köpfe zusammengesteckt und getuschelt. Die Neuigkeit verbreitete sich beinahe mit Lichtgeschwindigkeit, wie das auf dem Dorf gehen kann: Der Grabscher hatte offenbar ein Mädchen. Dann hatte er ja was für seine Hände und brauchte sich in Zukunft nicht mehr an anderen ...

Für den Abend wurde dann wirklich noch eine bescheidene Verlobungsfeier improvisiert, zu der Edwin, Dietrichs einziger Freund im Dorf, und seine Mutter eingeladen wurden, Friedrich und Anna Meilinger, ein älteres Ehepaar aus der Nachbarschaft, mit dem die Schumachers guten Kontakt hatten, und auch die Pfarrersleute. Die angehende Schwiegermutter war zwar nicht gleich einverstanden gewesen mit einer solchen Veranstaltung. Was gab es da schon zu feiern, wenn sich zwei unter diesen Umständen verlobten und das dann auch noch öffentlich? Sie machte dann aber doch gute Miene zum unbequemen Spiel. Sie bereitete sogar ein gutes Abendessen vor und akzeptierte, wenngleich unter Protest, den Wein, der zum Anstoßen auf die gemeinsame Zukunft der beiden jungen Leute ausgeschenkt wurde.

Von diesem Abend an wechselte Frau Schumacher dann auch die Anrede für ihre künftige Schwiegertochter. Aus »Fräulein Marie« und »Sie« wurde »Marie« und »du«. Marie selbst tat sich schwer, die Anrede zu wechseln. Das überließ sie zunächst noch späteren Zeiten.

Die nunmehr Verlobte musste sich freilich am nächsten Tag erst wieder von ihrer künftigen Umgebung trennen. Sie fuhr zurück nach Markwennungsen. Dietrich hatte wieder Wachdienst auf dem Stegskopf. Er fuhr selbst im Winter die 20-Kilometer-Strecke mit seiner 250er NSU. »Fahr ja vorsichtig, mein Lieber«, gab Marie ihrem frisch Angelobten mit auf den Weg, als sich die beiden am frühen Sonntagmorgen an der Bushaltestelle voneinander verabschiedeten. »Ich möchte dich jetzt nicht wieder verlieren.«

»Ich dich auch nicht, Marie. Deshalb werde ich schon aufpassen«, gab Dietrich zurück, gab der jungen Frau einen letzten Kuss, zurrte seinen Helm fest und fuhr in den noch dunklen Wintermorgen davon. Maries Bus kam wenig später.

Der Busfahrer war derselbe wie am vergangenen Donnerstag. Er erkannte Marie sofort wieder. »Na, junges Fräulein, lässt der Westerwald Sie wieder los?«

»Er muss. Aber nur vorübergehend. Ich komme bald zurück, und dann für ganz.«

»Also doch die große Liebe?«

»Liebe ist nie groß genug, sie muss immer wachsen«, erwiderte Marie fast ein wenig philosophisch.

»Da haben Sie Recht. Und jetzt geht es erst noch einmal in den Norden?«

»Geht es. Noch ein paar warme Sachen holen. Hier oben ist es ja wirklich sehr kalt.«

»Hatte ich Ihnen doch gesagt. Aber im Sommer kann es auch sehr schön sein.«

»Tröstlich«, meinte Marie. Sie setzte sich in den hinteren Teil des nahezu leeren Busses und hing ihren Gedanken nach. Was sie als Nächstes hinter sich bringen musste, war der Besuch mit Dietrich bei Mama in Wüstenfeld. Na, das würde wieder ein Tanz werden.

Es wurde einer. Dazu ein so trister wie der graue, neblige Februartag. Marie hatte sich mit Dietrich in der Stadt am Bahnhof getroffen. Zusammen waren sie mit dem Bus dann weiter nach Wüstenfeld gefahren und standen offenbar völlig unvermittelt und überraschend für Luise Grüber in der chaotischen und nach Alkohol und Nikotin stinkenden Wohnküche. Luise saß am Tisch und stand nicht einmal vom Stuhl auf. Eigentlich hätte sie vorbereitet sein müssen, denn Marie hatte ihr eine Postkarte geschickt und ihr Kommen angekündigt. Ob sie die gar nicht bekommen hatte? Oder im Ärger vielleicht gleich weggeworfen? Der Empfang ließ darauf schließen, dass sie auf den Besuch nicht vorbereitet war.

Den Gruß der beiden jungen Leute beantwortete sie mit einem barschen, auf Dietrich bezogenen: »Wer ist das?«

Marie bemühte sich um eine freundliche Antwort: »Ich möchte dir Dietrich vorstellen, Mama. Ich habe dir doch geschrieben. Er ist mein zukünftiger Mann.«

»Dein Mann? Du willst heiraten? Diesen hergelaufenen Jüngling?«

»Mama«, versuchte Marie den begonnenen Wortschwall zu stoppen. Es gelang ihr nicht. Die Pflegemutter musterte Dietrich in seiner dicken Winterjacke mit den Handschuhen in der linken Hand von oben bis unten und ging sofort auf hundertachtzig. »Heiraten! Das Kind will heiraten! Das Kind muss wahrscheinlich heiraten! Legt sich mit einem hergelaufenen Schnösel ins Bett und muss heiraten! Ich fasse es nicht!«

Dietrich und Marie standen einigermaßen sprachlos in der Stube. »Mama! Könntest du dich bitte beruhigen! Welchen Eindruck muss denn Dietrich von dir bekommen?«

»Ist mir egal, welchen Eindruck der von mir bekommt. Ich will den gar nicht als Schwiegersohn. Ich will überhaupt keinen Schwiegersohn.«

»Aber Frau Grüber, ich …«, versuchte Dietrich sich einzumischen. Er kam aber nicht zu weiteren Worten.

»Schweig still, junger Mann!«, herrschte sie ihn an. »Ich will nicht, dass Marie heiratet. Wenn sie sich schon ein Kind andrehen lässt, soll sie's kriegen und herbringen, dass ich's großziehe. Sie soll gefälligst arbeiten gehen und sich um ihre alte Mutter kümmern.«

»Mama, jetzt dreh nicht wieder völlig durch«, stoppte Marie mit Nachdruck ihre Rede. »Wir werden auch ohne dein Einverständnis heiraten. Du kannst mir da keine Vorschriften mehr machen, das weißt du. Und wenn dir unser Besuch nicht passt, gehen wir wieder. Schade.«

Etwas hilflos vor der Situation und mit Bedauern schaute Marie ihren Dietrich an, der ebenso unsicher dastand. »Du hast Recht, Marie. Lass uns wieder gehen.«

»Dann geht doch! Haut doch ab!«, keifte die Alte.

Die beiden wandten sich zur Tür. Marie war dem Heulen nahe. Dietrich drehte sich beim Hinausgehen noch einmal um: »Wir laden Sie trotzdem zur Hochzeit ein, Frau Grüber. Wir schicken Ihnen eine Karte mit dem Termin. Auf Wiedersehen.« Dann zog er die Tür hinter sich zu, eine keifende und schimpfende, offenbar sehr unglückliche alte Frau zurücklassend.

An der Haustür stand Waltraud Homer. Sie hatte natürlich die letzten zehn Minuten mitbekommen. Es war ja nicht gerade leise zugegangen. »Nimm's deiner Mama nicht übel, Marie. Die ist zur Zeit nicht gut drauf. Deine Karte hat sie neulich gleich in den Ofen geworfen. Sie hat getobt wie von Sinnen. Ich glaube, die Frau ist krank. Mit uns zettelt sie neuerdings auch immer wieder Streit an. Aber schön, dass ich deinen Mann kurz sehe. Alles Gute euch beiden.« Damit verschwand die Mitbewohnerin in ihrer eigenen Stube.

Die Mama krank?, ging es Marie durch den Kopf. Die hat sich eher ihren Verstand mit Alkohol und Nikotin zerstört und steht unter dem Einfluss der finsteren Dinge, die sie immer betreibt mit ihren Karten und sonstigem Kram.

Noch ratloser als vorher standen die beiden jungen Leute jetzt vor der Kate. Marie wischte sich ein paar Tränen aus dem Gesicht.

»Was machen wir jetzt?«, fragte Dietrich und griff Maries Hand, als wollte er sie trösten.

»Wir nehmen den nächsten Bus und fahren dahin, wo wir hergekommen sind«, gab Marie resigniert zurück, »schade um das Fahrgeld und die Zeit.«

»Wir waren doch kurz zusammen, und wir haben jetzt noch eine Stunde.«

»Gut, sehen wir, ob Erika da ist, und sagen ihr guten Tag. Dann siehst du auch ihre Zwillinge. Onkel Norbert und Tante Irmgard werden nicht da sein. Die gehen beide arbeiten. Vielleicht reicht die Zeit dann noch für die Küstersleute. Die müssten eigentlich zu Hause sein.«

Erika Henrichs freute sich riesig über die kurze Begegnung und über die Nachricht, die ihre Freundin ihr erzählte. Und auch Onkel Krischan und Tante Adelheid Menn nahmen die Nachricht völlig anders auf als die Pflegemutter und eher erfreut, wenn sie auch ihr Bedauern ausdrückten, dass es so hatte kommen müssen. Aber der alte Küster entließ Marie nicht ohne den Hinweis, dass er wie bisher weiter täglich für sie bete, damit auch alles gut werde.

Die letzte Wahrheit hinter den Dingen freilich bekamen sie alle nicht zu wissen. Marie und Dietrich hatten sich das Versprechen gegeben, sie für sich zu behalten. Die wenigen Eingeweihten würden sicher schweigen. Dabei hofften sie, dass das Kind seiner Mutter mehr ähnlich sähe als seinem Vater. Wenn das so wäre, würde sicher auch niemand Fragen stellen, deren Beantwortung dann peinlich werden müsste.

Hochzeit

Am Wochenende vor Ostern kam Marie wieder in den Westerwald. Das Ehepaar Potraffke hatte ihr zu ihrem normalen Urlaub ein paar Tage frei gegeben. Es gab ja doch noch einiges vorzubereiten. Zum Beispiel brauchte sie ein Kleid für die Hochzeit. Die Schwiegermutter hatte sich angeboten, es selbst zu nähen. Nur durfte es kein weißes sein. »Wer heiratet, weil er heiraten muss, heiratet nicht in Weiß!« Das war ihr Standpunkt, gegen den die Brautleute nicht ankamen. Sie wollten dann allerdings auch nicht dagegen ankämpfen. Der häusliche Friede war ihnen lieber.

Frau Schumacher nähte dann ein apartes Schwangerschaftskostüm, das das inzwischen doch nicht mehr übersehbare Bäuchlein geschickt kaschierte. Bei der Bestellung des Aufgebots beim Standesamt in Hachenburg gab es keine Schwierigkeiten. Die nötigen Papiere waren da und die Mindestfrist eingehalten. Jetzt konnte es jeder lesen im behördlichen Schaukasten des Dorfes. Und wer Einwände gegen diese Ehe vorbringen wollte, hätte das tun können. Offenbar hatte aber niemand Einwände, die er öffentlich kundgetan hätte. Geredet und getuschelt wurde freilich viel im Dorf. Dafür wusste eben jeder zu gut über den anderen Bescheid, und das Reden darüber beherrschten die Dörfler nahezu alle.

Marie begegnete den Leuten freundlich. Sie hatte keine Probleme, auf unbekannte Menschen zuzugehen und mit ihnen ein Gespräch zu beginnen. Geantwortet wurde ihr aber meistens mit reservierter Distanz. Erst mal sehen, wie die ist, die da neu ins Dorf kommt und die sich mit dem Grabscher eingelassen hat.

Am Karsamstag waren Marie und Dietrich dann bei Pastor Schäbel zum Traugespräch. Hier ging es nun nicht mehr darum, ob die beiden jungen Leute denn ihr Leben miteinander führen wollten. Die Frage war ja beantwortet. Sie wollten. Jetzt ging es darum, ob sie ihren Weg unter dem Segen Gottes gehen wollten und ob der Herr Jesus Christus in ihrem Bund die Mitte sein durfte. »Das H in der Mitte von Ehe steht für ›Herr‹, ihr beiden«, erklärte Pastor Schäbel ihnen, »und an seinem Segen ist alles gelegen.«

»Davon redet meine Mutter ja ständig«, meinte Dietrich, »aber das geht mir manchmal auf den Geist. Sie sagt das immer so drohend. Als ob Gott so ein Lebenstyrann wäre, der alles sieht und seine Leute am liebsten in einen Käfig sperrt. Das macht man nicht. Als Christ tut man das nicht und das nicht und das auch nicht und so.«

»Ich kenne deine Mutter, Dietrich«, antwortete der Seelsorger, »sie meint es gut. Sie sieht manche Dinge allerdings sehr eng und ein wenig ohne Liebe und Barmherzigkeit mit den Leuten.«

»Wie muss ich denn dann als Christ leben, wenn ich es richtig machen will?«, wollte Marie wissen. »Ich habe mich darum bisher ja auch nicht viel gekümmert. An meiner Pflegemutter hatte ich überhaupt kein Vorbild. Die trieb es lieber mit dunklen Sachen. Ein bisschen Kindergottesdienst, dann Konfirmandenunterricht, ab und zu Gottesdienst – das war's.«

»Das muss aber nicht so bleiben, meine Liebe«, lenkte Pastor Schäbel den Blick nach vorn. »Christliches Leben kann man auch ein Stück weit lernen. Ihr seid immer zum Gottesdienst eingeladen. Ihr könnt die Bibelstunden der Gemeinschaft besuchen. Die Jugend des EC ist hoffentlich auch offen für euch.«

»Für uns, bei unserer Vergangenheit?«, meldete Dietrich Zweifel an.

»Niemand hat das Recht, euch wegen eurer Vergangenheit auszugrenzen. Ich habe vor, in der Traupredigt dazu etwas zu sagen.«

»Die, die das hören sollen, sind dann aber doch nicht da«, wandte Marie ein.

»Und ob die da sind«, war der Pastor überzeugt, »wenn hier Trauungen sind, sind mehr Leute in der Kirche als in jedem normalen Gottesdienst. Da gibt es was zu sehen und nachher was zu reden. Da kommen die Leute.«

»Und zu was für einem Spruch werden Sie reden?«

»Habt ihr einen bestimmten Wunsch?« Dietrich hatte keinen. Aber Marie machte einen Vorschlag. »Es gibt drei Bibelworte, die in meinem Leben ein paar Mal aufgetaucht sind.«

»Welche sind das?«

»›Er hat seinen Engeln befohlen, dass sie dich behüten auf allen deinen Wegen.‹ Das ist wohl mein Taufspruch.«

»Aha, aus Psalm 91.«

»Das andere hat mir unser Küster öfters gesagt aus Psalm 50, Vers 15: ›Rufe mich an in der Not, so will ich dich erretten, so sollst du mich preisen.‹«

»Und das dritte?«

»Das ist mein Konfirmationsspruch: ›Der Herr behüte dich vor allem Übel, er behüte deine Seele. Der Herr behüte deinen Ausgang und Eingang von nun an bis in Ewigkeit.‹«

»Das sind interessante Worte über deinem Leben«, stellte Pastor Schäbel ein wenig nachdenklich fest. »*Vor* allem Übel hat der Herr dich wohl nicht behütet, aber wohl *in* manchem Übel. Und er hat deine Seele bewahrt. Ich glaube, dafür kannst du sehr dankbar sein.« Er dachte ein wenig nach. Dann meinte er laut: »Alle drei Worte der Bibel wären gut als Trauspruch für euch geeignet. Ich möchte euch aber noch einen anderen Vorschlag machen. Ich würde euch gerne ein Wort aus Römer 15 mit auf den Weg geben und zugleich der Gemeinde die biblische Aufforderung in Erinnerung rufen.«

»Was steht da?«, fragte Dietrich.

»Da steht im Vers sieben: ›Darum nehmet euch untereinander auf, gleichwie euch Christus hat aufgenommen zu Gottes Lobe.‹ Aber das ist die alte Textfassung. Ich glaube«, dachte der Mann weiter laut nach und zog ein paar Mal an seiner Pfeife, »ich nehme die neuere. Die ist etwas deutlicher.«

»Und wie heißt die?«, hakte Dietrich nach.

»›Darum nehmet einander an, gleichwie uns Christus hat angenommen zu Gottes Lob.‹«

»Ist aufnehmen und annehmen denn nicht dasselbe?«, fragte Marie.

»Ja und nein. Ich würde versuchen, zu beidem etwas zu sagen, was euch hilft und der Gemeinde Orientierung gibt. Wenn ihr einverstanden seid.«

»Ich denke, wir haben da keine Einwände. Was meinst du, Dietrich?« Dessen Zustimmung war seinem Gesicht abzulesen.

»Die anderen Texte werde ich im Traugottesdienst in meiner Predigt auch verwenden können. Dann hörst du sie wieder einmal, Marie, und du, Dietrich, lernst sie kennen. Und jetzt sind wir für heute fertig. Ich bete noch.«

Pastor Schäbel legte die Pfeife aus der Hand, sprach ein Gebet und verabschiedete die beiden jungen Leute. Die nächste Hürde war genommen.

In diesem Jahr hatte sich der Winter im Westerwald lange gehalten. In Senken und an Nordhängen lagen Mitte April immer noch Schneereste. Einige Frühjahrsstürme waren über das Land gegangen und hatten mit Schnee- und Graupelschauern noch einmal empfindliche Kälte gebracht. Seit Ostern war das Wetter jedoch besser geworden. Allmählich erwärmte die Sonne auch hier oben mehr und mehr die Luft. Im offenen Gelände und vor allem an Südhängen und in geschützten und der Sonne zugewandten Gärten wagten es die ersten Frühlingsblumen, ihre Köpfe aus dem Boden zu strecken. Die ersten Singvögel ließen sich hören. Wenn das Wetter sich bis zum Samstag hielt, konnte es einen angenehmen Hochzeitstag geben.

Im Hause Schumacher wurden die letzten Vorbereitungen getroffen. Eine große Feier sollte es ja nicht geben. Nach dem Traugottesdienst war lediglich ein Kaffeetrinken vorgesehen und ein Abendessen mit den Gästen, die über Nacht bleiben würden. Zu denen gehören sollten eine Tante und ein Vetter von Dietrich, Maries Mama, wenn sie denn käme, und die beiden Paten aus Wüstenfeld mit ihren Ehepartnern.

Zu Maries großem Bedauern meldeten sich aber Onkel Norbert und Tante Irmgard Grüber und auch die Küstersleute Menn kurzfristig ab, nachdem sie erfahren hatten, dass Luise Grüber sich auf den Weg machen würde. Das ginge nicht gut, wenn sie gemeinsam an der Hochzeitsfeier teilnähmen. Und sie wollten doch Marie nicht den Tag dadurch verderben, dass ihre Anwesenheit Streit und Ärger provozierte. Die Pflegemutter habe nun einmal den Vorrang. Vielleicht kämen sie später einmal zu Besuch.

Auch Erika Henrichs wäre gerne gekommen, musste ihre Zusage wegen ihrer Zwillinge aber zurücknehmen. Den beiden Potraffkes und Tutti war die Reise für einen Tag doch ein bisschen zu weit. Der Kontakt zur Nettelroder Freundin Heidi war seit ihrem Abtreibungsvorschlag fast abgebrochen. Marie hatte sie auch gar nicht eingeladen. Also gab es nur eine kleine Gesellschaft, die gut und gerne in Schumachers Wohnzimmer passte.

Wie anders waren doch da Erikas Hochzeit und andere in Wüstenfeld abgelaufen, ging es Marie immer wieder durch den Kopf. Aber sie durfte sich nicht beklagen. Sie hatte sich diese Situation ja selbst zuzuschreiben.

Wie gerne hätte die Braut ihre Mutter bei der Hochzeit dabei gehabt. Aber alle Bemühungen, sie ausfindig zu machen, waren bisher ohne Erfolg geblieben. Zuletzt hatte auch Pastor Schäbel noch versucht, die Adresse von Frau Bornemann, geborene Rothe irgendwie zu erfahren. Vergeblich.

Die Trauzeremonie vor dem Standesbeamten in Hachenburg am Freitagnachmittag verlief kurz, knapp und formal. Einige Sätze über das Zusammenhalten in der Ehe, über gegenseitige Rücksichtnahme und Anerkennung und über Elternschaft und Erziehung, dann die obligatorischen Fragen zur Eheschließung an die Brautleute und die Trauzeugen – Dietrichs Vetter und Frau Schäbel – und schließlich die Unterschriften unter das Dokument. Ab jetzt war Marie Marie Schumacher, geborene Rothe. Sie hatte einen Mann, von dem sie mehr und mehr akzeptierte, dass Gott ihn an ihre Seite gestellt hatte und zu dem die Liebe wachsen musste und sicher auch wachsen würde. Und sie hatte einen Vater für ihr Kind, das sich zunehmend in ihrem Leib bemerkbar machte.

Am Abend machten die frisch getrauten Eheleute einen Spaziergang zur Bushaltestelle. Luise Grüber sollte in dem Bus sitzen, mit dem auch Marie zum ersten Mal in den Westerwald gekommen war. Aber sie saß nicht darin. Was nun? Kam sie also doch nicht? War sie in Herborn in den falschen Bus gestiegen und hatte sich verfahren? Was tun? Marie und Dietrich blieb nichts anderes übrig, als wieder nach Hause zu gehen und abzuwarten, ob irgendwoher eine Nachricht käme, vielleicht als Telegramm oder morgen früh mit der Post.

Die beiden waren noch nicht lange wieder zu Hause, als es an der Tür klopfte. Dietrich ging hin und öffnete. Sofort war im ganzen Haus zu hören, wer da gekommen war. Luise Grüber schimpfte wie ein Rohrspatz, dass niemand sie abgeholt habe und dass sie den weiten Weg von der Haltestelle als alte Frau bei einbrechender Dunkelheit habe allein zu Fuß gehen müssen. Marie sprang sofort auf, um die Mama auf dem Flur zu begrüßen und zu beruhigen. Letzteres gelang ihr allerdings nur schwer. Die Mama wollte nicht einsehen, dass sie eine Station zu früh ausgestiegen war und deshalb zum einen nicht abgeholt werden konnte und zum anderen einen wesentlich weiteren Weg gehen musste.

Das konnte ja heiter werden in den nächsten Tagen, wenn das Verhalten der Mama so weiterging! Marie schauderte ein wenig bei dieser Vorstellung. Aber sie wurde dann doch angenehm überrascht. Luise Grübers Verhalten bewegte sich zwar immer an der Grenze des Erträglichen, war aber doch auszuhalten. Vielleicht auch deshalb, weil die jungen Leute und Ruth Schumacher sich sehr zurückhielten mit Themen, die die Mama aufregen konnten.

Der Tag der Hochzeit war ein schöner Tag für alle Beteiligten. Aber auch ein ernster, was die Predigt anging, die Pastor Schäbel den Brautleuten und der wie erwartet zahlreich erschienenen Gemeinde zu den Stichworten »aufnehmen« und »annehmen« hielt. Dabei verschwieg er weder die Ausgrenzung des Bräutigams durch die Dörfler noch die Tatsache, dass es hier äußerlich um eine Muss-Ehe ging, der Gott in seiner großen Barmherzigkeit dennoch seine Zuwendung und seinen Zuspruch nicht versagen würde. Der abschließende Segen nach Psalm 121 galt dann sicher in erster Linie den Brautleuten, aber auch der Gemeinde, die sich jetzt auseinandersetzen musste mit der nachdrücklichen Aufforderung, ihr bisheriges Verhalten zu überdenken, ihre Reihen und Kreise zu öffnen und die jungen Leute anzunehmen und aufzunehmen.

Die Hochzeitsfeier verlief einigermaßen harmonisch. Die Schwiegermutter beherrschte ihren Unmut über das Ganze und ihre Neigung, alles mit einem frommen Kommentar versehen zu müssen. Die Mama zügelte ihre Unbeherrschtheit und ihr loses Mundwerk, der Pastor seinen Drang zur Pfeife. Dabei waren die drei kleinen Schäbels eine gute Ablenkung für alle.

Zwischendrin musste das Vieh versorgt werden, wozu sich Marie und Dietrich von den Gästen trennten. Auch das Abendessen im noch kleineren Kreis brachte keine Probleme. Der Tag war überstanden, die jungen Leute ein Paar, das auch endlich ein gemeinsames Schlafzimmer beziehen durfte.

Am Sonntag fuhren dann die auswärtigen Gäste wieder ab, nicht ohne dass Luise Grüber ein unendliches Klagelied darüber anstimmte, dass sie als alte Frau so allein sei, sich niemand um sie kümmere, die jungen Leute heutzutage so undankbar seien ...

Marie musste montags wieder zurück nach Markwennungsen. Bis zum Beginn des Mutterschutzes Mitte Juni musste sie dort noch ihre Arbeit tun. Das würde ihr auch nicht schwer fallen, da die Schwangerschaft bisher problemlos verlaufen war.

Auch um des Geldes willen ging die junge Ehefrau noch einmal zurück. Der Umbau im Schumacherschen Haus musste bezahlt werden, und sie brauchten auch einige neue Möbel. Dafür wollten die beiden Eheleute die Trennung gerne ertragen. Später würde Marie ihre Stelle bei Potraffkes natürlich kündigen. Das war auch mit ihnen schon so abgesprochen.

Eine neue Familie

Mitte Juni zog Marie Schumacher dann endgültig in den Westerwald. Ihre wenigen Sachen wurden per Bahnexpress gebracht und die von Wüstenfeld mit einer Spedition. Pastor Schäbel hatte sich darum gekümmert.

Mit Marie gab es auch ein paar Veränderungen in der Hausgemeinschaft. Musste Dietrich bisher seinen Lohn von etwas mehr als 500 DM aus dem Bundeswehr-Wachdienst bis auf ein Taschengeld an seine Mutter abgeben, so war das jetzt nicht mehr möglich. Sie fanden eine Regelung, die der Situation gerecht wurde. Für die Kosten der Landwirtschaft und der Ernährung kam Frau Schumacher auf. Dabei gab es die meisten Lebensmittel auf dem Weg der Selbstversorgung. Freilich ging die Küchenchefin damit äußerst knauserig um. Marie war im Blick auf Küche anderes gewohnt und musste sich erheblich umstellen.

Für die Kosten des Hauses kamen die jungen Leute auf. Das war wegen des inzwischen erfolgten Umbaus eine nicht geringe Belastung der kleinen Haushaltskasse. Die beiden waren deshalb froh über das Geld, das sie für Maries Tätigkeit noch eine Weile bekamen, auch als sie nicht mehr zu arbeiten brauchte. Wenn es wegen der Zinsen und Tilgung dann einmal nicht reichte, musste die Ma – das war inzwischen Maries Anrede für die Schwiegermutter – mithelfen. Das tat sie allerdings immer nur ungern und häufig mit dem Hinweis, dass die jungen Leute sich gefälligst einschränken sollten und mit dem Geld sparsamer umgehen. Dietrichs Hinweis, dann bliebe eben kein Geld für Kirche, Gemeinschaft und Mission, vermochte sie dann immer wieder zum Einlenken zu bewegen.

Jetzt konnte die junge Frau auch voll im Haushalt und vor allem in der Landwirtschaft mitarbeiten. Diese Dinge gingen ihr trotz ihres Bauches leicht von der Hand. Sie hatte sie bei Potraffkes und auf dem Eicherhof ja gründlich gelernt.

Ihrer Schwiegermutter fiel der Umgang mit dem Gerät wesentlich schwerer. Es war in allen Dingen zu merken, dass das eigentlich nicht ihre Welt war. Nadel und Faden, Schere und Nähmaschine beherrschte sie. Beim Hacken zwischen Kartoffeln und Futterrüben kam sie überhaupt nicht voran. Sie meinte, sie müsse jedes kleinste Unkraut auflesen, in einem Eimer sammeln und vom Feld tragen. Mit den größeren konnte sie das ja machen. Aber es kam doch zuerst darauf an, dass Hederich, Miere und Quecke, Distel und Nessel herausgerissen wurden und der Boden für die Nutzpflanzen gelockert wurde.

Auch beim Heuwenden arbeitete sie sehr umständlich. Sie konnte den Rechen einfach nicht richtig halten. Hinweise nahm sie von ihrer

Schwiegertochter dabei nur sehr ungern an. Sie war die Ältere, ihr gehörte die Landwirtschaft, dann bestimmte sie auch, was wann wie gemacht wurde. Mit dem kleinen Trecker und seinem Anhänger ging sie allerdings nicht um. Den hatte bisher immer nur Dietrich gefahren, zum Beispiel beim Pflügen oder Mähen. Jetzt gab es einen zweiten Fahrer. Das war für die Ma dann doch eine Erleichterung.

Marie war natürlich ab jetzt auch in das geistliche Programm des Hauses voll eingebunden. Zwar waren die Wohnbereiche der jungen Leute und der Ma bis auf die Küche inzwischen getrennt. Aber das Losunglesen beim Frühstück und das Lesen des täglichen Kalenderblattes gehörten zum Ritual, in das vor allem Marie sich einfügen musste. Dabei war ihr das sogar irgendwie angenehm. Manchmal begleitete sie ein Wort tatsächlich durch den Tag, kam ihr immer wieder in den Sinn und beschäftigte ihre Gedanken.

Was ihr mehr Mühe machte, waren die ständigen Verhaltensmaßregeln, die die Schwiegermutter ihr und ihrem Dietrich auftischte. Der las zum Beispiel gerne Wildwest- und Kriminalromane und hörte die aktuellen Schlager und Schnulzen im Radio oder von Schallplatten, die vor allem Marie mit in die Ehe gebracht hatte. Dietrich ging auch gerne einmal auf ein Bierchen in den »Wiesenkrug«, seitdem die Dörfler ihn doch ein wenig anders behandelten als vor seiner Eheschließung. Die Traupredigt zeigte hier offenbar Wirkung.

»In meinem Haus wünsche ich solche Hefte nicht. Die sind Schund und vergiften die Seele. Lies lieber die Bibel und ein gutes Erbauungsbuch.« »In einem christlichen Haus hört man diese weltliche Musik nicht. Kauft euch lieber Schallplatten mit christlicher Musik. Die helfen zum Glauben.« »Der Gasthof ist kein Ort für Christen. Die sollen nicht sitzen, wo die Spötter sitzen.« Solche und ähnliche Sätze waren bei der Ma an der Tagesordnung, und nicht immer konnten die jungen Leute sie ertragen. Auch die Tatsache, dass seit einiger Zeit das Bild vom »breiten und schmalen Weg« die Küchenwand zierte und immer wieder Thema in Frau Schumachers Reden war, ging den beiden auf die Nerven.

Wie anders verhielten sich doch die alten Meilingers. Oder Frau Meier, eine Freundin der Schwiegermutter, und ihre Tochter Traudel, mit der Marie sich schon ein wenig angefreundet hatte. Alles fromme Leute aus der Kirchengemeinde, der landeskirchlichen Gemeinschaft und dem Jugendbund für entschiedenes Christentum, kurz EC. Aber sie redeten nicht ständig von ihrem Glauben, sie lebten ihn. Wie die Pfarrersfamilie. Von dort kam immer wieder einmal eine Einladung zum sonntäglichen Gottesdienst und eine Ermunterung, doch auch die Bibelstunden zu besuchen. Aber das klang nie so massiv und eher abschreckend wie von der Mutter. Pastor Schäbel war in diesen Dingen geduldig. Er freute sich einfach, wenn Marie dabei war – sie war es meistens, wenn Dietrich Schicht hatte – und wenn es ihr gelungen war, ihren Mann in seiner freien Zeit einmal mitzubringen.

Im Juli bekam Marie dann doch noch Schwierigkeiten in ihrer Schwangerschaft. Das Kind legte sich so, dass es ihr übel auf den Ischias-Nerv drückte. Das war schmerzhaft und behinderte sie in ihren Bewegungen. Dagegen war kaum etwas zu machen. Dazu stellten sich Nierenprobleme ein. Dietrich bemühte sich, seine Frau zu entlasten, so gut es eben ging bei seinem wechselnden Wachdienst. Und auch die Schwiegermutter hatte mehr Verständnis, als Marie das erwartet hatte. Zum Glück war das Ende absehbar. Wenn das Kind einmal da war, würden auch diese Beschwerden aufhören.

Anfang August war es so weit. Der kleine Mensch drängte zur Welt. Der Sonntagsbesuch war nicht lange aus dem Haus, Frau Schumacher machte sich gerade fertig für die Gemeinschaftsstunde, als sich bei Marie die ersten Wehen meldeten. Zunächst noch sporadisch, dann in dichterer Folge, schließlich mit zunehmender Heftigkeit. Die Schwiegermutter blieb selbstverständlich zu Hause. Dietrich informierte Frau Menk, die Hebamme, und Doktor Albrecht, den Arzt, die in der Dorfmitte wohnten und auch beide trotz nächtlicher Stunde sofort kamen.

Die Vorbereitungen für die Geburt waren bald getroffen, das Kind konnte kommen. Aber es ließ sich Zeit, quälte die Mutter noch ein paar Stunden, spannte den Vater auf die Folter, verlangte von der Hebamme und der angehenden Oma Geduld. Doktor Albrecht ging noch einmal nach Hause. »Rufen Sie mich, wenn es ernst wird. Der Muttermund müsste sich noch mehr öffnen. Das wird noch dauern«, meinte er zu Frau Menk, die mit ihm schon bei vielen Geburten ein eingespieltes Doppel abgegeben hatte.

Gegen Morgen wurden die Wehen dann heftiger. Marie hatte große Mühe, und ihr Mann litt mit. Aber er hatte nicht die Kraft, das

Ganze mit anzusehen. Er musste das Schlafzimmer verlassen und verzog sich in den Stall.

Dann ging alles plötzlich recht schnell. Ein paar kräftige Presswehen, begleitet von Schmerzensschreien der Mutter, und mit geschicktem Griff brachte die erfahrene Hebamme den kleinen Jungen in das anbrechende Licht des Tages und auf die Welt. Mit kräftigem Stimmchen machte sich der neue Erdenbürger auch gleich bemerkbar. Nachdem er abgenabelt und gesäubert war, bekam die erschöpfte Mutter das kleine, noch zerknautschte nackte Wesen in die Arme gelegt. Marie war glücklich und doch ein wenig besorgt. Wie würde Dietrich das Kind nun tatsächlich annehmen? Wenn er doch nur hereinkäme!

Seine Mutter musste ihn rufen. Der junge Vater, der er ja eigentlich nur unfreiwillig war, kam, so schnell er konnte. Erst musste er noch den Stallkittel ausziehen und sich waschen. Mit Stallgeruch in den Kleidern wollte er das Kind und seine Mutter doch nicht begrüßen und beglückwünschen.

Ein wenig verlegen beugte er sich über seine Frau und gab ihr einen Kuss. »Gut, dass du's überstanden hast, Marie. Was ist es denn?«
»Ein Junge, Dietrich. Hier schau, ist er nicht süß?«

Dietrich ließ sich den Kleinen von der Hebamme auf den Arm legen. »Unser Kind. Schön, dass du da bist«, sagte er und strich dem kleinen Wesen mit dem Fingerrücken vorsichtig über die Wange.

»Unser Kind« hatte er gesagt, registrierte Marie deutlich und mit innerer Freude. »Unser Kind.« Dietrich hatte den Jungen, der doch nicht sein Junge war, angenommen. Nicht »dein Kind«, sondern »unser Kind« hatte er gesagt. Gott sei Dank!

In dem Augenblick kam Doktor Albrecht zurück, stellte seine Tasche ab, um sich das Neugeborene anzusehen. »Hier ist ja schon alles erledigt und in bester Ordnung. Herzlichen Glückwunsch, ihr Eltern! Irgendwelche Komplikationen, Frau Menk?« Die Hebamme verneinte: »Alles war gut.«

»Feiner Kerl. Wie soll er denn heißen?«, fragte der Arzt die jungen Eltern. »Welchen Namen trage ich ein?«

Dietrich gab die Antwort: »Stephan soll er heißen. Stephan Schumacher. Klingt doch gut, oder?«

»Sehr gut«, bestätigte Doktor Albrecht, während er Marie noch einmal untersuchte. »Ich brauche ja nicht einmal zu nähen. Das haben Sie sehr gut gemacht, junge Mutter. Ich gratuliere noch einmal und wünsche auch dem kleinen Stephan Gottes Segen.«

»Danke, Herr Doktor«, lächelte Marie etwas gequält zurück, »jetzt bin ich sehr müde.«

»Dazu haben Sie auch ein Recht. Wir lassen Sie gleich allein. Dann können Sie erst einmal schlafen. Der Kleine wird es auch tun.«

»Und wir gehen frühstücken«, lud der junge Vater Arzt und Hebamme in die Küche ein. Seine Mutter hatte dem Westerwälder Brauch gemäß Plätzchen gebacken und einen guten Kaffee gekocht.

Noch am selben Tag kamen die ersten Leute auf die »Luck«, wie das hieß. Und in den nächsten Tagen kamen sie vermehrt. Der neue Erdenbürger wurde von Verwandten, Bekannten, Freunden und Nachbarn begrüßt, beglückwünscht und beschenkt. Dafür bekam jeder Besucher seine Tasse Kaffee und von dem »Luck«-Gebäck. Meilingers kamen, Frau Meier mit Traudel, Edwin und seine Mutter, der Pastor und seine Frau. Die Kinder sollten später einmal kommen, um sich Stephan anzuschauen. Und es kamen auch Leute, von denen die Schumachers das nicht gedacht hätten.

In den nächsten Wochen verliefen die Tage im Haus am Flurenweg nach neuem, meist wenig berechenbarem Plan. Der Säugling bestimmte weitgehend den Ablauf. Maries Zeit und Kraft reichten gerade aus, um ihn zu versorgen und das Nötigste aufzuräumen. Dietrich hatte weiterhin seinen Wach-Wechseldienst. Also musste die Omi drinnen und draußen wieder mehr ran. Das gefiel ihr nicht sehr gut, und immer wieder einmal klang es bei ihr durch, dass sie dieses Opfer ja bringen müsse für ein Enkelkind, das gar nicht ihr Enkelkind sei. In der jungen Mutter löste das immer wieder neu innere Schmerzen aus. War das ein Kennzeichen christlicher Gesinnung, von Vergebung zu reden, aber nicht vergessen zu können und immer wieder an Schuld zu erinnern? Die Vorwürfe trafen ja auch ihren eigenen Sohn. Irgendwann vertrauten sich die jungen Eltern Pastor Schäbel an. Nachdem der dann mit Ruth Schumacher gesprochen hatte, hielt sie sich mit solchen Äußerungen etwas mehr zurück. Sie lernte also.

Etwas anderes erschwerte zunehmend das Zusammenleben. Marie hatte ja Landwirtschaft gelernt, ebenso wie ihr Mann. Beide merkten allmählich, dass der kleine Betrieb der Mutter mehr und mehr ein

Zuschussunternehmen wurde. Die Ernte war zwar noch ganz zufrieden stellend ausgefallen. Die Kartoffeln reichten für den Eigenbedarf. Einige Zentner konnten sogar noch verkauft werden. Das Getreide würde reichen, um wenigstens bis zum Frühjahr die Brotversorgung zu sichern. Auch an Obst konnte einiges eingelagert werden. Die beiden Schweine würden den Fleisch- und Wurstbedarf des Winters decken, aber kaum etwas in die Kasse bringen.

Dann aber erkrankten nacheinander beide Kühe. Die Milch der einen fiel sofort aus, die der anderen wenige Wochen später. Damit fehlten das Milchgeld von der Molkerei, die selbst gekirnte Butter und später der Gewinn, den sie beim Verkauf der Kälber hatten erzielen wollen. Für Marie bestätigte sich eine Vermutung: Der Hühnerstall war so gebaut, dass er im Winterhalbjahr kein Sonnenlicht bekam und sehr kalt wurde. Die Tiere stellten im Herbst das Eierlegen einfach ein. Trotzdem musste natürlich Futter gekauft werden, um das Federvieh über den Winter zu bringen. Und die Eier für den Haushalt kosteten auch Geld.

Es war eine schlichte Milchmädchenrechnung, die Marie zunächst nur ihrem Dietrich vorlegte, mit dem ganz konkreten Vorschlag, sich eine andere, einträglichere Arbeit zu suchen, die die Familie ernähren konnte, und die Landwirtschaft aufzugeben. Der Mann konnte der Rechnung zwar nicht widersprechen, wollte aber dennoch ihrer Konsequenz zunächst überhaupt nicht folgen.

»Die Landwirtschaft ist Mutters Angelegenheit, da können wir ihr nicht reinreden«, argumentierte er.

»Wir müssen, Dietrich. Ma muss das einsehen, dass wir noch über den Winter kommen, aber nicht mehr durch den Sommer.«

»Und wieso nicht?«

»Wir müssen Saatgetreide kaufen. Wir brauchen neue Setzkartoffeln. Wir brauchen wenigstens eine neue Kuh, eigentlich zwei. Im Frühjahr sollen neue Ferkel in den Koben. Womit bezahlen und nicht stehlen?«

Dietrich dachte nach. »Und wenn wir die Kühe verkaufen?«

»Die kranken Tiere wirst du grad an einen Metzger los, und dann bringen sie nicht viel. Für die zwei kriegst du vielleicht eine neue. Wenn das überhaupt reicht.«

»Und wer redet mit der Mutter? Die wird einen Aufstand machen.«

»Wahrscheinlich. Wir müssen beide mit ihr reden. Du darfst mich da nicht alleine lassen.«

»Also gut«, seufzte Dietrich und kratzte sich am Kopf, »gehen wir's gleich morgen Abend an, wenn du den Kleinen ins Bett gesteckt hast. Mutter fährt übermorgen nach Recklinghausen zu Tante Hilde. Dann sollten wir das vorher hinter uns bringen.«

»Und sie hat Zeit, sich mit den Dingen zu befassen, ohne uns gleich ständig damit in den Ohren zu liegen.«

»Aber du solltest die Zahlen aufschreiben und gegenüberstellen. Wir brauchen Argumente«, drängte Dietrich.

»Das mache ich bis morgen Abend. Aber da ist noch etwas.« Marie war mit ihrer Rede noch nicht fertig.

»Was ist noch?«

»Stephan braucht ein besonderes Milchpulver. Meine Milch reicht lange nicht mehr, und dieses Milchpulver verträgt er nicht.«

»Woher willst du das wissen?«

»Von Doktor Albrecht. Er sagt, die Heulerei von dem Kleinen, das häufige Brechen und der ständige Durchfall kämen daher, dass er die Fertignahrung aus Kuhmilch nicht verträgt. Ich soll unbedingt auf eine andere umsteigen.«

Dietrich schaute seine Frau ungläubig an. »Gibt's denn eine andere? Hab ich nie was von gehört. Wo kriegst du die her?«

»Leider nur aus der Apotheke.«

»Und dann wahrscheinlich schweineteuer.«

»Sag ich ja, dass wir unser Geld für anderes brauchen, als es in die Landwirtschaft zu buttern.«

»Na, dann viel Vergnügen morgen Abend«, meinte der junge Mann ein wenig sarkastisch und begab sich in den Stall.

Am nächsten Tag schrieb Marie die Ist- und Soll-Zahlen nebeneinander. Die Bilanz sah gar nicht gut aus. Wenn die Landwirtschaft einigermaßen rentabel weitergeführt werden sollte, dann musste ein Kredit aufgenommen werden. Dabei war die Hypothek auf dem Haus noch gar nicht abbezahlt. Und Ma hatte sich doch damals beim Kauf des Anwesens einen Teil ihrer Rente ausbezahlen lassen, um die Belastung niedrig zu halten. Also war ein zusätzlicher Kredit nicht zu bezahlen. Von welchem Geld denn auch? Das würde alles nicht funktionieren.

Nach dem Abendessen, als Marie den kleinen Stephan ins Bett

gebracht hatte, baten die beiden die Ma, noch ein wenig unten zu bleiben. Sie müssten dringend einiges mit ihr bereden, ehe sie morgen wegführe.

Dann legten sie ihr die Zahlen vor und versuchten sie davon zu überzeugen, dass sie über einen Verkauf der Ländereien zumindest nachdenken müsse. Ruth Schumacher war erst sprachlos, dann wurde sie böse, zuletzt tobte sie. So hatte Marie ihre Schwiegermutter noch nicht erlebt. Sie, die hergelaufene Göre, müsse ihr, einer erfahrenen Frau, erzählen, wo es in der Wirtschaft langginge! So weit käme es noch, dass sie wegen ihr das Vieh abschaffe, Felder und Wiesen verkaufe und die sauer erworbene Landwirtschaft drangebe! Das sei schließlich auch ihre Altersversorgung; dafür hätte sie auf einen Teil ihrer Rente verzichtet.

»Mutter, nicht so laut«, versuchte Dietrich die erregte Frau zu bremsen, »du weckst den Jungen. Wir sind froh, dass er schläft.«

»Den Jungen, ja den Jungen«, ereiferte sie sich weiter, »der ist natürlich wichtiger als ich. Wenn er denn wenigstens mein Enkel wäre.«

»Hör auf damit, Mutter!« Sehr scharf klang die Zurechtweisung des Sohnes.

Marie zuckte bei den Worten zusammen, blieb aber äußerlich ruhig. »Das war kein guter Rat, Ma, dir einen Teil deiner Rente auszahlen zu lassen und dir so deine Altersversorgung zu beschneiden«, sagte sie, bemüht, sachlich zu bleiben.

»Was verstehst du denn davon, du junges Ding«, ereiferte sich die Schwiegermutter. »Und außerdem seid ihr ja auch da, wenn ich einmal nicht mehr kann.«

»Das weiß niemand, Mutter, ob wir dann da sind. Weißt du denn, was einmal wird?«, warf Dietrich ein.

»Nein, das weiß ich nicht«, gab die Mutter immer noch scharf zurück, »aber ich weiß, dass ich nicht verkaufe. Wir kommen schon zurecht. Und damit basta.« Sie stand auf mit Zornesröte im Gesicht und ging ohne Gute-Nacht-Gruß nach oben.

In der Küche zurück blieben zwei junge Leute, die nicht so recht wussten, ob sie die Sache richtig gemacht hatten oder nicht.

»Wir haben es richtig gemacht, mein Lieber. Wir können so nicht weitermachen. Und Ma kann nicht einfach auf uns bauen für ihr

Alter. Und ich sehe nicht ein, dass wir uns kaputtmachen, und es springt nichts dabei rum.«

»Du magst Recht haben, Marie«, gestand Dietrich zu. »Wir müssen ihr wahrscheinlich Zeit lassen.«

»Und wir müssen uns ein paar Verbündete suchen, die unsere Argumente unterstützen. Auf andere hört sie vielleicht eher als auf so ein junges Gör wie mich.« Das Letzte klang ein wenig traurig. »Göre« und »junges Ding« hatte die Ma gesagt und den kleinen Stephan als ihren Nicht-Enkel bezeichnet. Das tat schon weh. »Wie Ma ihr Verhalten mit ihrem frommen Leben übereins kriegt, ist mir manchmal ein Rätsel«, grübelte Marie.

Dietrich schien diese Bemerkung überhört zu haben. Er fragte: »Hast du Verbündete?«

»Ich habe. Meilingers haben neulich schon gemeint, als die Lina verkalbt hat, wie lange wir das noch machen wollten. Und als ich jetzt Brot geholt habe, hat mich der Bäcker auch gefragt. Irgendwann gehen unsere Mehlvorräte ja auch zu Ende, und dann müssen wir das Brot zum vollen Preis kaufen.«

»Warten wir's ab. Die Mutter wird darüber nachdenken«, beendete Dietrich das Gespräch, »ich muss morgen früh raus. Lass uns schlafen gehen. Hoffentlich gibt der Kleine mal etwas mehr Ruhe in der Nacht.«

Ruth Schumacher verließ am nächsten Morgen das Haus, ohne sich verabschiedet zu haben. Nach einer Woche kam sie zurück. Das Thema Landwirtschaft tat sie mit einer einzigen Bemerkung ab: »Ich werde nicht verkaufen. Die Recklinghäuser haben mir auch davon abgeraten. Ich möchte darüber nicht weiter reden.«

»Dann müssen wir die Zeit arbeiten lassen«, meinte Dietrich, als er mit Marie wieder allein war.

»Und unsere Fürsprecher«, ergänzte Marie, »die werden wohl eher etwas bewirken. Sieh du zu, dass das mit der Stelle bei der Klein KG klappt.«

»Nächste Woche müsste ich Bescheid kriegen für den 1. Januar.«

»Schön wär's, wenn's klappte. Du müsstest ja auch vor dem 1. Dezember bei der Bundeswehr kündigen.«

Wenige Tage später lag die Nachricht des Kunststoffbetriebes Klein KG in Westerburg auf dem Tisch. Dietrich konnte im Januar als Maschinenarbeiter dort anfangen. Wunderbar! Gott sei Dank!

Künftig gab es geregelte Arbeitszeiten und besseren Verdienst – auch durch die Möglichkeit, Schicht zu arbeiten und Überstunden zu machen. Der Weg zur Arbeitsstelle wurde auch günstiger. Nach Westerburg konnte man mit dem Bus fahren. Dann brauchte Dietrich bei schlechtem Wetter nicht mehr das Motorrad zu nehmen.

Endlich die Mutter

Der erste Advent brachte eine Überraschung, mit der Marie schon beinahe nicht mehr gerechnet hatte. Am Abend vorher hatte sie noch in einem Anflug eines merkwürdigen Heimwehs gemeint, wie schön es doch jetzt wäre, wenn sie in der Adventszeit irgendetwas von ihrer leiblichen Mutter erführe. Sie würde ihr so gerne erzählen, dass sie verheiratet sei und einen Jungen habe. Und sie würde der richtigen Oma gerne ihren Enkelsohn und natürlich auch ihren Mann vorstellen. Aber diese Sehnsucht werde wohl nie erfüllt, hatte sie den Gedanken weggewischt.

Nach dem Adventgottesdienst brachte Frau Schumacher ihrer Schwiegertochter einen Brief von Pastor Schäbel mit. Der Umschlag enthielt nur einen Adventsgruß und einen Zettel mit einer Adresse: Elsbeth Bornemann, Im Talgrund 7, Kramberg. Ergänzt war die Bemerkung: »Das müsste die Adresse deiner Mutter sein. P. Schäbel«.

Marie jubelte auf. Das war ein Geschenk Gottes. Ihr Wunsch von gestern Abend ging in Erfüllung. Als Dietrich aus dem Stall in die Küche kam, fiel sie ihm um den Hals. »Ich habe meine Mutter wieder. Stell dir vor, Pastor Schäbel hat irgendwoher ihre Anschrift erfahren. Ich werde ihr gleich heute noch schreiben.«

»Tu das, Liebes, und leg ihr ein Bild von uns rein. Dann sieht sie schon mal, wie wir aussehen.«

Noch am gleichen Nachmittag setzte sich Marie hin und schrieb ihrer Mutter einen Brief. »Liebe Mutter«, schrieb sie, und ihr war ganz merkwürdig dabei ums Herz. Jetzt wusste sie mit einem Mal, warum sie ihre Pflegemutter nie mit »Mutter« angeredet hatte, weder persönlich, noch im Brief. Und ihre Schwiegermutter hatte sie auch nie so genannt. Ihrer leiblichen Mutter war diese Anrede offenbar schon immer vorbehalten gewesen. »Liebe Mutter...«

Marie drückte ihre Freude aus, dass sie sie endlich gefunden hätte, erzählte von ihrer Familie und schloss die Hoffnung an, dass sie sich doch in nächster Zeit einmal begegnen könnten. »Deine Tochter Marie mit Dietrich und Stephan« schloss sie den Brief. Ein richtiges Glücksgefühl durchströmte Maries Körper. Sie konnte wahrhaftig schreiben: »Deine Tochter ...« Welch ein Geschenk Gottes in der beginnenden Adventszeit, ging es ihr durch den Kopf.

»Ich bin ja so gespannt, ob meine Mutter antwortet«, sagte sie zu Dietrich.

»Das wird sie ganz sicher. Sie hat vielleicht auch schon immer versucht, dich zu finden. Dann erfüllt sich für sie genauso ein lang gehegter Wunsch.«

»Glaubst du wirklich? Warum hat sie mich dann nicht früher gefunden?«

»Vielleicht durfte sie dich nicht suchen oder finden«, vermutete Dietrich, »du weißt doch gar nichts von ihrem Leben und ihren Verhältnissen.«

»Du hast Recht. Jetzt geht der Brief erst mal auf die Post, und dann warten wir ab.«

Alle Hausbewohner des Flurenwegs 5 waren sehr gespannt, ob denn eine Antwort käme, auch die Schwiegermutter. Je näher Weihnachten rückte, desto größer wurde die Spannung.

Sie drohte schon einer großen Enttäuschung zu weichen, als der Briefträger ausgerechnet am Heiligen Abend doch noch Post mit dem Absender Elsbeth Bornemann ins Haus brachte. Marie zitterten die Hände, als sie das Päckchen in Empfang nahm. Antwort von der Mutter! Welch ein Geschenk zu Weihnachten.

»Willst du es nicht öffnen?«, fragte ihre Schwiegermutter.

»Doch, natürlich will ich es öffnen«, gab Marie mit ein wenig belegter Stimme zurück. »Aber, verzeih, Ma, ich möchte dabei allein sein. Ich hoffe, du verstehst das.«

Die Frau verstand und zog sich zurück. Dietrich war noch im Dorf unterwegs. So war Marie jetzt allein mit Stephan, der wach in seiner Wiege lag und mit seinen Händchen spielte. »Schau, Stephan, Post von deiner richtigen Oma. Was da wohl drin ist?« Sie riss die Verpackung auf und fand einen Brief und ein besonders eingepacktes Geschenk. Das öffnete sie zuerst. In ihren Händen hielt sie einen wunderschönen Anzug für den Kleinen. »Der wird dir gut stehen.«

Dann öffnete sie den Umschlag. Darin steckte eine Weihnachtskarte, mit nur wenigen Sätzen beschrieben: »Liebe Marie, über deine Post habe ich mich sehr gefreut. Jetzt weiß ich endlich, dass du lebst und dass es dir gut geht. Schön, dass du eine eigene Familie und einen kleinen Jungen hast. Den Anzug hat die Oma in ein paar Tagen selbst gestrickt. Er wird hoffentlich passen. Wir würden uns alle sehr freuen, wenn du uns bald einmal besuchen kämst. Frohe Weihnachten und ein glückliches neues Jahr wünschen dir Mama, Papa, Inge, Heinz und Oma Martha.«

Marie kamen vor Freude und Bewegung die Tränen. Sie würde ihre Mutter sehen! Wie schön! Diese Post war das schönste Weihnachtsgeschenk, das sie in ihrem dreiundzwanzigjährigen Leben bekommen hatte.

Selbstverständlich war Dietrich sofort einverstanden, die gefundene Mutter und ihre Familie an einem Wochenende im Januar zu besuchen. Es musste eines sein mit freiem Samstag. Die neue Firma könnte ihm sicher nicht schon Urlaub geben. Er würde sich gleich nach Weihnachten nach den Reisemöglichkeiten erkundigen.

Auch die Schwiegermutter hatte keine Einwände. Sie freute sich wirklich mit Marie, wenn sie auch wieder kritisch anmerkte, dass die Geschichte damals mit irgendeiner Schuld zusammenhängen musste, wer immer die auf sich geladen hatte. Aber keine Schuld sei so groß, dass sie nicht vergeben werden könnte. Dazu sei schließlich der Heiland in die Welt gekommen. Das sei der Sinn von Weihnachten.

Marie registrierte diesen Kommentar mit innerlichem Unmut. Aber völlig Unrecht mochte die Ma ja gar nicht haben.

Die Feiertage verliefen recht harmonisch, trotz der schwelenden Frage wegen des Fortbestands der Landwirtschaft und obwohl Dietrich am zweiten Feiertag abends noch einmal auf den Stegskopf musste, zu seinem letzten Dienst. Stephan bestaunte mit strahlenden Augen die Lichter an seinem ersten Christbaum, so dass die Erwachsenen ihre Freude daran hatten. Die Weihnachtsbotschaft vom Heiland der Welt bekam auch den ihr gebührenden Raum, was eine zusätzliche Freude für Ma war.

Am nächsten Tag meldete Marie ihrer Mutter den Besuch an. Mitte Januar ging Marie mit Dietrich und Stephan im Kinderwagen auf die Reise. Umständlich war's, das Bauerndorf etwas abseits der Strecke Siegen – Marburg im Lahntal zu erreichen. Aber schön war die Fahrt durch die sonnenbeschienene Winterlandschaft.

Den Bornemannschen Hof in Kramberg brauchten sie nicht zu suchen. Sie wurden am Bahnhof mit dem Pferdeschlitten abgeholt. »Ich bin der Mann deiner Mutter«, stellte sich Hellmut Bornemann vor. Marie fiel diese Formulierung sofort auf. *Meine* Tochter bist du nicht, hieß das. Marie hatte verstanden und Dietrich wohl auch. Sie würden ihr Verhalten darauf einstellen.

Hellmut Bornemann half Dietrich, den Kinderwagen auf den Schlitten zu heben, und half auch Marie hinauf. Dann konnte die Fahrt hinüber nach Kramberg losgehen. Der Kutscher sprach nichts Weiteres mit seinen Fahrgästen. Auch Marie und Dietrich mochten jetzt nicht reden. So verlief die Fahrt fast geräuschlos. Nur das Schnauben der Pferde und das leise Geläut der Glöckchen am Geschirr durchbrach die winterliche Stille. Es war schon eine merkwürdige Situation.

Je näher die Reisenden ihrem Ziel kamen, desto größer wurde die innere Unruhe, die vor allem Marie erfasste, desto schneller schlug ihr Herz. Den Stiefvater, oder wie man ihn auch nennen sollte, kannten sie nun schon. Wen würden sie sonst antreffen? Was würden sie antreffen? Wie würden sie empfangen werden von der Mutter und von den Halbgeschwistern?

Bald bog der Schlitten in den Hof ein, umrundete die Hoflinde und hielt vor der Haustür an. Die Frau, die sie dort erwartete, war sofort als Maries Mutter zu erkennen. Sie hätte ihre Tochter schwerlich verleugnen können. Eine solche Ähnlichkeit zweier Personen war selten. Wenn zwischen ihnen nicht der Altersunterschied gelegen hätte, hätte man die beiden für Zwillinge halten können. Beide Frauen erschraken wohl ein wenig angesichts dieser Tatsache. Während die beiden Männer noch den Kinderwagen vom Schlitten hoben, liefen Mutter und Tochter aufeinander zu und fielen sich in die Arme. »Mutter, dass ich dich gefunden habe!«, und: »Marie, mein Kind.« Mehr brachten sie zunächst nicht heraus. Beiden liefen die Tränen über die Gesichter, und es dauerte eine Weile, bis sie ihre Fassung wiedergewonnen hatten.

Hellmut Bornemann beschäftigte sich mit dem Schlitten und den Pferden. Er wollte die Begegnung wohl nicht so genau beobachten. Dietrich stand mit dem Kinderwagen ein wenig unschlüssig, was er denn jetzt tun solle. Dann hatten Mutter und Tochter ihre Fassung wiedergefunden, und alle konnten ins Haus gehen. Marie stellte ihren Dietrich vor, Elsbeth Bornemann ihre Tochter Inge. Der Sohn Karl-Heinz war nicht zu Hause. Diesen Halbbruder würde Marie vielleicht später einmal kennen lernen. Dann kam auch Oma Martha dazu. Die irgendwie doch gezwungene Atmosphäre lockerte sich, als alle um den Kinderwagen herumstanden und Stephan anschauten, der seine hellen Augen von einem Gesicht zum anderen wandern ließ. »Darf ich ihn herausnehmen?«, fragte Oma Martha.

»Das dürfen Sie gerne«, gab Marie zurück. Sie war sich nicht sicher, welche Anrede sie denn hier verwenden müsse.

»Du musst nicht ›Sie‹ sagen. Ich bin hier nur die Oma Martha. So dürft ihr mich auch nennen.«

Marie freute sich über dieses Angebot. Als sie nachher alle in der Küche waren, wünschte Hellmut Bornemann nur, nicht mit »Vater« angeredet zu werden. Er sei es ja schließlich auch nicht. Marie und Dietrich mussten das akzeptieren. Die Form der Anrede blieb ihnen überlassen. Weil sie keine Lösung wussten, vermieden sie sie ganz.

Inge Bornemann verhielt sich sehr reserviert. Die Achtzehnjährige stand offenbar auf der Seite ihres Vaters. Beide machten wohl nur gute Miene zu einem Spiel, das sie lieber nicht mitgespielt hätten. Das beeinflusste natürlich auch das Verhalten der Mutter, die ihre Gefühle nicht offen zeigte. Blieb nur Oma Martha, die inzwischen Stephan auf dem Arm hielt und ihren eigenen Strickanzug bewunderte. Die alte Frau war offenbar frei von allen Vorurteilen. Sie hatte Marie und Dietrich bereits als ihre Enkel angenommen und den kleinen Stephan als ihren Urenkel. Einwände ihres Sohnes und der Enkelin hierzu wischte sie schlicht beiseite. »Das ist meine Sache, wie ich damit umgehe.« Eine liebe Oma und Uroma, darin waren Marie und Dietrich sich einig.

Den Opa des Hofes gab es seit einem Jahr nicht mehr. Wenn der noch gelebt hätte, wäre der Besuch auch nicht möglich gewesen, erfuhr Marie neben vielen anderen Dingen an den beiden Tagen des Besuchs. Der sei es nämlich damals gewesen, der seine Schwiegertochter dazu gezwungen hatte, das Kind abzugeben. Und er hatte von ihr gegen Unterschrift verlangt, dass sie zu seinen Lebzeiten nie nach dem Mädchen forschen dürfe. Erst als der alte Bornemann gestorben war, hatte sich seine Schwiegertochter nicht mehr an die Vereinbarung gebunden gefühlt und mit der mühsam errungenen Erlaubnis ihres Mannes dann doch Nachforschungen angestellt, wo ihre Marie hingekommen war. Über eine Tochter des damaligen Dorflehrers Jahnke habe sie schließlich den Hinweis auf Wüstenfeld bekommen. Dort habe man sie an Luise Grüber verwiesen, die sich hartnäckig geweigert habe, irgendeine Auskunft zu geben über ihre Pflegetochter, dieses undankbare und verdorbene Ding.

»Wie gut, dass wir uns nun doch gefunden haben, mein Kind. Es tut mir Leid, dass du keine so gute Kindheit hattest, Marie. Ich kann nur hoffen, dass du meine Situation verstehst und mir verzeihst.«

Mehrfach bekam Marie diese Sätze zu hören. Sie konnte ihre Mutter beruhigen. »Ich trage dir nichts nach. Warum sollte ich das tun? Du hast sicher sehr gelitten unter der Last, die dir dein Schwiegervater aufgeladen hat. Und ich bin doch trotzdem einigermaßen durchs Leben gekommen und nicht versumpft wie die Pflegemutter, nachdem ihr Mann verunglückt war.«

»Vielleicht war über dir ja eine bewahrende Hand.«

»Wie meinst du das, Mutter?«

»Als der Lehrer Jahnke dich damals abholte und mit dem Wagen vom Hof schob, nannte er einen Bibelvers, den ich nie vergessen habe. Der muss irgendwo in den Psalmen stehen. ›Er hat seinen Engeln befohlen, dass sie dich behüten auf allen deinen Wegen.‹ ›Das gilt für dich und für das Kind‹, hat er noch gesagt.«

»Psalm 91, Vers 11 steht das«, bestätigte Marie, »der Vers ist auch mein Taufspruch.«

»Dann ist wohl wirklich was dran, dass da eine bewahrende Hand über deinem Leben war.«

»War diese Hand denn nicht auch über deinem?«

»Vielleicht. Ich bin nicht an der Geschichte zerbrochen, wie ich das manchmal selbst befürchtet habe. Hellmut hat mich meinen Fehltritt zwar spüren lassen. Er hat dich als sein Kind abgelehnt. Und er hat mich eine Zeit lang verachtet, aber doch nicht verstoßen. Er hat mir später dann auch verziehen, siehe Inge. Er hat dann sogar oft gegen seinen Vater zu mir gehalten.«

»Also hieß ich deshalb erst Bornemann und dann Rothe?«

»Richtig, ich bin eine geborene Rothe. Du musstest meinen Namen annehmen.«

»Und mein Vater?«, fragte Marie ganz vorsichtig.

»Dein Vater?« Elsbeth Bornemann sah Marie mit festem Blick an. »Ich hatte mit der Frage gerechnet. Dein Vater war ein anständiger Kerl. Ich habe seinen Namen bisher niemandem preisgegeben. Auch Hellmut nicht. Versteh bitte, dass ich ihn dir auch nicht nenne. Du siehst mir sehr ähnlich. Wir könnten vom Aussehen her Geschwister sein, wenn ich nicht schon so viele Falten hätte. Von deinem Gesicht her kann niemand auf deinen Vater schließen. Und das ist gut so. Zufrieden?«

Marie seufzte ein wenig: »Nicht zufrieden. Schade, aber ich will dich verstehen.« Ihr ging es durch den Kopf, dass sie ja selbst froh darüber war, dass ihr Stephan seinem Vater kaum ähnelte. Auch von dem Jungen war vom Aussehen her nicht auf seinen Vater zu schließen. So machte es den Leuten keine Mühe, Dietrich als seinen Vater anzunehmen. Auch Marie behielt die Wahrheit für sich. »Vielleicht gehört das mit der Ähnlichkeit ja auch zu der bewahrenden Hand?«, fuhr sie fort.

»Mag sein, Kind.«

»Dann können wir beide Gott danken, dass wir uns jetzt endlich begegnen konnten.«

»Ja, Marie, das können wir wohl. Aber jetzt müssen wir wieder rüber zu den anderen, dein Kleiner und dein Mann werden dich sicher schon vermissen«, beendete Elsbeth Bornemann das Zweiergespräch und nahm die Tochter noch einmal fest in die Arme. »Schön, dass ich dich wiederhabe.«

Der Abschied am nächsten Tag fiel Mutter und Tochter sichtlich schwer. Aber sie hatten sich ja nun nicht zum letzten Mal gesehen. Oma Martha lud auch ein, doch bald einmal wiederzukommen und auf jeden Fall den kleinen Stephan mitzubringen.

Lediglich Hellmut Bornemann und Inge verharrten in ihrer Reserve. Hier war der schwarze Fleck in der Vergangenheit leibhaftig aufgetreten. Das mussten sie erst einmal verarbeiten.

Dietrich war für seine Marie jedenfalls froh, dass sie die umständliche Reise gemacht hatten, die wahre Mutter, Schwiegermutter und Großmutter kennen zu lernen.

Der glücklichen Tochter ging während der ganzen Fahrt und auch in den Wochen danach der Hinweis auf die »bewahrende Hand über ihr« nicht mehr aus dem Sinn. Warum eigentlich war sie nicht längst ihrer Sehnsucht gefolgt und hatte diese bewahrende Hand bewusst gesucht und in Anspruch genommen? Sie wusste es nicht. Aber darüber musste sie unbedingt demnächst mit Meilingers sprechen oder mit dem Pastor.

Sorge um Stephan

Mai 1966. Der Frühling hatte endlich auch im Westerwald seine Herrschaft angetreten. Die letzten Schneereste an den Nordhängen und in geschützten Senken und Mulden waren abgetaut. Frühlingsblumen leuchteten in allen Farben, die Weiden standen in voller Blüte, die Birken zeigten ihr erstes Grün. Bachstelzen und Lerchen waren aus ihren Winterquartieren zurückgekehrt. Schwalben und Mauersegler schwirrten über den Hof, besorgten sich Schlammklümpchen und bauten fleißig an ihren Nestern unter dem Dach, auch im Flurenweg 5.

»Geh aus, mein Herz, und suche Freud in dieser schönen Frühlingszeit …« Dieses Lied von Paul Gerhardt ging Marie ein wenig abgewandelt durch den Kopf, als sie mit Stephan auf dem Arm vor dem Haus in der Morgensonne stand und den Schwalben bei ihrer Arbeit zusah.

»Ist das nicht ein herrliches Wetter? So richtig passend zum Sonntag Cantate«, bemerkte ihre Schwiegermutter, als sie auf dem Weg zur Kirche neben die beiden trat. »Schade, dass du nicht mit in den Gottesdienst gehen kannst, Marie.«

»Ich würde schon gerne mitgehen. Aber ich muss den Kleinen baden. Sag dem Pastor einen Gruß.«

Die junge Mutter und ihr Kind schauten der Omi noch eine Minute hinterher und wandten sich dann wieder dem emsigen Treiben der kleinen schwarzweiß gefiederten Untermieter zu. »Schau, Bub, die bauen sich Nester, und dann ziehen sie später darin ihre Jungen groß. Siehst du, wie geschickt sie das machen, wenn sie die Schlammkügelchen da oben ankleben? So einfach müssten wir auch bauen können. Wir brauchen doch bald mehr Platz, wenn dein

Geschwisterchen zur Welt kommt. Was dein Papa wohl dazu sagt, wenn er die Neuigkeit erfährt? Der weiß nämlich noch nicht, dass er bald auch richtiger Vater wird. Ob er dich dann weniger lieb hat, wenn er ein eigenes Kind hat? Ich glaube nicht. Der Papa wird dich sicher so lieb haben wie bisher.«

Der kleine Stephan drehte sich mit einer plötzlichen Bewegung zu seiner Mutter hin, als wollte er sie zur Bestätigung ihrer Worte in den Arm nehmen. Marie drückte den Jungen fest an sich und schloss für einen Moment die Augen. Ein Gefühl des Glücks durchströmte ihren Körper. Die gegenseitige Zuneigung der Eheleute war zu einer zarten Liebe geworden, Dietrich hatte ihr Kind wirklich als sein eigenes angenommen. Von ihm hatte sie nie ein anders klingendes Wort gehört. Und nun konnten sie und ihr Mann ein leibliches Kind zusammen haben. Herrlich! Wunderbar!

»Na ihr beiden, euch geht's wohl gut hier draußen«, begrüßte Dietrich Frau und Kind, von irgendwoher um die Hausecke kommend. »Was hast du eben dem Kleinen erzählt von wegen lieb haben?«, wollte er wissen. »Ich hab da gerade noch so was mitgekriegt.«

»Das war eigentlich gar nicht für deine Ohren bestimmt, was ich dem Jungen gesagt hab.«

»Ich will's aber trotzdem wissen«, beharrte Dietrich, »also raus damit.«

»Gut, wenn der Papa es denn unbedingt wissen will, dann sagen wir es ihm, oder, Stephan?« Marie stubste ihrem Jungen leicht gegen die Nase und streichelte ihm die Wangen.

»Mach's doch nicht so spannend«, drängte ihr Mann.

»Also, das ist so.« Marie zögerte. Dann sagte sie wie an den Jungen gewandt: »Also, mein Kleiner, dein Papa wird bald richtiger Vater. Du bekommst ein Brüderchen oder Schwesterchen.«

»Was sagst du, wir bekommen ein Kind?« Dietrich nahm Frau und Kind in die Arme. »Das ist ja wunderbar. Ich werde richtiger Vater von einem eigenen Kind.«

Marie freute sich, dass ihr Mann die Neuigkeit so begeistert aufnahm. Dann fragte sie doch ein wenig besorgt zurück: »Und Stephan?«

»Stephan? Der ist mein Kind und wird es bleiben. Da ändert sich nichts.«

»Das beruhigt mich, dass du das so sagst. Ich hatte schon leise Befürchtungen.«

»Völlig unbegründet, meine Liebe«, zerstreute Dietrich mit Nachdruck die Bedenken seiner Frau. »Nur, dann müssen wir doch sehen, dass wir irgendwie unser Haus umgebaut kriegen. Der Platz wird noch enger. Und zu viert im Schlafzimmer, das geht nicht lange.«

»Oder wir müssten uns nach etwas anderem umsehen«, meinte Marie.

»Bist wohl nicht gescheit, Frau. Solange wir die Landwirtschaft machen müssen, ist das unmöglich.«

»Also müssen wir dranbleiben, die Omi zu bewegen, alles zu verkaufen.«

»Das wird noch eine Weile dauern, bis sie so weit ist und zustimmt.«

»Ja, so wird's wahrscheinlich sein«, seufzte Marie. »Aber jetzt muss ich rein, den Jungen baden.«

»Ich lese derweil meinen ›Tom Brox‹. Mutter sieht's jetzt nicht.«

»Erst nimmst du den Kleinen, damit ich die Wanne vorbereiten kann.«

Dietrich nahm seiner Frau den Jungen ab und blieb noch ein paar Minuten an der Sonne. Marie holte die Badewanne in die Küche und bereitete die Wickeldecke vor. Dann füllte sie Wasser ein und rief Dietrich. Baden machte dem Kleinen immer großen Spaß. Er strampelte mit seinen Beinchen, schlug mit den Ärmchen, jauchzte und prustete vergnügt, dass das Wasser spritzte. Die Feuchtigkeit konnte ja später wieder aufgewischt werden.

»Na, ihr macht ja wieder die Küche zum Schwimmbad«, bemerkte die Omi, die inzwischen vom Gottesdienst zurück war und in die Küche kam. Marie hatte den Jungen gerade aus dem Wasser gehoben und auf die Wickeldecke gelegt. Da gab der kleine Kerl plötzlich einen unnatürlichen spitzen Schrei von sich und lag sofort wie erstarrt und tot auf dem Tuch. Die beiden Frauen waren wie vom Schlag getroffen. Nur eine Schrecksekunde später schrie Marie laut auf: »Stephan! Stephan! Was ist mit dir? Komm zu dir! Omi! Dietrich, so helft doch! Stephan ist ja ganz weg.« Zugleich nahm sie den Jungen hoch und schüttelte ihn, klopfte ihm den Rücken, nahm ihn an den Beinen, um ihn irgendwie ins Leben zurückzuholen. Dabei begann sie zu schluchzen: »Stephan, mein Kind, du darfst nicht sterben! Das darfst du nicht! Nein, nein, nein!«

Dietrich kam hereingestürzt: »Was ist passiert?«

»Doktor Albrecht muss sofort kommen«, rief Marie. »Fahr schnellstens hin, dass er herkommt. O Gott, erbarme dich!« Die Oma betete laut: »Gott, lass nicht zu, dass dieses Kind stirbt!« Wie sie sonst helfen konnte, wusste sie nicht. Marie hielt den Jungen wie schicksalsergeben im Arm, schaute ihn nur mit großen Augen an und schluchzte immerfort: »Stephan, mein Junge.«

Dann spürte sie doch, wie er sich ganz schwach bewegte. Die Starre des Kindes hatte wohl zwei oder drei Minuten angehalten, die seiner Mutter wie eine Ewigkeit erschienen waren. Marie und die Schwiegermutter atmeten auf. »Du lebst, mein Kleiner. Gott sei Dank, du lebst!«

Dietrich hatte den Arzt tatsächlich angetroffen, und der kam wenige Augenblicke nach ihm, obwohl er keinen Sonntagsdienst hatte. Marie hatte den Jungen wieder auf die Decke gelegt, wo er mühsam atmend und mit ganz spärlichen Bewegungen blass und still weinend lag.

Doktor Albrecht untersuchte ihn gründlich. »Was könnte das denn für eine Attacke gewesen sein? Ein epileptischer Anfall?«, fragte er halblaut sich selbst. Die drei anderen hatten dennoch verstanden. Marie erschrak erneut und fragte ganz besorgt: »Wo kommt so was so plötzlich her? Stephan war doch noch nie irgendwie krank.«

»Durch einen Schreck? Durch Einwirkung der Sonne? Irgendeine erbliche Veranlagung, die da durchkommt? Ich weiß es nicht«, gestand der Arzt ein, »ich weiß ja auch nicht, ob's stimmt. Wenn wir Sicherheit haben wollen, müssen wir den Kleinen ins Kinderkrankenhaus bringen. Die können genauer untersuchen.«

»Wo ist das nächste?«, fragte Dietrich.

»In Siegen. Ich fahre euch hin. Ich habe ja heute keinen Dienst. Im Augenblick kann ich hier nichts weiter machen. Der Anfall ist auch vorbei. Er hat den Jungen nur sehr mitgenommen. Der kleine Kerl braucht Ruhe.«

»Wann fahren wir?«, fragte Marie mit immer noch bebender Stimme.

»Es kommt jetzt nicht auf fünf Minuten an. Ich denke, ich bin um eins hier. Wenn ihr dann fertig sein könnt.«

»Danke, Doktor Albrecht«, konnte die junge Mutter nur flüstern, denn die Spannung der letzten Viertelstunde löste sich und sie fing wieder an zu weinen.

Das Mittagessen bei Schumachers verlief fast völlig schweigend. Jeder war mit seinen Gedanken bei dem Ereignis von vorhin. Es mochte auch keinem so recht schmecken. »Wie beim Kind der Batseba«, hörten Marie und Dietrich die Omi plötzlich sagen. Die erschrak wohl vor ihren eigenen Worten und ergänzte eilig: »Hoffentlich nicht.« Noch mehr schien sie zu erschrecken bei Maries Frage, was sie damit meine. »Ach, nichts«, wehrte sie ab. Sie war auch auf Dietrichs Nachfrage nicht zu einer Auskunft bereit. Die beiden jungen Leute blickten sich an, zuckten die Schultern und schüttelten die Köpfe. Was der Schwiegermutter da wohl wieder durch den Kopf ging?

Was sie gemeint haben könnte, würde sie schon herausfinden, da war sich Marie sicher. Sie würde bei nächster Gelegenheit Pastor Schäbel fragen.

Dann fuhr Doktor Albrecht die Eltern mit dem Kind nach Siegen. Die ersten Untersuchungen brachten kein Resultat. »Es ist besser, wir behalten Stephan ein paar Tage hier«, meinte der Dienst habende Arzt, »wir müssen einige Langzeituntersuchungen anstellen. Dann wissen wir hoffentlich, was los ist mit dem kleinen Kerl.«

Marie hätte sich am liebsten gegen diese Entscheidung gewehrt. Sie konnte doch nicht den Jungen allein zurücklassen. Aber sie musste die Notwendigkeit einsehen. Schon wenige Tage ohne Stephan zu Hause, das würde ihr hart werden.

Es wurden nicht Tage, es wurden zwei Wochen. Frau Schäbel hatte sich angeboten, mit Marie zusammen das Kind in Siegen abzuholen. Es gab keinen Befund. Der Junge sei völlig gesund, wurde der Mutter gesagt. Für Doktor Albrecht gab man ihr einen entsprechenden Bericht mit. »Dennoch können wir nie ausschließen, dass sich ein solcher Anfall wiederholt«, sagte der Kinderarzt zum Schluss.

Er sollte Recht behalten. Mitte Juni wiederholte sich der Anfall. Die anschließenden Untersuchungen, wieder im Kinderkrankenhaus, brachten auch diesmal keinen erklärenden Befund. Nach der dritten Attacke Ende Juli schickte Doktor Albrecht die Eltern mit seinem kleinen Patienten in die Kinderklinik der Universität Gießen. Dort musste Stephan seinen ersten Geburtstag feiern, und die Eltern konnten ihn nicht einmal in den Arm nehmen. Nur durch eine Glasscheibe konnten sie ihn sehen.

Aber die Ärzte in Gießen fanden die Ursache der Anfälle. Stephan hatte eine Zyste unter der Schädeldecke, die in bestimmten Situationen die Durchblutung des Gehirns störte und diese Anfälle auslöste. Der Sache sei aber beizukommen durch spezielle Medikamente, die regelmäßig eingenommen werden müssten. Der Wasserbeutel würde mit der Zeit eintrocknen und könne dann keinen Schaden mehr anrichten.

Das war für die Eltern ein großer Trost, und die Hoffnung auf endgültige Heilung wuchs mit jedem Monat, in dem kein Anfall mehr auftrat. Es trat tatsächlich nie wieder einer auf. Stephan entwickelte sich bestens.

Während der kleine Stephan in der Uniklinik war, besuchte die Omi in Recklinghausen ihre Verwandten. In dieser Zeit machte Dietrich eine sehr negative Phase durch. Er und Marie waren ja jetzt ziemlich frei. Kein Kind, das Zeit beanspruchte und sie ans Haus band, und keine Aufpasserin, die immer wieder anständiges, christliches Verhalten anmahnte. Warum also nicht an den langen Sommerabenden nach der Schicht und der häuslichen Arbeit ausgehen, hier eine Kneipe aufsuchen, dort im Gasthof sitzen und mit Kumpeln und Freunden einen heben und dann auf der Sommerkirmes in Hachenburg einen ordentlich draufmachen?

Marie ging ein paar Mal mit, ihrem Mann zuliebe. Noch einmal so richtig das Tanzbein zu schwingen, das machte auch ihr Spaß. Für ein paar Abende. Dann wurde ihr das zuwider. Irgendwie war das doch nicht oder nicht mehr ihre Welt.

Den Ausschlag, solche Touren nicht länger mitzumachen, gab ein Zwischenfall an einem Samstagabend. Irgendjemand aus der Gasthausrunde hatte Marie heimlich einen Schnaps oder auch zwei ins Colaglas gekippt. Ihr wurde speiübel. Sie musste sich auf der Toilette übergeben. Zurück in der Gaststube nahm sie nur ihre Jacke vom Haken, sagte nichts weiter als: »Mir reicht's. Ich gehe!«, und war schon draußen. Zurück blieb ein einigermaßen erstaunter Ehemann in der Runde einiger lärmender junger Leute. Sollte er seiner Frau jetzt nachgehen? Es wäre wohl besser gewesen, er hätte es getan. Er tat's aber nicht. Es sollte doch keiner denken, er sei ein Pantoffelheld. Marie würde sich schon wieder einkriegen.

Als Dietrich später nach Hause kam, lag sie schon im Bett. Sie schlief zwar nicht, tat aber so. Als er zu ihr unter die Decke kriechen wollte, ließ sie es nicht zu. Sollte er doch unter seiner eigenen Decke bleiben.

Am Sonntagmorgen stand Marie früher auf, als es nötig gewesen wäre. Ihren Dietrich ließ sie schlafen. Sie ging in den Stall, fütterte die Kuh und das Kalb, die beiden Schweine und das Federvieh – die Kuh war der Ersatz für die beiden abgeschafften kranken Tiere. Aber wie die Mutter die Ferkel bezahlt hatte, wussten die beiden jungen Leute nicht. Dann bereitete sie das Frühstück vor und zog sich um. In Sonntagskleidung saß sie am Tisch, als Dietrich schlaftrunken in die Küche kam.

»Warum hast du mich nicht geweckt?«

»Warum hätte ich es tun sollen?«, gab sie nur knapp zurück. Dann fügte sie an: »Zu deiner Information: Der Stall ist fertig. Ich gehe jetzt in den Gottesdienst. Du kannst die Küche fertig machen.«

Wieder ließ Marie einen völlig überraschten Ehemann zurück. Was war denn in die gefahren, dachte er sich. Wollte die jetzt auch fromm werden, wo die Mutter doch gar nicht da war? Na ja, das würde sich wieder legen. Missmutig mümmelte Dietrich sein Frühstück und räumte dann die Küche auf. Als er fertig war, nahm er seinen neuesten Krimi und setzte sich zum Lesen in den Garten.

Es hatte schon lange zum Kindergottesdienst geläutet – das war das Zeichen, dass der Gottesdienst der Erwachsenen zu Ende war –, als Marie endlich den Flurenweg entlang und zu ihm in den Garten kam.

»Hast es aber lange ausgehalten«, begrüßte er seine Frau.

»Hättest ja mit mir gehen können, wie ich mit dir gegangen bin«, bekam er zur Antwort.

»Bist du mir jetzt böse oder was?«, fragte Dietrich vorsichtig zurück.

»Nein, mein Lieber, ich bin dir nicht böse. Aber ich mag das Lotterleben der letzten beiden Wochen nicht länger mitmachen. Das gefällt mir alles nicht mehr. Wir leben ein merkwürdiges Leben. Mal ein bisschen fromm, mal wieder gar nicht. Mal rechnen wir mit Gott, dann fragen wir nicht mehr nach ihm. Wenn er uns hilft, ist es gut. Wenn es uns gut geht, vergessen wir, dass er es ist, der uns versorgt.«

»Willst du jetzt werden wie meine Mutter?«, fragte er entsetzt.

»Nein, will ich nicht. Ich möchte nicht werden wie deine Mutter«, gab sie zu seiner Beruhigung zurück, »ich möchte nicht so ein verkniffener Christ sein. Ich möchte ein fröhlicher Christ sein.«

»Und wie willst du das werden?«

»Wenn's dich wirklich interessiert, gehst du heute Abend mit nach Westerburg ins Zelt. Da wird darüber gesprochen.« Bei diesen Worten reichte sie ihm einen Handzettel, auf dem die Gemeinden von Westerburg und Umgebung zu »Abenden der frohen Botschaft« einluden.

»Wie kommen wir dahin?«

»Traudel Meier hat mich eingeladen. Die würde uns beide mitnehmen.«

»Na gut, machen wir den Stall halt ein bisschen früher fertig.«

»Prima, freut mich.«

Beim Mittagessen musste Marie ihrem Mann dann noch etwas erzählen. »Erinnerst du dich an Omis Bemerkung von dem Kind der Batseba?«

»Jetzt, wo du's sagst.«

»Also, ich hab Pastor Schäbel gefragt, was die Bemerkung wohl zu bedeuten hatte.«

»Und was?«

»Das war wieder eine von den ganz starken Sachen deiner Mutter. Batsebas Kind ist in einem Ehebruch entstanden, den der David mit ihr begangen hatte. Das Kind ist dann später gestorben. Begreifst du jetzt, was deine Mutter hat sagen wollen?«

»Ich begreif's. Sie sieht halt die Dinge manchmal merkwürdig. Und sie hängt eben meist noch in ihrer alten, starren Gesetzlichkeit. Das kommt immer wieder durch. Aber du musst doch auch zugeben«, versuchte Dietrich Punkte für seine Mutter zu sammeln, »sie hat sich schon verändert. Sie ist nicht mehr so verbissen, wie sie anfangs war, oder?«

»Nein, nicht mehr so schlimm. Aber immer mal wieder.«

»Lass ihr noch Zeit. Du sagst ja selbst, dass wir ihr das Leben schwer machen mit unserer geistlichen Unentschlossenheit, oder wie ich das sagen soll. Aber ich bin nicht so weit, dass ich glauben kann, wie der Pastor oder wie Meilingers oder wie Traudel. Ich brauch noch Zeit, bis mir die Augen aufgehen. Oder geht es dir anders?«

»Nein, mir geht's genauso. Aber ich weiß so viel, dass ich dieses unentschlossene Hin und Her nicht länger will. Ich bin gespannt auf heute Abend.«

Der Abend war interessant, vielleicht sogar gut. Er gefiel Marie von Anfang bis Ende, und auch Dietrich war ganz angetan von den Liedern, den Lebenszeugnissen und der Predigt. Er verhalf ihnen zu der Erkenntnis, dass sie die entscheidende Antwort auf ihr inneres Suchen nicht auf die lange Bank schieben durften.

Tragischer Unfall

Wenn die Antwort auf die entscheidende Frage des Lebens bei Marie und Dietrich auch zunächst noch auf der langen Bank lag, nahmen die beiden doch mehr am Leben der Gemeinde und der frommen Kreise des Dorfes teil. Zur Freude der Omi und auch zur Freude von Pastor Schäbel. Eine Bibelwoche im Nachbarort Niederhengstenrod hatte das ihre dazugetan. Was Dietrich nie für möglich gehalten hatte, das tat er jetzt: Er ging mit der Bibel unter dem Arm durchs Dorf, um den Kreis für junge Männer zu besuchen. Marie ging meist in die Bibelstunde. Einer musste ja immer zu Hause bleiben, wegen des Kindes.

Diese Veränderung blieb auch in der Familie nicht ohne Auswirkungen. Zu zweit oder, wenn Dietrich freihatte, zu dritt lasen sie die Bibel und eine Auslegung zum jeweiligen Abschnitt. Dann beteten sie zusammen. Die Freiheit zum freien Gebet besaßen die beiden jungen Leute noch nicht. Das Drängen der Mutter machte ihnen den Weg dorthin auch nicht gerade leichter. Aber Frau Schumacher hatte inzwischen mehr Geduld gelernt.

Maries zweite Schwangerschaft verlief ohne Probleme. Sie konnte ihre Arbeiten im Haus und in der Landwirtschaft tun. Dietrichs Wechselschicht ließ ihm Zeit, jeden Tag drinnen und draußen mitzuarbeiten, wo es gerade erforderlich war.

Der Herbst kam, der Winter folgte. Sie feierten Advent und Weihnachten, für den kleinen Stephan zum ersten Mal bewusst.

Ende Januar meldete dann das zweite Kind sehr plötzlich sein Kommen an. Marie stand in der Küche am Herd, als ohne Vorwarnung das Fruchtwasser abging. Dietrich war zur Arbeit, Stephan spielte auf dem Fußboden. Die Omi musste sich um ihn kümmern.

Frau Menk, die Hebamme, war nicht erreichbar, Doktor Albrecht auch nicht. Er war zu einem dringenden Fall in eines der Nachbardörfer gerufen worden. Dafür kam seine Frau, die selbst Krankenpflege gelernt hatte, und kümmerte sich um Marie, bis der Krankenwagen kam und sie ins Krankenhaus brachte.

Kaum angelangt, ging alles sehr schnell. Weder die Hebamme dort noch der Arzt mussten nachhelfen. Der kleine Frank bewältigte seinen Eintritt ins Leben ganz alleine. Gottlob war alles an ihm dran und der Junge gesund. Dann aber erkrankten alle Neugeborenen im Kinderzimmer an Lungenentzündung. Es wurden dramatische Wochen, die die Eltern, Omi Schumacher und die Freunde in der Gemeinschaft Gott viele Male um Hilfe bitten ließen.

Vier Wochen später kam Frank endlich nach Hause. Jetzt wurde es wirklich eng im Haus. Irgendetwas musste geschehen. Entweder musste gründlich umgebaut oder doch ein anderes Haus gekauft werden. Ein passendes Objekt gab es im Dorf.

Ruth Schumacher war inzwischen auch offener geworden für solche Überlegungen. Sie konnte die räumliche Enge und die zeitlichen Einschränkungen durch die Betreuung von jetzt zwei Kindern ja auch nicht leugnen. Aber das angebotene Haus war zu teuer. Und für das Anwesen Flurenweg 5 musste ja auch erst ein Käufer gefunden werden. Die Zeit war offenbar noch nicht reif für eine Lösung.

Im Sommer 1967 wurde Marie wieder schwanger. Dabei ging es ihr in den ersten drei Monaten ziemlich schlecht mit ständiger Übelkeit und häufigem Erbrechen. Nach dieser Zeit verloren sich zu aller Erleichterung die Beschwerden.

Der Omi ging das mit der erneuten Schwangerschaft gegen den Strich. Ob das denn jetzt schon sein musste? Sie hätten mit dem Kind doch wohl noch warten können. Wie das denn alles gehen sollte?

Aber auch das geistliche Leben der jungen Leute wurde immer wieder zum Streitpunkt. Der frommen Mutter war das alles nicht intensiv genug. Ihrer Meinung nach fehlten Marie und Dietrich der Ernst und der Tiefgang. Vernünftig zu reden war mit ihr darüber nicht.

Marie machte sich dann gelegentlich bei den alten Meilingers nebenan Luft. Die hatten Verständnis. »Bleib du mal selbst geduldig«, meinten sie, »du wirst schon in den Glauben hineinwachsen. Die Grundlagen sind da. Bei Dietrich haben wir da eher Bedenken. Er tut vieles nur seiner Mutter zuliebe. Aber wir bleiben im Gebet für euch. Gott muss es machen, und er wird's auch machen.«

Im März 1968 wurde im Krankenhaus Bernd geboren, klein, schmächtig und untergewichtig. Es war eine schwere Geburt. Danach musste der Säugling in die Kinderklinik nach Siegen verlegt werden und befand sich tagelang in kritischem Zustand. Weil die Ärzte Bedenken hatten, Bernd überhaupt durchzubringen, bat Marie Pastor Schäbel, über dem Kind in der Klinik zu beten und es zu segnen. Er tat das gerne. Auch Bernds Zustand war wieder Grund dafür, dass die Schumachers und die Gemeinschaftsleute im Dorf näher zusammenrückten. Für die jungen Eltern, besonders aber für die Mutter ein starkes Zeichen echten Christentums.

Ende Juni bekamen die Eltern ihren Jüngsten nach Hause. Die Zeiten wurden nun noch mühsamer. Nicht unbedingt, weil es wieder enger in der Wohnung wurde. Mehr weil Winzling Bernd sehr viel Zuwendung und Pflege brauchte. Die beiden anderen Jungen waren ja auch gerade mal achtzehn Monate und knapp drei Jahre alt und verlangten ihr Recht. Neben der erweiterten Hausarbeit auch noch die Landwirtschaft zu versorgen, wurde Marie schier unmöglich. Auch Dietrich blieb in seinen arbeitsfreien Vormittagen oder Nachmittagen keine Zeit für Stall, Feld und Wiese. Die Omi hätte wie noch vor einigen Jahren wieder voll rangemusst. Zum vollen Einsatz war sie nun aber doch nicht mehr bereit. Sie war ja inzwischen ein paar Jahre älter geworden, und Arbeit gab es auch im und ums Haus genügend.

Zum Glück fand sich jetzt ein Käufer für die gesamte Landwirtschaft, die zum Haus gehörte. Ein Bauer des Dorfes wollte sich vergrößern und übernahm den gesamten Grund zu einem akzeptablen Preis, dazu alle Gerätschaft, die nicht im Haus blieb. Der Garten war natürlich weiter zu bearbeiten, und das konnten sie auch bewältigen. Das Geld aus dem Verkauf sollte in Umbauarbeiten gesteckt werden. Wenn der Stall nicht mehr gebraucht wurde, war Raum genug da. So wünschte es die Omi.

Marie und Dietrich konnten sich aber mit einem solchen Projekt nicht anfreunden. Sie wollten lieber etwas Neues erwerben. Dieses

Haus am Hackelberg, am anderen Ortsende, um das es schon einmal gegangen war, stand immer noch zum Verkauf. Frau Albrecht bot sich sogar an, für die Finanzierung ein zinsloses Darlehen zu gewähren. Ein verlockendes Angebot.

Marie aber war gegen diese Pläne. Irgendetwas hinderte sie, diesen Überlegungen und Vorschlägen zuzustimmen. Die Schwiegermutter sollte ihr Geld lieber dazu verwenden, sich ihren Rentenanspruch zurückzukaufen. Das wäre im Augenblick und für die Zukunft gesehen viel sinnvoller, meinte sie.

Dieser Vorschlag gefiel der Omi nun gar nicht. Sie deutete ihn als Weigerung, sich um sie zu kümmern, wenn sie älter wurde und Hilfe brauchte. Und doch setzte sie ihn um. Vielleicht auch aus einer unbestimmten Ahnung heraus.

Wie Recht die junge Frau behalten sollte mit ihren Einwänden gegen den Umbau, gegen den Hauskauf zum jetzigen Zeitpunkt und mit ihrem Vorschlag für die Altersversorgung der Omi, sollte sich wenige Monate später in tragischer Weise bestätigen. Es war nicht der plötzliche Tod von Frau Albrecht, der die ganze Sache schwieriger machte. Wie wäre Doktor Albrecht mit einem zinslos gewährten Darlehen seiner Frau umgegangen oder etwa andere Erben? Nein, nicht das war's. Es kam viel schlimmer.

Mitte Oktober war Tante Hilde, Omis Schwester, zu Besuch. Sie war eine große Entlastung, weil sie sich gerne um die beiden älteren Kinder kümmerte. So konnte sich Marie mehr um den immer kränkelnden Bernd kümmern und auch stundenweise etwas im Garten tun. Dietrich hatte seit ein paar Wochen völlig veränderte Arbeitszeiten, seit er noch einmal den Arbeitgeber gewechselt hatte. Er verdiente jetzt zwar noch besser, musste aber dafür dreifachen Schichtwechsel in Kauf nehmen. Mit dem Bus war der Arbeitsplatz nur unter hohem zusätzlichen Zeitaufwand zu erreichen. Deshalb nahm er für seine Fahrten nach Burbach im südlichen Siegerland immer das Motorrad. Da er einen Arbeitskollegen aus dem Nachbardorf mitnahm, war er nicht allein unterwegs, und die Fahrtkosten blieben gering.

Nach der Nachtschicht kam Dietrich so nach Hause, dass die Familie zusammen frühstücken konnte. Spätestens um sieben war er immer da. Aber heute kam er nicht pünktlich. Was war los? Es wurde halb acht, es wurde acht, es wurde noch später. Da musste irgendetwas passiert sein. Nachfragen, ob der Arbeitskollege zu Hause war, ging nicht. Es gab noch kein Telefon im Flurenweg. Also weiter abwarten. Dabei wurden die drei Frauen in der Küche immer unruhiger und nervöser. Vor allem Marie.

Dann klopfte es an der Haustür. Eine Klingel gab's immer noch nicht. Marie sprang auf und öffnete. Vor ihr stand der Bürgermeister, blass und seinen Hut verlegen in den Händen drehend.

»Was ist passiert?«, stieß Marie hervor.

»Ich muss euch leider eine schlechte Nachricht bringen«, begann der Mann zu stottern.

»Was ist mit Dietrich?«

»Er ist, er ist am Ortsende von Hahn nach Dreisbach sehr schwer verunglückt.«

»Was ist mit ihm? Lebt er? Wo ist er jetzt?« Marie geriet in Panik. Inzwischen war Tante Hilde hinter sie getreten und hielt die zitternde junge Frau bei den Schultern.

»Man bringt ihn gerade nach Siegen ins Krankenhaus. Es muss sehr ernst sein, soll ich ausrichten.«

»Nein, nein! Das kann nicht sein! Wer hat das gesagt?«

»Die Polizei hat bei mir angerufen, dass ich's euch sage. Weil ihr ja kein Telefon habt.«

»Kann ich zu ihm?«

»Weiß ich nicht. Ich soll in zwei Stunden erst zurückrufen.«

Marie wandte sich zur Tante, barg ihr Gesicht in den Händen und schluchzte: »O Gott, nur das nicht! Nein, das darf nicht sein! Herr Jesus, hilf!«

Tante Hilde nahm Marie in die Arme und führte sie in die Küche. Dann kamen ihr auch die Tränen. Stephan lag mit einem Baukasten beschäftigt auf dem Fußboden, Frank saß in einem Stühlchen mit einem Kuscheltier im Arm und Bernd auf dem Schoß der Omi. Die sah mit entsetzten Augen auf Marie und die Tante und dann auf den Bürgermeister, der hinter den beiden in die Küche trat.

»Was ist mit meinem Sohn? Was ist mit Dietrich? Bürgermeister, nun sagen Sie schon!«, drängte sie. Die Angst vor einer bösen Nachricht stand ihr im Gesicht. Tante Hilde führte Marie zu einem Stuhl und bot dem Überbringer der Unglücksnachricht auch einen an. Bernd begann zu weinen, konnte aber mit einem Schnuller beruhigt werden. Die beiden anderen Jungen ließen sich in ihrer Beschäftigung nicht stören. Marie war jetzt völlig apathisch.

»Wissen Sie genauer, was passiert ist? Bitte, sagen Sie schon«, drängte Ruth Schumacher.

»Den Angaben des Polizisten nach muss Dietrich im dicken Nebel auf einen unbeleuchteten LKW-Anhänger aufgefahren sein. Der Aufprall hat ihn von seinem Motorrad geschleudert und er ist wohl mit dem Kopf gegen die hintere Bracke geschlagen. Mehr weiß ich auch nicht.«

»O Gott, der arme Junge! Es wird doch wohl nicht zu schlimm sein mit ihm?«

Der Bürgermeister wiederholte seine Information von eben auf dem Flur: »Man hat mir gesagt, Dietrich sei in einem ernsten Zustand. Kritischen Zustand, haben sie genau gesagt.«

»Und was ist mit seinem Arbeitskollegen?«

»Den hatte er wohl gerade vorher abgesetzt. Der hat den Unfall aus kurzer Entfernung mitbekommen und sofort Hilfe alarmiert.«

»Gottlob hängt der nicht auch mit drin.«

»Und was können *wir* jetzt machen?«, fragte Tante Hilde.

»Sie können nichts machen. Sie können nur beten«, antwortete der Mann.

»Und ich kann hinfahren«, rappelte Marie sich plötzlich hoch. »Ich muss zu ihm. Ihr könnt mich nicht daran hindern. Ihr könnt die Kinder versorgen, und ich muss zu ihm.«

»Wie willst du das anstellen, Kind?«, versuchte die Omi die Schwiegertochter zu bremsen.

»Pastor Schäbel wird mich fahren. Da bin ich ganz sicher. Der muss mit. Der muss mit Dietrich beten.« Marie verließ eilig die Küche und kam gleich darauf wieder herein, Anorak an und Schuhe, einen Schirm in der Hand. »Ich bin weg. Ihr werdet sehen, wann ich wiederkomme. Holt euch ein paar Leute zum Beten.«

Für Pastor Schäbel war es eine Selbstverständlichkeit, die bis ins Innerste aufgewühlte Frau nach Siegen zu fahren. Er ordnete nur noch rasch ein paar Termine, dann waren die beiden unterwegs. Eine Stunde später waren sie im Krankenhaus, fragten sich durch und standen im Flur der Unfall-Station.

»Ihr Mann ist noch im OP«, wurde ihnen gesagt, »das kann noch dauern. Am besten ist, Sie warten drüben in der Sitzecke vor der

Intensivstation. Dort wird er zunächst hinkommen, und man wird Ihnen Bescheid geben.«

Marie und der Seelsorger gingen die paar Schritte hinüber, setzten sich in die Besucherecke und warteten.

Die junge Frau weinte still in sich hinein. Immer wieder musste sie sich die Tränen abwischen und die Nase putzen. »Hoffentlich kommt er durch«, flüsterte sie ein ums andre Mal vor sich hin.

Pastor Schäbel schien zu beten. Er saß still mit gefalteten Händen neben Marie. »Er ist in Gottes Hand, Marie. Hab Vertrauen. Auch hier geschieht nichts, was Gott nicht zulässt«, versuchte er sie zu beruhigen und zu trösten.

»Kommt er durch, Herr Pastor?«, fragte Marie mit erstickter Stimme durch einen Tränenschleier.

»Ich bete darum, Marie. Aber ich weiß nicht, was Gott vorhat.«

Nach einer Weile fragte sie: »Straft Gott mich jetzt für meinen Ehebruch?«

»So darfst du jetzt nicht reden, Marie!«, wies der Pastor diese Frage entschieden zurück. »Diese Schuld ist doch längst vergeben.«

»Aber wir haben zu wenig nach Gott gefragt.«

»Wer fragt schon genug nach ihm? Jesu Jünger nicht, wir alle auch nicht. Gott fragt nach uns. Er ist treu. Jesus ist treu. Nur er. Er steht seinen Leuten gerade im Unglück bei. Du kennst doch Psalm 50,15: ›Rufe mich an in der Not, so will ich dich erretten und du sollst mich preisen.‹«

»Können Sie mit mir beten?« Das Gebet um Hilfe für den Verunglückten und für Ärzte und Schwestern, die sich jetzt um ihn bemühten, das Gebet um innere Ruhe, um Kraft und Geduld für Marie und für alle, die irgendwo mit hofften, bangten und litten, tat ihr gut. Marie wurde viel ruhiger und gefasster und konnte der Nachricht aus dem OP etwas fester entgegensehen.

Nach etwa zwei Stunden Wartezeit öffnete sich endlich die Tür, die Marie immer wieder minutenlang angestarrt hatte, ob nicht von dort eine Nachricht käme. Jetzt kam sie, und sie war niederschmetternd. Dietrich hatte bei dem Unfall erhebliche Verletzungen an Kopf und Oberkörper davongetragen. Schwerstes Hirntrauma bei doppeltem Schädelbasisbruch, Brüche an Stirnbein und Jochbein, dazu an beiden Schlüsselbeinen.

Marie erschrak zum zweiten Mal bis ins Mark, Pastor Schäbel

nicht viel weniger. Das sah wirklich nicht gut aus. »Wir müssen Ihren Mann in eine Spezialklinik nach Düsseldorf bringen. Er ist schon auf dem Weg zum Hubschrauber.«

»Kann ich ihn nicht sehen?«, schrie Marie schrill auf und wollte den Intensivbereich betreten.

»Leider nicht, junge Frau«, stellte sich der Arzt in den Weg. »Es ist auch besser so. Ihr Mann liegt im Koma, und jede Minute ist kostbar. Sie können sich darauf verlassen: Wir tun alles, was in unserer Macht steht. Hier ist die Telefonnummer der Klinik. Sie können ab morgen dort jederzeit anrufen. Sie brauchen jetzt viel Kraft und Geduld.«

Der Arzt reichte Marie noch kurz die Hand, gab ihr den Zettel mit der Nummer und kehrte auf die Intensivstation zurück. Pastor Schäbel nahm die wieder heftig weinende Frau am Arm. »Komm, Marie, wir fahren. Wir können hier nichts tun. Gott ist mit Dietrich und wird es recht machen. Und er wird dir die Kraft geben, die du jetzt brauchst.«

Die folgenden Wochen waren bestimmt vom ständigen Hin und Her zwischen Bangen und Hoffen, Glauben und Zweifeln. Auf ihre täglichen Anrufe vom Pfarrhaus aus in Düsseldorf bekam Marie immer dieselben Antworten: »Wir können Ihnen nichts sagen. Keine Veränderung des kritischen Zustandes. Ein Besuch ist noch nicht möglich.« Für Marie und die Omi war das jedes Mal sehr niederschmetternd und zermürbend.

Dazu kam, dass irgendwer daran interessiert war, Gerüchte in die Welt zu setzen, Dietrich sei bei der Dunkelheit und dem Nebel zu schnell gefahren, und der LKW-Hänger sei gar nicht unbeleuchtet gewesen. Was nützte es, dass die polizeilichen Ermittlungen gegen die Gerüchte sprachen. Die Leute schwätzten, und Geschwätz ist in der Regel für das Volk auf der Straße interessanter und glaubhafter.

Marie traute sich kaum noch ins Dorf, weil so dumm geredet wurde und sie als Lügnerin hingestellt wurde.

Das Gerede wurde etwas leiser, nachdem die Zeitung einen ausführlichen Bericht gedruckt hatte, der sehr genau recherchiert war, und nachdem Pastor Schäbel von der Kanzel ein paar Sätze zum Problem gesagt hatte. –

Nach zwei Wochen kam aus Düsseldorf die Nachricht, Marie könne ihren Mann einmal für eine Viertelstunde besuchen. Traudel Meier erklärte sich bereit, die Freundin hinzufahren.

Die beiden warteten auf dem Stationsflur. Dietrich wurde zu ihnen auf einem Bett herausgefahren und an ein Fenster gestellt. Die beiden Frauen waren von dem Anblick des Kranken zutiefst erschrocken und entsetzt. Traudel musste Marie halten, damit sie nicht zusammenbrach.

Dietrich lag leichenblass mit verbundenem Kopf und bloßem Oberkörper auf seinem Bett, dabei nur mit einem leichten Laken zugedeckt. Weil es auf dem Flur so sehr zog, wollte Marie ihn zudecken. Er wehrte mit der Hand ab. Offenbar konnte er selbst das Laken auf dem Oberkörper nicht ertragen.

Marie gab sich alle erdenkliche Mühe, ihre Aufregung und ihre Gefühle zu verbergen. Sie bemühte sich um ein paar Mut machende Sätze, erzählte von den Kindern, der Omi und Tante Hilde. Sie bestellte die Grüße von Freunden, Nachbarn und sonstigen Leuten, besonders von Pastor Schäbel und seiner Frau. »Ich soll dir Psalm 50 Vers 15 sagen. Gott sagt: ›Rufe mich an in der Not, so will ich dich erretten und du sollst mich preisen.‹ Das kannst du auch tun. Wir tun das alle.«

Dietrich schien zu nicken und deutete dann mit der Linken an, er wolle etwas schreiben. Traudel, die zuletzt die Szene von einiger Entfernung beobachtet hatte, weil sie nicht indiskret sein wollte, hatte das Zeichen auch verstanden. Sie entnahm ihrer Handtasche rasch einen kleinen Block und einen Stift und reichte beides hinüber. Mit Mühe schrieb der Kranke »morgen OP Kopf Jesus« und ließ Blatt und Stift fallen, als könne er sie schon nicht mehr halten.

Dann war die Besuchszeit zu Ende. Der Pfleger kam und holte den Patienten kommentarlos ab. Für eine Sekunde trafen sich die Augen von Mann und Frau. Was hatte Dietrich wohl noch sagen wollen?, ging es Marie durch den Kopf. Sie schaute noch einmal auf den Zettel: »morgen OP Kopf Jesus«. Ihre Hände begannen zu zittern, in ihrem Kopf begann es zu rasen, alles um sie her fing an, sich wie wild im Kreis zu drehen. Sie war einer Ohnmacht nahe. Hätte Traudel nicht sofort zugegriffen, sie wäre zu Boden gesunken. Sofort kamen ein paar Schwestern, legten Marie auf eine Trage, die auf dem Flur stand, und träufelten ihr irgendeine Flüssigkeit ein. Nach einigen Momenten war Marie wieder bei sich. »Kann ich einen Arzt sprechen wegen meinem Mann?«, fragte sie fast tonlos.

»Tut uns Leid. Heute ist Sonntag, da ist nur der Dienst habende da und der ist zur Zeit bei einem akuten Fall«, wurde ihr gesagt. Das war und blieb die einzige Antwort. O Gott, wie würde diese Geschichte ausgehen?

Am Nachmittag des nächsten Tages erreichte Marie den Stationsarzt. Er sagte ihr, dass sie ihren Mann operiert hätten, es ginge ihm den Umständen entsprechend gut und sie dürfe ihn am nächsten Sonntag wieder besuchen.

Auch diesmal ergab sich eine Gelegenheit, nach Düsseldorf zu kommen. Dietrich lag mit riesigem Kopfverband auf der Intensivstation an zig Schläuchen und Kontrollgeräten. Marie war erschüttert, mehr noch als vor einer Woche. Sie sprach ihren Mann an. Er reagierte nicht. Der Pfleger streichelte ihm die Wangen und sprach ihn an: »Herr Schumacher, hier ist Ihre Frau.« Für den Bruchteil einer Sekunde glaubte Marie, seinem Blick begegnet zu sein. Das wäre dann die einzige Reaktion gewesen.

Sehr deprimiert fuhr Marie mit ihrem Fahrer nach Hause. Das sah wahrlich nicht sehr gut aus. »Gott, wenn er nicht mehr gesund werden soll, dann lass ihn nicht zu sehr leiden. Bitte, Heiland!«, betete sie im Stillen. Irgendwie bereitete sie sich innerlich auf das wohl Unvermeidliche vor. Ob Dietrich auch damit rechnete? Was verbarg sich hinter dem Wort »Jesus«?

Am nächsten Tag fuhr die Schwiegermutter zu ihrer Cousine nach Recklinghausen. Von dort war die Entfernung nach Düsseldorf nicht so groß. Dienstags wollte sie ihren Sohn in der Klinik besuchen. Maries Nachfrage am Vormittag ergab, es ginge ihrem Mann verhältnismäßig gut, er sei bei Bewusstsein. Die Mutter solle aber lieber erst am Nachmittag kommen. Das hörte sich nicht schlecht an. Marie schöpfte Hoffnung. Ob Gott doch gnädig war und eingriff? Sie gab die Information einigermaßen gelöst an die Schwiegermutter weiter.

Um sie selbst und um die Kinder kümmerten sich derweil in rührender Weise die beiden alten Meilingers. Stephan liebte diese beiden Menschen, und sie konnten ihn tags bei sich drüben haben. Frank wurde vormittags von Frau Schäbel abgeholt, so dass Marie sich nur um Bernd zu kümmern brauchte.

So war es auch am Dienstag. Gegen Mittag bekam Marie die Nachricht, in der Klinik anzurufen. Was hatte das zu bedeuten? Mit sehr unguten Gefühlen eilte sie ins Pfarrhaus, von wo aus sie immer telefonierte. Das Pastorenehepaar saß im Amtszimmer mit sehr bekümmerten Gesichtern. Frau Schäbel mit Bernd auf dem Arm. Wussten sie schon etwas? Marie ahnte, was kam. Wenig später erfuhr sie, dass Dietrich gegen halb zwölf seinen letzten Atemzug getan hatte. Es sei sicher gut so, denn er hätte nie wieder gesund werden können und wäre für den Rest seines Lebens ein schwerer Pflegefall gewesen.

Die letzten Worte hatte Marie nicht mehr gehört. Sie war auf ihrem Stuhl in sich zusammengesunken, der Hörer war ihr aus der Hand gefallen. Sie stand unter Schock. Pastor Schäbel hatte rasch nach dem Hörer gegriffen und noch ein paar Sätze mit der Klinik gesprochen. Dann kümmerte er sich um die völlig abwesende und schwer atmend dasitzende junge Witwe. Was für ein Weg wurde ihr jetzt zugemutet mit ihren drei kleinen Kindern, das jüngste nicht einmal ein halbes Jahr alt und dazu in seiner Entwicklung sehr langsam und ständig krank? Und das im Zusammenleben mit einer Schwiegermutter, mit der nicht gerade leicht auszukommen war.

Wie aus weiter Entfernung hörte Marie den Seelsorger die Worte des neunzigsten Psalms beten. Er ließ dabei einige Verse aus, die Marie jetzt nur missverstehen würde. Das »Amen« sprach sie mit und sagte dann mit tonloser Stimme: »Ich muss nach Hause zu den Kindern.«

»Meine Frau bringt dich. Denk dran: Gerade jetzt ist Jesus da.«

Wortlos hatten die beiden Frauen den Weg zurückgelegt, Bernd dabei im Kinderwagen. Zu Hause fanden sie die beiden Meilingers mit Stephan und Frank. Jetzt erst löste sich die Spannung, die Marie bei der Todesnachricht erfasst hatte und der Schmerz brach aus ihr heraus. Jetzt konnte sie weinen und klagen und ihrer Not Ausdruck geben. Gerade sechsundzwanzig Jahre und Witwe mit drei kleinen Kindern, die Mutter des Toten nicht da und ein Leben mit dieser Frau vor sich. Die würde ihr die Schuld an dem allen geben. Marie hatte darauf gedrängt, dass Dietrich diese Arbeitsstelle in Burbach annahm. Wäre er bei der alten Firma in Westerburg geblieben, wäre dieser Unfall nicht passiert. Alles dies und noch viel mehr würde sie zu hören bekommen. Verzweiflung packte die junge Frau, und Frau

Schäbel und die Meilingers hatten alle Mühe, sie ein bisschen zu beruhigen. Es gelang ihnen schließlich ein wenig. Der Hinweis auf ihre Kinder brachte Marie in die Realität zurück. Für die drei musste sie jetzt da sein. Alles andere würde sich ergeben.

Und dann mussten tausend Formalitäten geregelt werden. Friedrich Meilinger bot sich an, mit Marie zum Beerdigungsinstitut zu fahren wegen eines Sarges, wegen der Überführung von Düsseldorf, wegen der Meldung beim Standesamt und was sonst noch zu regeln war. »Und mein Mann wird dir in den Versicherungsdingen helfen. Wir lassen dich nicht allein, Marie«, versprach Frau Schäbel und nahm Bernd auch für den Nachmittag wieder mit nach Hause.

Nach dem Mittagessen waren Marie und Herr Meilinger dann unterwegs, die notwendigen Dinge zu klären. Marie war zwar dabei, aber das Reden, Verhandeln und Planen auf dem Rückweg im Pfarrhaus überließ sie dem alten Nachbarn. Es tat ihr gut, dass ihr diese Arbeit abgenommen wurde. Ihr Kopf war auch gar nicht frei dafür. Der bangte vor der ersten Begegnung mit der Omi. Die kam gegen Abend mit einem Taxi und fand die Stube voller Menschen vor. Einige Frauen der Gemeinschaft, dazu ein paar Männer hatten sich nach dem Brauch des Dorfes zum Gebet im Trauerhaus eingefunden. Marie tat diese Geste der Anteilnahme sehr gut. Sie wurde innerlich ruhiger und konnte es so leichter ertragen, dass die Schwiegermutter ihr wegen der bisherigen Regelungen die erwarteten Vorwürfe machte. Ihrem Wunsch nach hätte Dietrich in Recklinghausen beerdigt werden sollen. Dann hätte sie das Grab in ihrer Nähe gehabt, wenn sie vielleicht doch einmal wieder in ihre Heimatstadt zurückkehren würde.

Marie empfand diesen Gedanken als Zumutung. Damit wäre sie nie und nimmer einverstanden gewesen. Ihr Mann gehörte in ihre Nähe und folglich auf den Friedhof von Oberhengstenrod. Außerdem seien diese Dinge bereits alle in die Wege geleitet und erledigt. Ruth Schumacher musste sich ihrer Schwiegertochter beugen, zumal Meilingers, Frau Meier und andere Marie Recht gaben.

Am nächsten Tag wurde der Leichnam von Düsseldorf nach Hause überführt. Friedrich Meilinger war mit an den Rhein gefahren, um mit der Klinik die Formalitäten zu klären. Weil es so üblich war und es im Ort auch noch keine andere Möglichkeit gab, wurde der schlichte Sarg zu Hause auf dem Flur aufgestellt. Der zugehörige

Brauch, dass am offenen Sarg Abschied von dem Verstorbenen genommen wurde, konnte nicht ausgeführt werden. Der Sargdeckel musste geschlossen bleiben. Der alte Nachbar hatte sein Wort gegeben, der Witwe den Anblick ihres Mannes zu ersparen. »Glaub mir, Marie, es ist besser so. Ich habe ihn noch gesehen. Und für dich ist es schon schwer genug, deinen letzten Besuch bei Dietrich vor Augen zu haben. Du darfst dir das nicht mehr antun.« Die junge Witwe schickte sich drein, ihre Schwiegermutter nur unter vehementem Protest. Auch hierin waren die Nachbarn Marie wieder eine große Stütze.

Es waren schwierige Tage bis zur Beerdigung, die wegen der Benachrichtigung auswärtiger Verwandten und Bekannten erst für Samstag vorgesehen war. Bis dahin verbrachte Marie jede freie Minute am Sarg ihres Mannes. Jetzt in der Trauer und dem Schmerz fühlte sie, wie sehr die Liebe zu dem Mann gewachsen war, den sie einmal mehr oder weniger aus Vernunftsgründen geheiratet hatte. In ihrem Kopf drehte sich ein merkwürdiges Gemisch aus Dank, Freude, Glaube, Zweifel, Trauer, Verzweiflung, Zuversicht. Und immer wieder schaute sie den Zettel an, den Dietrich als Letztes geschrieben hatte: »morgen OP Kopf Jesus«. Wenn dieses »Jesus« ein Signal war, dass er den Heiland in seiner Nähe wusste, dann konnte sie beruhigt sein. Dann wäre ihr Mann jetzt zu Hause. Marie war mehr und mehr überzeugt von dieser Deutung dieses Signals. Das gab ihr Trost und Kraft.

Immer wieder kam jemand aus dem Dorf, aus der Gemeinde, der Gemeinschaft, dem EC-Kreis, um ihr beizustehen. Die meisten taten das sehr taktvoll, schweigend, zuhörend, Mut zusprechend, betend. Die Kräfte für den Beerdigungstag mit all seinem Drumherum wie Trauerfeier, Nachfeier mit Kaffeetrinken, vielfältigem Händereichen und Trost zusprechen bezog sie aus diesen stillen Zeiten am Sarg.

Warum nur saß die Omi nie zugleich mit ihr dort? Die beiden Frauen hätten sich doch auch gegenseitig trösten und stärken können. Aber leider bewahrheiteten sich Maries Befürchtungen: Sie hatte diese Ereignisse zu verantworten, denn sie war die Ursache für die Entwicklung der letzten Jahre. Für anders gerichtete Meinungen war Ruth Schumacher völlig zu. Zumindest jetzt noch.

Zu der großen Trauergemeinde, die sich am Samstag im und am Haus Flurenweg 5 einfand, gehörten auch Maries Mutter mit ihrem Mann, die Pflegemutter und Waltraud Homer, Klaus und Erika Henrichs mit Oma Eicher, Onkel Norbert und Tante Irmgard Grüber, Onkel Krischan und Tante Adelheid Menn. Sogar Pottrafkes waren gekommen und hatten Tutti mitgebracht. Wie schön, dass die alten Bekannten aus Wüstenfeld und aus der Mark Marie nicht vergessen hatten! Die Kinder waren drüben bei Anna Meilinger und im Pfarrhaus. Diese Sorge war Marie für den schlimmen Tag abgenommen und sie konnte offen sein für Anteilnahme und Zuspruch.

Bei der Trauerfeier im Haus sprach Pastor Schäbel über den dreiundzwanzigsten Psalm. Er musste dabei an der Haustür stehen, damit alle Leute drinnen und draußen ihn verstehen konnten.

Marie kannte den Psalm flüchtig aus dem Konfirmandenunterricht. Der Text hatte ihr bisher nichts Besonderes gesagt. Heute traf er sie mitten in ihre traurige Situation. »Und ob ich schon wanderte im finstern Tal, fürchte ich kein Unglück; denn du bist bei mir, dein Stecken und Stab trösten mich.« Die Botschaft war Balsam für ihre verwundete Seele. Pastor Schäbel erwähnte auch den Zettel mit Dietrichs letztem mitgeteilten Wort »Jesus«. Auch für ihn war dieses Wort ein Hinweis dafür, dass der Verstorbene sich zuletzt, wo aller anderer Halt verloren gegangen war, an Jesus gehalten hatte.

»Darin darf Dietrich Schumacher uns allen ein Beispiel sein. In den tiefsten Tiefen, selbst im Tal der Todesschatten an Jesus festhalten, das bringt uns ans Ziel.«

Nach der Aussegnung des Leichnams bewegte sich der Trauerzug durchs Dorf hinüber zum Friedhof. Dabei wurde der Sarg am Anfang des Zuges im Leichenwagen gefahren, der von zwei Pferden gezogen wurde, einem Pritschenwagen, der für diesen Zweck einen besonderen Aufbau bekam. Dahinter folgten die Träger, in der Regel sechs Männer aus der weiteren Nachbarschaft, dann der Pastor mit dem Totengräber, die Verwandtschaft, Freunde und die übrige Anteil nehmende Trauergemeinde. Während des Zuges läutete die Totenglocke ihr dumpfes Geleit. Menschen, die dem Leichenzug begegneten, blieben seitwärts ehrfürchtig stehen, Fahrzeuge hielten an, bis der letzte Mitgänger vorbei war.

Auf dem Friedhof gab es keine Ansprache mehr, nur noch einige Lesungen von Sterben und Auferstehen und von der lebendigen Hoffnung der Christenleute, danach das gemeinsame Vaterunser und das Traditionslied von Nikolaus Ludwig Graf von Zinzendorf als Gebetslied der Lebenden:

»Jesu, geh voran auf der Lebensbahn!
Und wir wollen nicht verweilen,
dir getreulich nachzueilen;
führ uns an der Hand bis ins Vaterland.
Ordne unsern Gang, Jesu, lebenslang.
Führst du uns durch raue Wege,
gib uns auch die nöt'ge Pflege;
tu uns nach dem Lauf deine Türe auf.«

Am Grab ließ Marie es geschehen, dass Traudel Meier sie stützte, Tante Hilde stand bei ihrer Schwester. Wie viel Händereichen die beiden Frauen erwidern mussten, hätte keine von beiden später sagen können. Sie registrierten die Anteilnahme und die vielfältigen Beileidsbekundungen der Leute wie durch den dicken Nebel, der dem Verstorbenen zum Verhängnis geworden war. Dennoch tat Marie die ganze Prozedur wohl. Für sie war das ein Zeichen dafür, dass sie nun voll in die Dorfgemeinschaft aufgenommen war. Mancher Händedruck schien zugleich die Bitte um Verzeihung und Entschuldigung für ungutes Gerede gewesen zu sein.

Auch später im Gemeindehaus erfuhr die junge Witwe noch manchen guten Zuspruch. Sie musste allerdings auch erleben, wie ihre Pflegemutter aus Ärger darüber, dass die leibliche Mutter anwesend war und mit ihr hatte reden wollen, abgereist war, ohne sich besonders zu verabschieden. Schade, dass Luise Grüber selbst angesichts des Todes zu keinem anderen Verhalten fähig war.

Als wenige Tage nach Dietrichs Beerdigung Tante Hilde als letzter Trauergast abgereist war, trat die große Leere ein. Obwohl die beiden Frauen mit den drei Kindern sich schon ein Stück weit daran gewöhnt hatten, ohne Mann im Haus zu sein, stand jetzt die Tatsache unwiderruflich fest, dass das auch so bleiben würde. Drei kleine Kinder, eine junge Mutter und eine Großmutter, die mit dem Tod ihres Sohnes nicht zurechtkam und die deshalb immer wieder die Vergangenheit bemühte. Sie sah diesen Unfalltod als ein Strafhandeln Gottes, unter dem sie als Mutter in unberechtigter Weise zu leiden hatte.

Marie litt sehr unter den neuerlichen Spannungen. Es brauchte viel Geduld und Verständnis und noch mehr Gespräche mit Meilingers, Frau Meier, dem Pastor und anderen frommen Leuten, um Marie diesen Gedanken auszureden.

Erst als diese Arbeit getan war, wurde das Zusammenleben im Haus wieder erträglich. Da fiel es Marie auch wieder leichter, den Kindern eine fröhliche Mutter zu sein. Was verstanden die kleinen Kerle denn schon von Trauer und ihrer Bewältigung?

Die Enge im Haus blieb. Sie wurde eigentlich sogar schlimmer dadurch, dass die Omi jetzt ständig unten blieb und Marie in ihren Haushalt, ihren Tagesablauf und ihre Erziehung hineinredete. Die Situation rief unbedingt nach einer Lösung.

Aber hier hatte Gott offenbar schon von langer Hand vorgesorgt. Das Haus am Hackelberg stand immer noch beim Makler zum Verkauf. Niemand wollte es haben, seit es vor einiger Zeit einen Wasserrohrbruch gegeben hatte, der einigen Schaden hinterlassen hatte. Und obwohl deshalb der Preis fast auf die Hälfte gesunken war, gab es nur einen Interessenten, der sich das Vorkaufsrecht gesichert hatte. Wenn der einen Rückzieher machte, wenn die Unfallversicherung zahlte und wenn Maries Rente und die der Kinder geklärt war, dann wollte die junge Witwe das als Signal werten, das Haus zu kaufen. So hatte sie bei sich selbst beschlossen, und ihre Freunde hatten sie darin bestärkt. Sie würden darum beten. Die Omi war versorgt, seitdem sie wieder ihre volle Rente bekam. Sie konnte ihr Haus alleine halten, wenn sie denn wollte.

Wie gut, dass Marie darauf bestanden hatte, die Schwiegermutter solle sich von dem Erlös aus dem Verkauf der Landwirtschaft ihre abgegebenen Rentenansprüche zurückkaufen. Die junge Frau konnte jetzt für sich allein entscheiden und war nicht auf ihr Geld angewiesen. Und doch war Ruth Schumacher schließlich auch bereit, das Haus im Flurenweg zu verkaufen und sich in das neue Haus einzukaufen. Das machte die Finanzierung natürlich billiger, barg allerdings auch ein erhebliches Risiko. Die Schwiegermutter blieb dann in unmittelbarer Nähe und konnte sich weiter in alles einmischen. Doch sie gab Marie das Versprechen, sich aus ihrem Leben und aus dem der Familie herauszuhalten und sich nur zu äußern, wenn sie darum gebeten würde.

Diese Aussage in Gottes Ohr, musste Marie sich sagen. Sie brauchte ein paar Tage, um sich mit dem neuen Gedanken anzufreunden. Schließlich stimmte sie nach ausführlichen Gesprächen mit Meilingers und Schäbels zu. Sie glaubte, dazu auch eine bestimmte Verpflichtung zu haben. Die Omi war dann auch mit der Bedingung einverstanden, dass das Haus nur auf Marie eingetragen würde und sie ein unbegrenztes Wohnrecht darin bekäme.

»Marie, jetzt wird es ernst«, kam Friedrich Meilinger eines Tages im Frühjahr des Folgejahres auf die junge Frau zu, »das Haus wird wahrscheinlich in den nächsten Tagen frei. Der Interessent ist abgesprungen.«

»Und was soll ich tun?«, fragte Marie.

»Noch nichts, außer weiter um die Lösung beten. Ich wollte es dir nur schon einmal sagen.«

»Den Bescheid von der Versicherung habe ich schon«, sagte Marie wie zur Bestätigung, »die zahlt die volle Summe. Mir fehlt nur noch der Rentenbescheid.«

»Also auch darum konkret beten. Wir tun's auch.«

Wenige Tage später brachte der Postbote zugleich zwei dickere Briefe. Der eine war eine ausführliche Information des Maklers über das Haus am Hackelberg, der andere enthielt den Rentenbescheid, der Marie eine gute Rente zusprach, hoch genug, um das tägliche Leben und die Abzahlungen des Hauses zu finanzieren. Das war ihr wie eine Gebetserhörung.

»Das *ist* eine Gebetserhörung, Marie«, bekräftigte Herr Meilinger. »Wir haben alle dafür gebetet, dass die Sache für dich günstig ausgeht. Und jetzt haben wir die Lösung. Du siehst, es lohnt sich, auf Gott zu vertrauen.«

»Ja, es lohnt sich. Und es ist gut, solche Freunde zu haben, wie ihr es seid, und ein paar andere.«

»Schon gut, Marie. Wir handeln nur nach dem, was uns die Bibel sagt: ›Einer trage des andern Last, so werdet ihr das Gesetz Christi erfüllen.‹ Andere machen das genauso. Christliche Selbstverständlichkeit.«

»Wenn das wirklich so wäre, dann müsste einiges anders laufen unter den Menschen«, gab Marie ein wenig traurig zurück.

»Leider hast du Recht«, musste der alte Nachbar bestätigen. »Das soll uns aber nicht hindern, weiter so zu leben und zu handeln.«

Verwaiste Familie – neue Freunde

Wenige Wochen später saßen Marie und ihre Schwiegermutter gemeinsam mit dem Makler beim Notar. Zuvor hatten sie das Haus noch einmal besichtigt und genau unter die Lupe genommen, besonders im Blick darauf, was alles repariert und renoviert werden musste. Sie hatten Herrn Meilinger gebeten mitzukommen, da er doch viel mehr Ahnung von solchen Dingen hatte als sie.

Der Vertrag war aufgesetzt, er wurde absatzweise vorgelesen, von allen Seiten für gut und in Ordnung befunden und schließlich unterschrieben.

Marie war Hausbesitzerin. Der Tod ihres Mannes hatte dies möglich gemacht. »Ich weiß nicht, ob ich mich überhaupt freuen darf«, erwiderte sie auf die Glückwünsche des Maklers und des Notars, »ich wäre lieber in der Enge des Flurenwegs geblieben und hätte meinen Mann noch, aber Gott hat das nun mal alles so gelenkt. Also will ich doch dankbar sein und versuchen, mich zu freuen.«

»Und wie wollen Sie die Arbeiten am und im Haus alle bewältigen?«, fragte der Notar.

»Das weiß ich noch nicht so genau. Der Winter muss auch erst einmal vorbei sein. Dann wird sich das alles ergeben.«

»Es wird sich ergeben«, bestätigte Herr Meilinger und zwinkerte dabei leicht mit einem Auge, als wollte er deutlich machen, er wisse um ein Geheimnis.

Er hatte auch tatsächlich schon Fäden gesponnen. In einer Mitarbeiterversammlung der Gemeinde im Pfarrhaus hatte er die Sache zur Sprache gebracht. Die Anwesenden hatten gemeinsam überlegt, wie sie hier ein Zeichen der Nächstenliebe setzen könnten. Das Ergebnis der Beratungen hatte er bisher für sich behalten, wie alle anderen Beteiligten auch.

Eines Tages kam Traudel Meier wie zufällig bei Marie vorbei, um nach ihr und den Kindern zu sehen. Eher beiläufig fragte sie nach dem Schlüssel des erworbenen Hauses. »Wir von der EC-Jugend sind neugierige Leute. Wir möchten uns das Haus gerne einmal ansehen.«

»Kein Problem. Du kannst den Schlüssel kriegen, wenn du ihn mir dann wieder zurückbringst. Ich kann wegen der Kinder leider nicht weg. Die Omi ist nicht da.«

»Das geht schon in Ordnung. Den Schlüssel bekommst du morgen zurück.«

Gegen Abend des nächsten Tages kam Traudel wieder, diesmal begleitet von Friedhelm Möller, dem Jugendbundleiter des EC Ober- und Niederhengstenrod. Marie war mit den Kindern in der Küche. Es war bald Zeit, sie ins Bett zu bringen.

»Wir haben uns dein Haus angesehen, Marie. Da muss eine Menge gemacht werden, bis ihr dort einziehen könnt«, stellte der junge Mann fest.

»Leider«, bestätigte Marie, ihren Jüngsten dabei weiterfütternd, »ich hatte noch keine Zeit, mich darum zu kümmern. Es ist mir auch alles noch zu schwer nach dem Tod von Dietrich.«

»Aber ihr müsst doch bis Juni hier raus sein?!«

»Bis dahin ist noch ein Vierteljahr.«

»Das ist nicht viel. Die Zeit ist schneller vorbei, als du denkst.«

»Weshalb reden wir hier eigentlich davon?«, fragte Marie sehr direkt.

»Weil wir von der Jugend beschlossen haben, dir beim Umbau und bei der Renovierung des Hauses zu helfen«, gab Friedhelm ebenso direkt zurück.

Marie verschlug es die Sprache. »Ihr wollt mir helfen, das Haus in Ordnung zu bringen?«

»Wie ich gesagt habe. Am Wochenende möchten wir anfangen.«

Die überraschte Hausbesitzerin wusste für einen Moment nicht, wie sie reagieren sollte. Dann fragte sie: »Hat unser Nachbar, der Herr Meilinger, seine Finger da drin?«

Traudel, die sich Frank auf den Schoß genommen hatte, und Friedhelm mussten leicht grinsen. »Wie kommst du darauf?«

»Er hat neulich beim Notar so eine geheimnisvolle Bemerkung gemacht. ›Es wird sich ergeben‹, hat er zu der Baufrage gesagt.«

»Ja, ja, schon richtig. Der Anstoß kam von ihm über Pastor Schäbel zu uns. Da haben wir uns gedacht, wir haben Spezialisten in der Jugend, wir haben arbeitswillige Leute im Jugendbund, wir haben eine Gelegenheit, Christentum in die Tat umzusetzen. Also man ran.«

»Und die jungen Leute machen alle mit?« Marie geriet ins Staunen. »Aber ich gehöre doch gar nicht zu eurem Kreis. Außerdem bin ich eine Zugereiste.«

»Beides bedeutet gar nichts«, mischte sich Traudel ins Gespräch. »Wenn ich was dazu sagen darf: Es imponiert uns, wie du deine Situation meisterst. Den Mann verloren, junge Witwe mit drei kleinen Kindern und einer Schwiegermutter, die nicht von Pappe ist.«

Marie musste schlucken. Tränen stiegen ihr in die Augen. Da gab es tatsächlich Menschen, Christen, die sich der Not eines anderen annahmen und Zeit und Kraft einsetzen wollten, um zu helfen. So hatte sie das noch nie erlebt.

»Und was das Erste betrifft«, hörte sie Friedhelm wie von weitem sagen, »was nicht ist, kann ja noch werden. Unser Kreis steht dir offen. Du bist noch jung genug für uns.«

»Ach, wie ich mich freue.« Maries Stimme drohte zu versagen. »Und was soll ich jetzt machen?«, fragte sie unsicher.

»Einfach ja sagen. Und uns machen lassen«, ermutigte Traudel die Freundin.

»Und natürlich die Rechnungen bezahlen. Du kaufst das Material, das wir brauchen, und wir verbauen es«, sagte Friedhelm. »Und wenn wir bald anfangen können, könnt ihr bis Juni einziehen.«

Marie wurde es ein wenig schwindlig. So viel Freundlichkeit warf sie fast um. »Aber meine Schwiegermutter und ich, wir müssen doch helfen.«

»Wenn ihr könnt, seid ihr immer herzlich willkommen auf der Baustelle, uns zu sagen, wie ihr was haben wollt, und mit der notwendigen Verpflegung für die Truppe, versteht sich.«

»Und wenn ihr selbst mit anfassen könnt, natürlich auch.«

»Gut, gut«, sprach Marie mehr zu sich selbst als zu den beiden Besuchern, »die Omi wird wohl einverstanden sein. Ich muss erst mit ihr reden.«

»Die wird nichts dagegen haben«, glaubte Friedhelm feststellen zu dürfen. »Am Freitag fangen wir an. In Ordnung?«

»In Ordnung. Ich weiß gar nicht, wie ich euch danken soll.«

»Brauchst du nicht. Zugegeben, wir haben auch eine Kleinigkeit gutzumachen.«

»Verstehe ich nicht.« Marie schaute die beiden fragend an.

»Nun ja«, Traudel zögerte mit ihrer Antwort. »Als die Sache damals mit dem Mädchen passiert war, du weißt, was ich meine, da haben wir uns als Christen nicht gerade korrekt verhalten.«

»Wir haben mit den Leuten ins gleiche Horn geblasen, anstatt uns um Dietrich zu kümmern«, fügte Friedhelm an.

»Nur Pastor Schäbel hat wohl damals zu ihm gehalten und sich um ihn gekümmert«, bestätigte Marie.

»So war es, und der Pastor hat uns ganz schön deswegen eingeheizt. Deshalb jetzt auch ein Stück Wiedergutmachung.«

»Danke, ich danke euch.« Maries Stimme drohte wieder zu versagen. Über ihre Augen legte sich erneut ein Schleier. »Und wer ist der Chef?«

»Der Herr Bauoberexperte Friedrich Meilinger wird das Kommando führen. Er kennt den Bau, und er versteht was vom Bauen.«

»Und er kann für sein Alter noch sehr gut mit jungen Leuten umgehen.«

Jetzt kamen Marie nun wirklich die Tränen, und der angestaute Schmerz über die ganze Situation brach aus ihr heraus.

Friedhelm verabschiedete sich rasch. Er konnte keine Frau weinen sehen.

Traudel blieb noch eine Weile bei Marie, bis die sich wieder gefangen hatte, und half ihr, die Jungen ins Bett zu bringen.

Am nächsten Vormittag ging Marie hinüber zu Meilingers, um sich für die Initiative zu bedanken und das Notwendige zu besprechen. Es war einfach umwerfend, was sich der Alt-ECler mit den jungen Leuten da vorgenommen hatte!

Am folgenden Wochenende ging es tatsächlich los. An jedem Wochenende war Baueinsatz am Hackelberg. In wechselnden Besetzungen wurde gestemmt, gespachtelt, geschliffen, gestrichen, wurden Heizungsrohre verlegt und Stegleitungen, Steckdosen und Lichtschalter montiert. Unter der fachkundigen Leitung von Friedrich Meilinger ging das alles zügig voran.

Wenn Marie konnte, war sie dabei und half mit. Dann kümmerte sich die Omi um die Kinder und bereitete die Mahlzeiten, oder umgekehrt. Für Ruth Schumacher war das eine gute Erfahrung, die Jugend der Gemeinde einmal anders zu erleben als in ihrer eigenen Vorstellung.

Pünktlich nach Vertrag konnten die Schumachers vom Flurenweg an den Hackelberg umziehen.

Marie wähnte sich wie im Paradies. Bisher zwei eigene Räume plus gemeinsame Küche, kein Bad, nur eine Toilette im Stall. Jetzt auf jeder Etage ein Bad mit Toilette, auf jeder Etage eine Küche, auf jeder Etage drei zusätzliche Zimmer. Eins der Zimmer oben kam noch zur unteren Wohnung, in die Marie mit ihren drei Jungen einzog. Es wurde Stephans Kinderzimmer. Der Omi reichten die beiden anderen Räume oben zum Wohnen und Schlafen. Marie hatte jetzt ihr eigenes Schlafzimmer und die beiden Kleinen nebenan. Das Wohnzimmer war groß und geräumig. Hier konnte sie künftig auch einmal eine größere Zahl Gäste bewirten. Sie freute sich so richtig über diese Veränderungen und neuen Möglichkeiten.

Dennoch war das Leben der Generationen unter einem Dach zuweilen schwierig. Ruth Schumacher hatte nicht die Kraft und wohl auch nicht die Fähigkeit, ihr gegebenes Versprechen einzuhalten. Es gelang ihr nicht, sich auf den eigenen Wohnbereich zu beschränken und Marie unten walten zu lassen, wie sie es wollte. Immer wieder mischte sie sich ein, in die kleinen Tagesentscheidungen wie in größere Dinge. Dann hieß es: Marie war keine Hausfrau, sie konnte nicht wirtschaften, sie putzte zu wenig, sie erzog ihre Kinder falsch, ein Fernsehgerät im Haus war überflüssig, weil sowieso vom Teufel, auch eine Zeitung brauche man nicht und noch weniger Illustrierte, da gab es nur Schauergeschichten zu lesen und zu sehen, Marie war undankbar, weil sie der Schwiegermutter nur eine so kleine Wohnung zugestanden hatte, sie war zu dem allen ja auch nur gekommen durch den Tod von Dietrich ...

Meist trafen solche Pfeile in Situationen, in denen es Marie ohnehin schwer ums Herz war, weil der Mann im Haus fehlte und weil die Arbeit mit den größer werdenden Kindern nicht einfacher wurde. Aber die junge Witwe musste solche Dinge ertragen, weil sie die Omi andererseits ja auch brauchte. Wer sonst nahm sich der anderen Kinder an, wenn die Mutter mit einem aus dem Haus musste? Wer kümmerte sich um die Jungen, wenn sie mal allein ausgehen wollte, zum Beispiel in den EC-Jugendbund, an den sie mehr und mehr Anschluss fand? Also musste Marie immer wieder schlucken und die Faust in der Tasche ballen.

Die Kinder fühlten sich offenbar bald wohl in ihrer neuen Umgebung. Sie eroberten in Windeseile Haus und Grundstück mit dem Garten, gewöhnten sich rasch und gerne an die neuen Lebensmöglichkeiten mit eigenem Zimmer und mit richtigem Bad. Sie suchten auch Kontakt zu den neuen Nachbarn und fanden so im Lauf der Zeit Spielgefährten.

Stephan und Frank entwickelten sich gut. Die beiden erkundeten das Gelände und die Nachbarschaft schon zu Fuß. Sie wurden so richtige Lausbuben, die ihre Mutter auf die Palme bringen konnten. Was der Kleine nicht wusste, brachte der Große ihm bei.

Bernd dagegen machte seiner Mutter eine Menge Sorgen. Er hinkte in seiner Entwicklung immer hinterher, körperlich und geistig. Seine Brüder gingen längst in den Kindergarten, da konnte er als bald Dreijähriger kaum laufen und noch weniger sprechen. Trocken und sauber war er auch noch nicht. Er brauchte ganz andere Zuwendung als die beiden älteren Brüder. Er brauchte dazu medizinische Sonderbehandlung und logopädische Hilfe. Beides war nur unter hohem Aufwand an Zeit und Geld zu erhalten. Nach seiner Kindergartenzeit kam Bernd in die Sonderschule, während seinen Brüdern das Lernen leicht fiel. Wenn die nicht so faul gewesen wären und wenn sie sich nicht von so manchen Dingen hätten ablenken lassen, hätten sie später das Gymnasium besuchen können. So blieb der Realschulabschluss als Ziel.

Zunehmend wurde im Haus am Hackelberg deutlich, dass da ein Mann im Haus fehlte, einer, der den drei Jungen Vater sein konnte. Wenn die Mutter mit ihnen Fußball spielte und über Hecken und Zäune ging, das war schon was. Aber Marie war eben die Mutter und kein Mann und noch weniger Vaterersatz. Mit zunehmendem Alter hatten die Jungen zwar mit Männern zu tun, in der Jungschar, in der Sonntagsschule, im neu entstandenen Freundeskreis der Mutter. Aber diese Männer hatten auf die Kinder nur einen sehr geringen Einfluss. Auch nicht die männlichen Paten der Kinder, die sich erstaunlich rührig kümmerten, aber eben nur ab und zu einmal als Besucher auftauchten. Sie konnten der geplagten Mutter keine wirkliche Entlastung oder Hilfe in der Erziehung sein.

Eine besondere Schwierigkeit entstand dadurch, dass die Omi sich mit Frank einen Liebling heranzog. Für Frank hatte sie alles übrig, und der Junge durfte sich alles erlauben. Er war für sie der in Wahrheit erstgeborene Enkel. Das ließ sie immer wieder durchblicken. Stephan war das in der Sünde geborene Kind, und Bernd war in ihren Augen so etwas wie eine Strafe Gottes. Marie hatte oft

Grund, über den Druck zu seufzen und zu klagen, der von der oberen Wohnung nach unten kam. Die beiden anderen, besonders natürlich Stephan, spürten die Bevorzugung des Bruders durch die Omi, und sie begehrten bei Gelegenheit immer wieder dagegen auf. Marie hatte dann ihre liebe Not, die Wogen zu glätten und für Ausgleich zu sorgen.

Der Druck von oben war aber auch die Ursache dafür, dass Marie sich innerlich immer weiter von der Schwiegermutter entfernte und ihre Beziehungen zu den Meilingers vertiefte, auch wenn sie nicht mehr Nachbarn waren. Aber so was wie Oma und Opa waren sie schon lange. Sie wurden auch von den Kindern so angesprochen. Zudem war es auch nur natürlich, dass Marie mehr und mehr die Nähe zu den jüngeren Leuten des Ortes und der Gemeinde suchte. Dort fand sie Verständnis und Gelegenheit, ihre Sorgen loszuwerden, vor allem in anderen jungen Familien. Hier fand sie auch Hilfe, Christsein nicht so verkniffen zu sehen wie die Omi, sondern es fröhlich zu praktizieren und im Vertrauen darauf, dass Gottes Zusagen stimmten. Auch Pastor Schäbel und seine Frau blieben ihr eine gute Stütze und geistliche und pädagogische Berater.

Kontakte in ihre früheren Wohnorte hielt Marie auch vom neuen Haus aus aufrecht. Hier hatte sie ja auch mehr Platz für Besuch. Ob der nun aus Wüstenfeld kam oder aus Kramberg oder aus Markwennungsen. Er war immer willkommen und eine gern gesehene Abwechslung. Marie störte es nicht, wenn die Omi sie darauf aufmerksam machte, dass Besuch immer Geld kostete. Sie hatte offenbar nie so recht begriffen, was es mit christlicher Gastfreundschaft auf sich hatte.

Marie wurde eine treue Christin in der Gemeinde. Sie fand ihre geistliche Heimat in der Gemeinschaft und im EC. Dagegen hatte ihre Schwiegermutter natürlich wenig einzuwenden. Sie hätte die Schwiegertochter zwar lieber in den Veranstaltungen gesehen, die sie selbst besuchte, Bibel- und Gebetsstunde zum Beispiel. Aber sie musste einsehen, dass das wegen der Kinder ja gar nicht möglich war, und dass Marie dort mit Abstand die Jüngste wäre. Wenn Marie dann zu einer Veranstaltung der jüngeren Leute gehen wollte, war sie meist doch bereit, Haus und Kinder zu hüten.

Als die Jungen dann älter wurden, konnten sie auch schon einmal für ein paar Stunden allein bleiben.

Marie wurde sogar Mitarbeiterin in der Gemeinde, in der Jungschar- und Freundeskreisarbeit. Das eröffnete ihr wieder neue Kontakte und Verbindungen.

Als dann endlich auch die weiteren Reparaturen und Renovierungen am Haus erledigt waren und ihre finanzielle Lage sich verbesserte, machte Marie den Führerschein und kaufte einen gebrauchten VW-Käfer. Dadurch wurde sie beweglich und für manche Aktivitäten freier. Besonders freuten sich natürlich ihre Jungen darüber, dass sie nicht mehr immer auf die Freundlichkeit anderer Leute angewiesen waren, wenn sie einmal irgendwohin wollten. Jetzt konnte die Mutter fahren. Prima.

Sie fuhr auch und das nicht nur in der Umgebung des Westerwalds. Sie wagte sich auch auf längere Strecken und fuhr mit ihren Jungen auf Freizeiten, zu Tagungen, zu größeren Veranstaltungen. Alle hatten ihre Freude daran und ihren Gewinn davon. Wenn man von den immer wieder auftretenden Schwierigkeiten im Haus absah und von der Sorge um die rechte Entwicklung der Kinder, vor allem von Bernd, konnte das Leben gerne so weitergehen.

Aber die Frage einer Quartiergeberin während einer großen EC-Tagung begann dann in Maries Kopf herumzuschwirren: »Ist denn unter den Männern Ihres Jugendbundes kein Mann für Sie? Sie müssen wieder heiraten, Frau Schumacher. Sie sind noch zu jung, um allein zu bleiben. Und Ihre Jungen brauchen einen Vater, zumindest einen männlichen Gesprächspartner. Schauen Sie sich um.«

Zunächst hatte Marie diesen Gedanken weit von sich gewiesen. Nein, nicht wieder heiraten. Ihre Zweckehe mit Dietrich hatte zwar ordentlich funktioniert. Die Zuneigung zueinander war zur Liebe geworden. Dennoch ... Nein, noch einmal heiraten nur dann, wenn wirklich die große Liebe auftauchte. Wer sollte das sein? Dann hätte es doch längst schon einmal funken müssen. Sie war doch oft genug mit den jungen Männern zusammen. Da war keiner, zu dem sie sich hingezogen fühlte oder der ihr den Hof gemacht hätte.

Zudem ärgerte Marie sich noch immer über eine Bemerkung der Schwiegermutter zum Thema Heirat, die sie irgendwann hatte fallen lassen: »Eine Frau muss nicht wieder heiraten. Sie kann ledig bleiben. Die Witwen, die wieder heiraten, wollen doch nur was fürs Bett.« Nein, fürs Bett brauchte sie keinen Mann. Das sollte man ihr nicht nachsagen, dass sie so eine wäre.

Marie im Glück

Im Jugendbund gab es die Sitte, Geburtstage gemeinsam zu feiern. Seit Marie zu dem Kreis ging, war sie selbstverständlich immer mit eingeladen. Dann war sie natürlich auch an der Reihe, die Geburtstagsfeier auszurichten. Sie bestimmte einen Tag, an dem ihre Schwiegermutter bei den Verwandten im Ruhrgebiet sein würde. So gab es keine hausinternen Diskussionen. Über die Feier besprach sie sich mit Gretel, einer neuen Freundin aus dem Jugendbund, die in Niederhengstenrod ein Lebensmittelgeschäft betrieb.

»Muss ich eigentlich alle aus dem Jugendbund einladen?«

»Willst du jemanden aussperren?«

»Nein, natürlich nicht, aber...«

»Was aber?«

»Der Friedhelm ist so viel älter als alle anderen und der Willi...«

»Die beiden ausladen, das kannst du nicht machen«, belehrte die Freundin, »Friedhelm ist schließlich Jubu-Leiter und dem Willi machst du eine Freude. Der arme Trottel ist doch überall nur fünftes Rad am Wagen und darf hinterherdödeln. Das darf bei uns nicht sein. Denk mal, es wäre dein Bernd.«

»Oh, Entschuldigung. So weit habe ich überhaupt nicht gedacht. Das wird mir nicht wieder passieren.« Marie erschrak über sich selbst. Wie konnte sie über Willi so denken, wo ihr Jüngster eines Tages in ähnlicher Lage sein konnte. »Auf jeden Fall lade ich Willi mit ein und dann auch alle anderen. Ich sehe ja dann, wer kommt.«

Es wurde ein fröhlicher und langer Abend. Maries Jungen kamen auch auf ihre Kosten, weil sie dabei sein durften, bis es für sie Schlafenszeit war. Ein paar von den Älteren mussten auch früher gehen, weil sie schon Familie hatten und die Ehepartner warteten oder weil Babysitter entlassen werden mussten. Zur späteren Stunde hatte sich der Kreis schon halbiert. Die Fröhlichkeit litt darunter nicht. Es ging auch in kleinerer Runde lustig weiter.

Marie als gute Gastgeberin war darauf bedacht, dass immer die Gläser gefüllt waren. Als sie dem Jubu-Leiter nachschenkte, bedankte der sich, indem er ihre Hand nahm und einen Kuss darauf setzte. Was war das? Marie war erschrocken und erstaunt zugleich. So etwas war ihr noch nie passiert. Sie schaute Friedhelm mit großen

Augen an. Dabei traf ihr Blick auf zwei wunderschöne braune Augen. Sie konnte sich nicht erinnern, jemals zuvor in solche Augen geschaut zu haben.

Marie hielt dem Blick dieser Augen stand, und es ging ihr dabei wie ein Stich ins Herz. Der war's. Sonst keiner. Wenn einer, dann der. Für den Bruchteil einer Sekunde erfasste die junge Frau ein Schwindel. Das konnte doch nicht wahr sein. Friedhelm Möller, dieser eingefleischte Junggeselle, Bauarbeiter und Hobbylandwirt, Draufgängertyp, Zigarettenraucher, als Mamasöhnchen verschrien, engagierter ECler, wegen seiner überregionalen Aktivitäten Deutschland-Möller genannt ... Das alles raste wie ein momentaner Feuersturm durch Maries Hirn und Herz. Der Blick hatte gesessen und Amors Pfeil zielgenau getroffen.

Ein Glück, dass der Abend bald zu Ende war und die letzten Gäste nach Hause gegangen waren. Dabei hatten sich Maries und Friedhelms Blicke natürlich wieder getroffen. Und wieder war es durch die junge Frau gegangen wie ein Lanzenstich. Und wieder war der Gedanke in ihr sonnenklar: wenn einer, dann der.

Nur Gretel blieb als Einzige noch zurück, nachdem sich die anderen verabschiedet hatten.

»Ich muss dir noch was sagen, Gretel«, hielt Marie die Freundin an der Haustür zurück, als sie dann auch gehen wollte. »Ich glaube, heute hat er mich getroffen.«

»Wer hat dich getroffen?« Gretel wurde neugierig.

»Der Pfeil Amors.«

»Na, na, na, da ist die Auswahl nicht groß. Lass mich raten.« Gretel dachte laut: »Willi kann's nicht sein. Kalle auch nicht, der ist vergeben. Bleibt nur Friedhelm.«

»Wenn der nicht, dann keiner«, bestätigte Marie mit Nachdruck.

»Und, hat's ihn denn auch getroffen, diesen alten Junggesellen?«

»Weiß ich's? Das wüsste ich gerne.«

»Dann müssen wir's rauskriegen. Aber nichts übereilen, meine Liebe. Auf den Tag kommt es jetzt nicht an. Wenn der Pfeil einmal richtig sitzt, dann sitzt er. Wir werden sehen. Und jetzt gute Nacht.«

»Gute Nacht, Gretel, und danke für die Hilfe.« Dabei blieb offen, welche Hilfe Marie gemeint hatte, die beim Aufräumen oder die, herauszufinden, ob auch bei Friedhelm ...

Das konnte spannend werden in den nächsten Wochen. Friedhelm war keiner von denen, die sich leicht in ihre Empfindungen und Stimmungen hineinschauen ließen. Marie musste ihre Gefühle dagegen verbergen, was nicht immer einfach war. Es gehörte sich nicht, mehr oder weniger offen um einen Mann zu werben. Das hatte sie unter der Obhut der Pflegemutter und der Schwiegermutter gelernt. Der Mann musste die Initiative ergreifen. Aber er tat es nicht. Also war er doch nicht der Richtige?

Manchmal half Marie, wenn die Jungen vormittags in der Schule waren, im Laden ihrer Freundin aus, meist wenn Ware gekommen war und es galt, sie auszuzeichnen und in die Regale zu räumen. Bei einer solchen Gelegenheit kam Friedhelm in das sonst leere Geschäft, um irgendetwas einzukaufen. Er trug wie meistens einen schwarzen Lederhut. Gretel, immer zu irgendeinem Ulk aufgelegt, nahm ihm den vom Kopf und warf ihn Marie zu, die in der Konservenecke beschäftigt war. Friedhelm machte gute Miene zum bösen Spiel und versuchte, sein gutes Stück wiederzubekommen. Vergeblich, auf jeder Seite kam er immer zu spät. Dann kam eine Kundin herein, und das Spiel fand ein Ende, als der Hut gerade in Maries Hand war. Die gab ihn natürlich jetzt nicht zurück. Friedhelm musste ohne seine edle Kopfbedeckung gehen.

Die beiden Frauen hatten ihren Spaß daran. »Nimm das gute Stück mit nach Hause. Das kann er sich bei dir abholen.« Gesagt, getan. Marie legte den Hut in ihren VW, gespannt, wie die neckische Geschichte nun weiterging.

Am Sonntagabend nach der Gemeinschaftsstunde fragte Friedhelm wie erwartet: »Wo hast du meinen Hut, Marie?«

Die brauchte nicht zu antworten, denn Gretel kam ihr zuvor: »Den musst du dir bei ihr zu Hause abholen.«

»Biestige Weiber«, lachte er, »ich krieg das Ding schon wieder, keine Bange.«

Am Dienstagabend nach der Jugendstunde in Niederhengstenrod fuhr Friedhelm Marie hinterher. Er musste doch seinen Hut wiederhaben. Die beiden saßen dann eine Weile in Maries Küche bei einem Getränk und ein paar Salzstangen und unterhielten sich über dies und jenes. Ein völlig belangloses Gespräch, bei dem sich die inzwischen Fünfunddreißigjährige Mühe geben musste, ihre Empfindungen zu verbergen. Dann bat Friedhelm um seinen Hut, dankte für die späte

Gastfreundschaft und verabschiedete sich. Ohne irgendein Signal der Zuneigung oder besonderen Wertschätzung.

Marie war enttäuscht. Sie geriet in Zweifel, ob sie denn mit ihren Gefühlen wohl richtig läge. Für sich selbst war sie sicherer denn je, aber von dem Mann mussten die ersten Schritte kommen. Ob Gott ihr Gebet überhörte?

Dann kam die Jahreswende, die die Jugendbündler seit langem gemeinsam zu verbringen pflegten, soweit das von der familiären Situation her möglich war. Die Treffen hatten immer einen geistlichen Teil mit Singen, Beten und Hören auf eine Bibelarbeit. Dem folgte dann der gemütliche Teil mit Essen und Trinken und manchem Spaß. Wie immer bisher sollte auch dieser Jahreswechsel 1977/78 in einer Privatwohnung gefeiert werden. Marie hatte keine Argumente, weshalb sie diesen Abend und diese Nacht nicht ausrichten sollte. Die Omi oben war bei ihren Verwandten, die Jungen konnten dabei sein, solange sie es aushielten, und dann in die Betten gehen. Also sagte sie als Veranstalterin zu. Jeder war eingeladen, wer kam, blieb offen bis zuletzt.

Am Ende war nur ein relativ kleiner Kreis zusammen, und nach Mitternacht blieben nur noch Traudel, noch immer solo, Gretel und ihr Gerhard, dazu Friedhelm. Irgendwann ging denen dann auch die Luft aus. Die Freunde verabschiedeten sich. Sie fanden den Weg nach draußen allein. Nur Friedhelm blieb zurück. Er lag auf der Couch, den schon etwas gelichteten Haarschopf auf der Lehne und spielte verträumt mit Maries alter Puppe, die sonst ihren Platz zwischen den Kissen hatte. Marie saß angespannt im Sessel ihm gegenüber. Keiner von beiden sprach ein Wort. Dann rappelte auch Friedhelm sich hoch und schickte sich an zu gehen.

Beim Abschied nahm er Marie wortlos in die Arme und drückte ihr flüchtig einen Kuss auf die Wange. Dann war auch er weg. Marie hatte keine Chance gehabt zu reagieren. Ihr wurde heiß und wieder kalt, ihre Gefühle spielten Purzelbaum. Was war das gewesen? Nur eine Geste? Oder doch ein Signal?

Die verliebte Frau wurde von einer Unruhe erfasst, die kaum zu ertragen war. War das ein Jahresanfang!

Einige Tage später trafen sich die beiden wieder wie zufällig in Gretels Laden. Marie war die Begegnung unangenehm. Aber sie war ohnehin gerade dabei, nach Hause zu fahren. »Fahr vor und warte am Sportplatz«, sagte Friedhelm, als sie an ihm vorbeiging. Marie fuhr mit einem merkwürdigen Kribbeln im Bauch zum angegebenen Platz. Was würde der begehrte Mann ihr sagen?

Er kam bald nach, stellte seinen BMW ab und stieg zu Marie in den VW. Für einige Minuten fiel kein Wort, bis die Frau das Schweigen brach: »Na und?«

»Ich glaube, ich muss mich bei dir entschuldigen für mein Verhalten in der Silvesternacht.«

»Wieso entschuldigen?« Marie begann innerlich zu zittern.

»Weißt du, Marie, ich möchte dir keine falschen Hoffnungen machen«, kam Friedhelm sofort zur Sache. »Ich mag dich. Ich mag dich sogar sehr. Aber du hast drei Kinder, und der Verantwortung bin ich nicht gewachsen. Dafür bin ich schon zu alt und eingefahren, ein verknöcherter Junggeselle.«

In Marie brach etwas zusammen. Der Hals war ihr wie zugeschnürt. Reden konnte sie nichts.

»Du hättest wohl lieber etwas anderes von mir gehört. Aber ich weiß nicht ... Lass mir Zeit. Im Februar gehe ich auf Skifreizeit. Vielleicht gewinne ich dort Klarheit.«

Marie steckte immer noch ein Kloß im Hals, sie konnte nicht antworten.

Friedhelm legte für einen Moment seine Hand auf die ihre. »Mach's gut, Marie. Bis bald«, und war weg.

Mit schwerem Herzen fuhr Marie nach Hause. Es dauerte, bis sie ihre Gedanken einigermaßen sortiert hatte. Die Jungen lenkten zum Glück ab.

Die Straße nach Niederhengstenrod nahm Marie in den nächsten Wochen nicht unter die VW-Räder. Sie hatte zwar ihre Empfindungen und inneren Wünsche im Gebet abgegeben: »Gott, mach's wie du willst und wie es für uns alle richtig ist.« Sie hatte sich selbst wieder einigermaßen im Griff. Aber sie ging jeder möglichen Begegnung mit Friedhelm aus dem Weg. Erst als sie ihn auf der Freizeit wusste, war sie wieder bereit, ihrer Freundin im Geschäft zu helfen.

»Letzte Nacht hatte ich einen merkwürdigen Traum«, erzählte sie Gretel, während sie Ware einräumte. Ich hab geträumt, der Friedhelm habe sich den Fuß gebrochen. Er käme erst später aus der Freizeit zurück. Er wollte die Zeit nutzen, über unsere gemeinsame Zukunft nachzudenken.«

»Das ist ja nun wirklich interessant«, verwunderte sich die Freundin. »Er hat den Fuß zwar nicht gebrochen, aber verknackst. Irgendwas mit Bänderdehnung oder so. Er kommt tatsächlich ein paar Tage später zurück.«

»Merkwürdig. Ob das was zu sagen hat?« Jetzt lag die Verwunderung ganz bei Marie.

»Wenn man das immer so genau wüsste. Gott benutzt manchmal merkwürdige Mittel und Wege, um den Leuten zu zeigen, was er will.«

Marie war verunsichert. Sollte dieser Traum tatsächlich etwas zu bedeuten haben? Gab Gott ihr ein Zeichen? War ihr Wunsch der Vater dieser Gedanken? Konnte sie überhaupt noch klar denken?

Mehrere Tage danach – es war schon später Abend und Marie war noch nicht lange von einem Besuch zu Hause – hörte sie draußen mehrmals kurzes Hupen. Vom Bad aus schaute sie auf die Einfahrt und erkannte trotz der Dunkelheit Friedhelms BMW. Das durfte nicht wahr sein! Maries Herz begann, schneller und heftiger zu schlagen. Leise, damit die Omi nichts bemerkte und die Jungen nicht wach wurden, eilte sie an die Haustür und ließ den späten Gast herein.

»Entschuldige, Marie. Ich weiß, es ist schon spät. Aber ich muss dir noch was sagen«, begann er ohne weitere Vorrede, während er sich auf die Eckbank hinter den Tisch setzte. Marie, ihm gegenüber sitzend, schaute den Mann ihres Herzens erwartungsvoll und mit bangem Herzen an. Entweder kam jetzt ein Ja für sie, oder ihre Träume zerfielen wie ein Kartenhaus im Wind. Nur das nicht!

»Wie du weißt, hatte ich viel Zeit zum Nachdenken und zum Beten. Ich wollte Gewissheit.«

»Und, hast du sie jetzt?«, fragte Marie.

»Ich denke, ich habe sie. Das Einzige, was mich hindert, dass wir uns zusammentun, sind deine Jungen.«

»Was ist mit meinen Jungen?«

»Werden sie mich als ...«, Friedhelm zögerte, »... als Vater annehmen? Stephan ist dreizehn, Frank ist zwölf, Bernd wird elf. Sie sind keine kleinen Kinder mehr. Ihr habt euer Leben gelebt, und dann komme ich plötzlich dazwischen.«

»Mir ist die wichtigste Frage zuerst die, ob du mich zur Frau nehmen willst. Das mit den Jungen kläre ich dann schon.«

»Die Frage will ich dir beantworten.« Friedhelm ergriff Maries Hände und schaute ihr tief in die Augen. »Ich will, wenn du auch willst.«

Das war wieder dieser Blick, der die Wirkung von Amors Pfeil gehabt hatte. Warum saß dieser Mann jetzt nur auf der Bank an der anderen Tischseite, ging es Marie durch den Kopf, sie würde ihm sonst um den Hals fallen. »Dass ich will, weißt du doch schon lange, Friedhelm. Da brauch ich nicht mehr nachzudenken. Für mich ist das klar.«

»Dann ist es gut. Also gehen wir es an.« Die beiden schauten sich Hände haltend wieder tief in die Augen, schweigend. Diesmal konnte Marie dem Blick allerdings nicht lange standhalten. Sie musste den ihren senken und dachte nur, wenn er doch jetzt endlich aufstünde und um den Tisch käme.

»Und was machen wir jetzt?«, fragte Friedhelm schließlich.

Marie antwortete: »Du kommst jetzt endlich hinter dem Tisch vor und nimmst mich in die Arme, wie das zu einer anständigen Liebeserklärung dazugehört.«

Der sonst zuweilen sehr spontane und lebhafte Mann wurde verlegen. Aber er kam doch hinter dem Tisch vor und nahm Marie, ab jetzt seine Marie, in die Arme und küsste sie, diesmal nicht mehr nur auf die Wangen. Das ging ihr durch und durch. Dann lösten die beiden sich voneinander. Marie musste sich eine kleine Glücksträne abwischen. »Ein Problem werden wir beide aber noch haben.«

Friedhelm schaute seine soeben inoffiziell Anverlobte fragend an.

»Na ja, wie sag ich's meinen Eltern. Der Omi wird das gar nicht gefallen.«

»Kann ich mir vorstellen, meinen Eltern auch nicht.«

»Aber wir müssen's angehen, wenn wir's ernst meinen. Gott wird helfen, dass alles auf die Reihe kommt.«

»Wird er, und jetzt mache ich mich davon. Schlaf gut, meine Liebe.«

Marie ließ ihren Friedhelm so leise hinaus, wie sie ihn hereingelassen hatte. Sie blickte ihm nach, bis die roten Rückleuchten des Autos nicht mehr zu sehen waren. Wieder in der Küche musste sie sich erst einmal hinsetzen. Sie barg das Gesicht in den Händen und ließ ihren Tränen freien Lauf. Diesmal waren das keine Tränen der Trauer über irgendeine böse und tragische Geschichte oder über einen Ärger über Unstimmigkeiten im Haus. Nein, es waren Tränen des Glücks und der Dankbarkeit. »Er will mich! Ich werde seine Frau! Gott, wie bist du so groß. Wie bin ich dir so dankbar.«

Von diesem Abend an hatte das Leben eine ganz neue Perspektive. Irgendwann raus aus dem Haus und weg von dem Druck von oben. Irgendwann hinein in ein wirklich eigenes und freies Nest. Noch waren sicherlich erhebliche Hindernisse zu überwinden, wobei das größte Hindernis Ruth Schumacher hieß. Aber das würde auch zu bewältigen sein, und jeder Kampf würde sich lohnen.

Mitten in ihrer stillen Freude erschrak Marie heftig. Ihre eigene Vergangenheit holte sie plötzlich dunkel und riesig in Gedanken ein. Stephan war kein Schumacher-Kind! Es gab im Dorf nur wenige, die das wussten, und wer den Jungen sah, konnte das auch nicht ahnen, denn er sah seiner Mutter mit jedem Jahr ähnlicher. Gnädige Führung Gottes, auch, dass die Eingeweihten das Geheimnis bewahrt hatten.

Aber Dietrich hatte seinerzeit die Wahrheit erfahren, Friedhelm musste sie auch erfahren. Nein, ein solches Geheimnis mochte sie nicht mit in eine neue Bindung hineinnehmen. Auch auf die Gefahr hin, dass der künftige Mann seine Liebeserklärung widerrufen könnte. Das Risiko musste sie eingehen.

Noch in der Nacht setzte sich Marie hin und schrieb mit zitternder Hand dieses dunkle Kapitel ihres Lebens in einem Brief an Friedhelm auf. Sie bat ihn um Verständnis und Verzeihung und darum, er möge zum Zeichen dafür, dass die damalige, vor Gott längst bereinigte Geschichte für ihn kein Ehehindernis darstelle, an der Antenne seines BMWs ein weißes Band anbringen, wenn er das nächste Mal in die EC-Stunde käme. Danach erst wolle sie mit ihren Jungen sprechen und auch mit der Omi. Mit einem Stoßgebet: »Gott, das liegt bei dir«, verschloss sie den Umschlag, um ihn am nächsten Morgen gleich in den Briefkasten zu stecken. Marie war sich ziemlich sicher, der geliebte Mann würde das Band anbringen. Dennoch blieb ein winziger Zweifel, der sie in den nächsten Tagen ein wenig gefangen hielt.

Dabei brauchte Marie gar nicht bis zum angegebenen Termin zu warten. Zwei Tage später schon stand nachmittags der BMW vor dem Haus. Der Fahrer hupte ein paar Mal. Marie erkannte die Hupe sofort und schaute hinaus. Angesichts der Antwort auf ihren Brief tat sie einen Freudenschrei. An der Antenne des Fahrzeugs flatterte nicht ein Band, es waren vier. Am liebsten wäre Marie hinausgelaufen. Aber Friedhelm winkte nur kurz und fuhr schon wieder davon.

»Was war das, Mama?«, wollte Bernd wissen.

»Warum hast du so einen Jauchzer gemacht?«, erweiterte Frank die Frage.

»Das war doch der BMW von Deutschland-Möller«, stellte Stephan fest, der das Auto gerade noch gesehen hatte, »was hatte der denn für weiße Fähnchen an seiner Antenne? Will der auf 'ne Hochzeit?«

Die Mutter wollte die Antwort nicht lange schuldig bleiben. »Er will«, freute sich die Glückliche, »demnächst. Kommt, Kinder, setzt euch an den Tisch. Ich muss euch was erzählen.«

Blitzschnell saßen die Jungen um den Tisch und warteten darauf, was ihnen die Mutter zu sagen hatte.

»Die vier Fähnchen haben wirklich was mit einer Hochzeit zu tun. Mit meiner Hochzeit.« Im Telegrammstil erzählte sie ihren Jungen von ihrer Beziehung zu Friedhelm Möller und von ihrer gemeinsamen Absicht, demnächst zu heiraten. Die drei waren begeistert, ausnahmslos.

»Und warum waren das vier Fähnchen?«, wollte Stephan wissen.

Frank gab eine kluge Antwort: »Vielleicht weil wir doch vier sind. Für jeden von uns ein Fähnchen. Wenn der die Mama heiratet, muss er uns doch mitheiraten.«

Dann hatten sie alle sofort ihre weiteren Fragen zu den möglichen Veränderungen.

»Bleiben wir hier wohnen?«

»Ziehen wir dann zu dem auf den Hof?«

»Heißt der Friedhelm dann Schumacher oder heißen wir alle Möller?«

»Muss ich zu dem Deutschland-Möller Papa sagen?«

»Verkaufen wir dann unseren VW?«

Marie musste herzlich lachen über die vielen Dinge, die ihre drei Jungen wissen wollten. Zu den meisten Fragen konnte sie nur auf spätere Antworten verweisen. Heute war sie glücklich, dass diese Hürde mit Bravour genommen war. Die Jungen hatten bedenkenlos akzeptiert. Jetzt konnte sie die nächste Schwierigkeit gelassen angehen.

Die ersten Versuche, der Omi die Heiratsabsichten mitzuteilen, scheiterten. Die Frau hatte immer etwas anderes zu bereden oder sie hörte nicht zu. Marie machte es schriftlich. Einen Brief auf dem Tisch würde sie wohl registrieren und lesen.

Die Omi registrierte, las und rief Marie nach oben. Sofort brach das Donnerwetter los. »Seit wann verkehrst du mit mir schriftlich? Kannst du deiner Schwiegermutter den Mund nicht mehr gönnen? Du kannst deinen Jungen keinen Vater zumuten, der fast keine Haare mehr hat! Der kann doch mit Kindern gar nicht umgehen. Das geht nie und nimmer gut. Der Friedhelm soll mal schön seine alten Eltern versorgen und sich nicht mit einer Frau abgeben. Was wird dann mit diesem Haus? Und was wird dann mit mir?«

So und ähnlich lauteten die Sätze in dem Gewitter, das sich über Marie entlud. Die hörte sich das alles geduldig an. Dann stoppte sie den Wortschwall der Schwiegermutter. »In dieser Sache, Omi, kannst du mir keine Vorschriften machen. Wir sind uns einig darin, der Friedhelm und ich, dass Gott uns zusammengeführt hat. Und wir werden unseren Weg gemeinsam gehen. Die Jungen wissen Bescheid und freuen sich. Und jetzt gehe ich runter und tue meine Arbeit.«

So, auch diese Hürde wäre genommen, auch wenn die Stimmung für die nächsten Tage erst einmal dahin war. Dass die nächste Zeit immer wieder schwierig werden würde, das kalkulierte Marie ein. Sie konnte verstehen, dass die Omi zunächst einmal widersprechen musste. Am Ende würde sie sich schon beruhigen und einlenken.

Friedhelm erging es bei sich zu Hause ähnlich. Er informierte seinen Bruder und bat ihn, die Eltern schon einmal vorzuwarnen und von seinen Absichten zu erzählen, während er über Pfingsten zum Freizeit-Nachtreffen unterwegs war. Der Bruder tat das auch und fing schon einmal den ersten Protest ab. Dennoch kam es wie erwartet.

Der spätberufene Heiratswillige hatte das Elternhaus bei seiner Rückkehr kaum betreten, als sich auch über ihn ein Gewitter entlud. Was ihm in seinem Alter denn noch einfiele, eine Mutter mit drei Kindern zu heiraten. Da würde er von der Frau doch nur ausgenutzt, und die Kinder tanzten ihm doch alle auf dem Kopf herum! Am Ende kämen dann gar noch neue Kinder dazu. Wie das denn alles gehen solle? Und im Haus zu wohnen ginge schon gar nicht. Da sei ja schon so nicht viel Platz. Und wer dann das Vieh versorge und die Felder und Wiesen? Sie, die Eltern, seien schließlich auch nicht mehr die Jüngsten. Nein, nicht mit ihrer Zustimmung …

Friedhelm ertrug den Redeschwall ebenso geduldig wie Marie ihn ertragen hatte. Beide hatten nur ihre Schwierigkeiten damit, ausgerechnet ihre frommen Erzeuger so reden zu hören. Wo blieb da das Vertrauen in die Führungen Gottes? War das immer dann zu Ende, wenn es galt, loszulassen und Neues zu akzeptieren oder auch selbst zu wagen? Auch Friedhelm ließ sich in dieser Sache nicht mehr beirren. Es würde sich schon ein Weg finden, wie das Zusammenleben und das Arbeiten in der Landwirtschaft zu organisieren war.

Der Tag der Verlobung wurde festgesetzt, aber selbst vor den Angehörigen zunächst geheim gehalten und erst am Vortag mitgeteilt, verbunden mit der Einladung zum gemeinsamen Abendessen. Marie und Friedhelm wollten nur im ganz kleinen Kreis ausgehen und erst danach das Ereignis öffentlich machen.

Da hatten die beiden allerdings die Rechnung ohne den Wirt gemacht. Ausgerechnet wenige Minuten vor der Abfahrt zu einem Restaurant in Bad Marienberg klingelte es am Hackelberg an der Haustür. Stephan und Frank sprangen hin, um zu öffnen. Ein Jugendbündler wollte lediglich einen Korb mit Zwetschgen abgeben, den Marie zu Mus verarbeiten sollte. Er kam nur zum falschen Zeitpunkt.

»He, ihr beiden, ihr seid ja so feierlich angezogen. Gibt's bei euch was zu feiern?«, wollte der junge Mann wissen.

Frank platzte heraus: »Mama und Deutschland-Möller verloben sich heute. Das gibt's zu feiern.« Das klang sehr stolz.

Der Zwetschgenbote staunte nicht schlecht und hatte es plötzlich sehr eilig. Das war ja vielleicht eine Nachricht! Die musste doch unter die Leute. Dank des Telefons wurde die Nachricht von der Verlobung des eingefleischten Junggesellen Friedhelm Möller mit der Witwe und dreifachen Mutter Marie Schumacher unter den Leuten des EC und der Gemeinde in kürzester Zeit verbreitet.

Wie rasch da einige Leute aktiv wurden! Als die Feiergesellschaft am Abend nach Hause zurückkam, war der Hauseingang am Hackelberg mit Girlanden, Blumen und einem Transparent geschmückt. In großer Schrift prangten dort die Namen der beiden, dazu die Aufschrift: »Den Verlobten ein herzliches Willkommen und viel Glück und Gottessegen«. Unterhalb dieser Aufschrift befand sich ein kleineres Blatt mit dem deutlichen Text: »Herzlichen Dank für die Einladung zur Feier des Abschieds aus dem Junggesellen- und Witwendasein!« Dann folgte eine große Zahl Unterschriften, die irgendjemand sehr rasch sehr fleißig gesammelt hatte.

Die beiden Verlobten staunten nicht schlecht. Jetzt waren sie in Zugzwang. Diese Einladung mussten sie aussprechen. Schon am kommenden Samstag gab es ein Fest, wie es im Gemeinschafts- und EC-Heim lange nicht gefeiert worden war. Ein Fest mit Freude und Stärkung für Seele und Leib für jeden, der sich hatte einladen lassen.

Im Laufe der nächsten Wochen in Herbst und Winter lernte Marie die Möllersche Verwandtschaft kennen. Sie sah auch, unter welchen Bedingungen Friedhelm zu Hause leben musste, eingezwängt in die Vorstellungen der Eltern, wie der zu Hause gebliebene Sohn die Wirtschaft zu betreiben hatte. Die Lebensbedingungen waren ja noch schlimmer, als Marie sie mit ihrer Schwiegermutter erlebt hatte. Warum eigentlich hatte Friedhelm darüber nie gesprochen? Es wurde dringend Zeit, dass er sein eigener Herr wurde. So wie Marie sich dann auch aus dem Einfluss der Omi befreien musste und wollte.

Die beiden sprachen immer wieder über dieses Problem und fanden als einzige Lösung die, für die neue Familie ein neues Zuhause zu bauen, ein eigenes Reich, in das niemand von außen hineinregieren sollte. Übers Knie wollten sie dabei freilich nichts brechen. Die Pläne sollten in gemeinsamen Überlegungen und in gutem Einvernehmen wachsen und ausreifen. Das brauchte Zeit. Darüber sollten ruhig ein paar Monate vergehen.

Marie und Friedhelm rückten während dieser Zeit innerlich immer näher zusammen, lernten sich kennen und lieben, lernten eingefahrene Verhaltensmuster erkennen und vorsichtig korrigieren. Die Voraussetzungen für den gemeinsamen Hausstand verbesserten sich mehr und mehr. Letzte Zweifel, ob der gemeinsame Weg nun wirklich der richtige war, räumten sie einzeln und gemeinsam aus, in vielen Gesprächen mit Freunden und mit Seelsorgern wie Pastor Schäbel und dem Bezirksprediger Diethart Grumbel.

Die Jungen verstanden sich je länger desto besser mit ihrem künftigen Stiefvater. Der lernte, jeden der drei in seiner Art zu nehmen und auf ihn einzugehen. Er nahm sie mit in seinen Stall, setzte sie auf den Traktor, fuhr mit ihnen auf Wiesen und Felder, nahm sie mit auf

Heu- und Getreidewagen. Er ging auch, wenn es sich eben ergab, mit ihnen wandern in der Kroppacher Schweiz und den Wäldern der Fuchskaute oder schwimmen im Wiesensee und Boot fahren auf der Krombachtalsperre oder dem Dreifelder Weiher. Bald waren Stephan, Frank und Bernd von Friedhelm begeistert und sie liebten ihn.

Dadurch, dass die Jungen nun häufig bei Möllers auf dem Hof waren, gewannen Friedhelms Eltern sie mehr und mehr lieb. Besonders der sonnige Frank hatte es ihnen angetan. Aber auch Stephan konnten sie annehmen und Bernd mit seiner Behinderung. Marie und Friedhelm beobachteten dies mit Freude. Hier ebneten sich offenbar auch holprige Wege.

Freie Zeiten für irgendwelche gemeinsamen Unternehmungen dieser Art gab es dann ab dem Spätsommer 1979 nur noch sonntags. Ein wenig schade. Aber jetzt konnte endlich der Neubau mit der tatkräftigen Hilfe der Freunde begonnen und unter fachlicher Anleitung hochgezogen werden. Leider hatte sich das Genehmigungsverfahren für das Haus in Niederhengstenrod zunächst sehr verzögert. Das wär's natürlich gewesen, wenn der Bau zur Hochzeit im Oktober bezugsfertig gewesen wäre. Sollten sie deswegen noch länger warten? Nein, auf keinen Fall! Friedhelm würde in der ersten Zeit mit am Hackelberg wohnen und von da aus die elterliche Landwirtschaft versorgen. Bei Marie war Platz genug, und die Omi würde den neuen Mitbewohner dann wohl auch akzeptieren. Marie würde wegen der Wechselschicht ihres Mannes aushelfen müssen, wo die Eltern nicht allein zurechtkamen. Denn Friedhelm hatte eine neue Arbeit in einer anderen Firma angefangen. So wurde es von der Schwiegertochter erwartet. Das konnte alles gehen, es musste ja auch später vom neuen Haus aus noch eine Weile so weitergehen, bis die Möllersche Landwirtschaft einmal aufgegeben wurde.

War das eine Nacht gewesen! Marie hatte schlecht geschlafen. Die erste Nacht als Frau Möller und dann doch noch allein. In Gedanken bei dem geliebten Mann, der seine letzte Nacht vor der kirchlichen Trauung im elterlichen Haus verbringen musste und der sich sicherlich auch nur von einer Seite auf die andere gewälzt hatte wie sie. Aber das war jetzt überstanden, ab heute würde alles anders.

Marie stand auf und zog die Rollläden hoch. Auch das noch – Nebel. Die Straßenlampe war kaum auszumachen. Das würde doch wohl nicht den ganzen Tag so bleiben! Aber der Westerwald konnte tückisch sein mit seinen Nebeltagen, und die Täler waren manchmal tagelang zu. Marie seufzte leise auf. Sie hatte sich einen strahlenden Oktobertag gewünscht für ihre Hochzeit, einen richtigen goldenen Herbsttag. Aber was jetzt nicht war, konnte ja noch werden. Nicht den Tag vor dem Abend schelten. Vielleicht war die Sonne noch kräftig genug, um den Nebel zu schlucken, und vielleicht war Gott auch im Blick auf das Wetter gnädig...

Der Vormittag dieses 6. Oktobers – zugleich Maries sechsunddreißigster Geburtstag, der aber in der Hochzeit völlig untergehen würde – war angefüllt mit Vorbereitungen für die Trauung am Nachmittag in der Kirche und für die anschließende Feier im Gemeinschafts- und EC-Heim mit Kaffeetrinken für jeden, der kommen wollte – aus Gemeinde, Gemeinschaft und EC würden viele kommen –, und Abendessen für einen ausgewählten Kreis. Das konnten bis zu hundertfünfzig Gäste werden, und abends waren es immer noch etwa vierzig. Marie schwindelte bei dem Gedanken. Wer würde da alles kommen? Aber besser alle auf einmal als mehrmals feiern.

Die Gäste von auswärts kamen im Laufe des Vormittags und sammelten sich im Haus am Hackelberg. Es waren nicht viele: die Mutter mit ihrer Familie aus Kramberg, Erika und Klaus aus Wüstenfeld. Maries Pflegemutter lebte inzwischen nicht mehr, und auch die Paten waren nicht mehr in der Lage zu reisen, schade. Dazu ein paar Verwandte der Omi aus dem Ruhrgebiet. Gut, dass Traudel zur Entlastung im Haus war. Alle anderen Gäste kamen aus den beiden Dörfern und der näheren Umgebung. Wer da so alles kommen würde, wusste Traudel. Bei ihr sollten sich die Leute anmelden und ihr auch mitteilen, ob sie irgendetwas zur Gestaltung des Nachmittags oder des Abends beitragen wollten. Die Freundin machte daraus ein großes Geheimnis, was gar nicht dazu angetan war, Maries Nervosität zu verringern. Wäre es doch schon Abend! Die Stunden des Tages wollten auch gar nicht vergehen. Und der Nebel wollte sich nicht lichten. Das wäre sehr schade, wenn der Tag so verhangen bliebe.

Es war wesentlich heller geworden, als nach Mittag Gretel und ihr Mann Gerhard mit einem geschmückten Brautwagen vorfuhren und Friedhelm brachten, damit der seine Frau für den Traugottesdienst abholte. Schick sah er aus in seinem neuen schwarzen Anzug mit Blume im Knopfloch, blütenweißem Hemd mit schwarzer Fliege.

Und schick sah auch Marie aus. In einem wunderschönen, hellblauen Bolerokleid, festlicher Frisur und mit einem wunderschönen Brautstrauß mit herrlichen Rosen erwartete sie ihren Mann an der Haustür.

Das musste man der Omi lassen: Bei all den Schwierigkeiten, die sie mit dieser neuen Ehe ihrer Schwiegertochter hatte, hatte sie es sich nicht nehmen lassen, sie dem Ereignis entsprechend einzukleiden. Weiß war für Maries zweite Hochzeit nie eine Frage gewesen, auch in einer anderen Farbe konnte die Braut schick auftreten. Und das tat sie. Auch die drei Jungen sahen aus wie aus dem Ei gepellt in ihren dunklen Hosen und gleichfarbenen Westen über weißen Hemden mit leuchtend roten Fliegen. Auch hier hatte die Omi sich ins Zeug gelegt.

Wenige Minuten später erwarteten Pastor Schäbel und Prediger Grumbel das strahlende Paar an der Kirchentür, nachdem die beiden durch ein fast menschenleeres Dorf gefahren worden waren. So voll besetzt war das kleine Gotteshaus von Oberhengstenrod nicht einmal am Heiligen Abend. Ob überhaupt noch ein Dorfbewohner zu Hause war? Dazu die vielen ortsfremden Jugendlichen. Den Augenblick, in dem Deutschland-Möller im Hafen der Ehe vor Anker ging, wollten sich viele ECler der Region nicht entgehen lassen. Sie hatten eigens dazu einen Hochzeitschor gebildet, der mit mehreren Liedern im Gottesdienst eingeplant war.

Marie und Friedhelm waren überwältigt, als sie durch den kurzen Mittelgang des Kirchleins nach vorne gingen, um auf den beiden Stühlen vor dem Altar Platz zu nehmen, von den Freunden Gretel und Gerhard flankiert. Die drei Jungen saßen dahinter in der vordersten Bankreihe mit Omi und den neuen Großeltern Möller, gespannt, was nun alles an Programm kommen würde.

Diese Hochzeit war keine normale Westerwälder Hochzeit. Der Traugottesdienst hatte ein buntes Programm, abwechslungsreich, fröhlich, jugendgemäß. »Ich freue mich im Herrn, und meine Seele ist fröhlich in meinem Gott.« Mit diesem wunderschönen Bach-Satz eröffnete der Chor, dann sang die Gemeinde das Gebetslied: »Lass du mich stille werden, mein Herr und Gott, nur deine Stimme hören in Glück und Not.« Jugendliche lasen Texte aus dem Alten und Neuen Testament, Diethart Grumbel hielt eine Predigt über den letzten Vers des großen Kapitels über die göttliche Liebe in 1. Korinther 13: »Nun aber bleibt Glaube, Hoffnung, Liebe, diese drei; aber die Liebe ist die größte unter ihnen.«

Nach einigen sehr persönlichen Worten an die Brautleute stellte Pastor Schäbel die entscheidenden Fragen nach der Kirchenordnung. Das »Ja, mit Gottes Hilfe« von Braut und Bräutigam war im letzten Winkel der Kirche deutlich zu verstehen. Den Segen am Ende des Gottesdienstes entnahm der Seelsorger nicht wie üblich dem 4. Buch Mose, sondern wie schon einmal aus dem 121. Psalm: »Der Herr behüte dich vor allem Übel, er behüte deine Seele. Der Herr behüte deinen Ausgang und Eingang von nun an bis in Ewigkeit.«

Bei dem allen wähnte sich Marie wie im siebten Himmel. Aber bei den Segensworten lief ihr ein leichter Schauer über den Rücken, keiner des Schreckens, einer der Freude. In Sekundenschnelle lief ihr Leben von der Konfirmation bis heute vor ihrem inneren Auge ab. Ja, dieser Segen hatte sich in ihrem Leben bewahrheitet. Gott hatte sie nicht bewahrt vor Übeln, die Menschen treffen können und die sie sich selber bereiten. Sie war wahrlich oft gefallen, von selbst und von anderen gestoßen und verstoßen, aber sie war nie liegen geblieben. Das wäre das größte Übel gewesen, wenn sie liegen geblieben wäre. Davor hatte Gott ihre Seele bewahrt und ihr eine zunächst sicher unbewusste Zuversicht erhalten. Irgendjemand hatte ihr einmal ins Poesiealbum geschrieben, und diese Worte sah Marie wie auf einem Bild vor sich:

»Widme Gott dein ganzes Leben,
trau auf ihn und zage nicht!
Er ist Vater, er kann geben,
was fürs Leben dir gebricht.
Geh getrost zu ihm und sprich:
›Gott, mein Vater, segne mich!‹«

Ja, Gott hatte sie gesegnet. Er hatte ihre Seele das Vertrauen gelehrt und sie auf schwierigem Weg zum Glauben behütet. Und auch an dieser neuen und besonderen Schnittstelle ihres Lebens durfte sie auf die Wahrheit dieses Wortes vertrauen. Gott ging mit.

Maries Herz jubelte, und Tränen des Glücks liefen ihr dabei über das Gesicht. Fest drückte sie die Hand des Mannes, den Gott soeben an ihrer Seite bestätigt hatte. Er schien nachzuempfinden, was in seiner Frau vorging, und bemühte sich, die Tränen ohne viel Aufsehens zu trocknen.

Die Gemeinde war wohl schon bei der dritten Strophe des letzten Liedes, als Marie von ihrer Blitzreise in die Vergangenheit in der Gegenwart des Gottesdienstes zurück war. Auch wenn es ihr Mühe machte, weil die Stimme nicht wollte, sang sie das neue Lied der jungen Leute mit: »Jeder Tag meines Lebens ist nur sinnvoll, wenn du bei mir bist. Du schenkst Gelingen mir, lenkst meinen Weg zu dir, du bist es, der mich nie vergisst. Herr, deinen Weg will ich gehn, täglich mit dir, zeige ihn mir! Herr, deinen Weg will ich gehn, weise mir, Herr, deinen Weg.«

Vor der Kirche wurde das Paar von der strahlenden Oktobersonne begrüßt. Der Posaunenchor, der sich draußen aufgestellt hatte, blies: »Nun danket alle Gott«. Das Gratulieren nach dem feierlichen Auszug wollte kein Ende nehmen. Die Hände taten den Brautleuten bald weh vom vielen Schütteln und Drücken und die Füße vom langen Stehen.

Dann waren sie endlich für ein paar Minuten allein – mit Edwin, dem Freund von Dietrich, der Gerhard als Hochzeitsfahrer ablöste und die Brautleute im offenen Einspänner eine Ehrenrunde durch die Dorfstraßen fuhr.

»Edwin, fahr uns hinüber zum Neubau«, bat Marie den Kutscher. »Warum nicht«, stimmte Friedhelm zu, »die Gäste können die halbe Stunde auf uns warten.«

Im Bruch in Niederhengstenrod hielt Edwin wunschgemäß für ein paar Minuten an. Marie und Friedhelm hielten sich glücklich im Arm angesichts dessen, was einmal ihr Heim werden sollte.

»Möge die Sonne, die uns heute scheint, immer über diesem Heim scheinen.« Friedhelm wurde richtig feierlich.

»Und der Segen in seinen Räumen und bei seinen Menschen wohnen«, ergänzte Marie ebenso feierlich.

»Amen! Marie, ich liebe dich!«, schloss der frisch getraute Ehemann diesen poetischen Dialog und seiner Frau mit einem Kuss den Mund. Dann erinnerte er sich wohl doch an die wartenden Gäste. »Danke, Edwin, für diesen Abstecher. Aber jetzt sollten wir umkehren.«

Der Kutscher wendete und fuhr nach Oberhengstenrod zurück, um seine beiden Fahrgäste schließlich am Ort der Feier abzusetzen. Der Weg ins Glück war beschritten, die Zukunft hatte begonnen. Und es galt weiter: »Er hat seinen Engeln befohlen über dir...«

Nachbemerkung

Der Neubau in Niederhengstenrod wurde gerade so rechtzeitig fertig und bezogen, dass Ulrich Möller nach seiner Entlassung aus der Entbindungsklinik seine Wiege im vorbereiteten Zimmer in Besitz nehmen konnte. Seine Brüder hatten zwar auf eine Schwester gehofft, aber sie freuten sich mit den Eltern ebenso über diesen strammen Jungen.

Omi Ruth Schumacher wollte im Haus am Hackelberg nicht allein wohnen, sich aber auch nicht an neue Mieter gewöhnen. Sie verzichtete auf ihr lebenslanges Wohnrecht und zog zurück in ihre Ruhrgebietsheimat.

Die Eltern Möller hatten ein Einsehen, dass ihre Landwirtschaft nicht vom Sohn weitergeführt werden konnte, der nicht mehr im Haus wohnte und seine eigene Familie hatte. Sie verpachteten ihr Land und gaben den Betrieb auf.

Der späte Ehemann und Vater von nunmehr vier Kindern gab den Großteil seiner ehrenamtlichen Aufgaben in andere Hände und hatte dadurch mehr Zeit für seine glückliche Frau und seine Jungen.

Jedes dieser Ereignisse trug das seine dazu bei, das späte Glück der Vollkommenheit ein wenig näher zu bringen.

Inzwischen wohnt das Glück mehr als zwanzig Jahre im Haus der Möllers. Stephan ist im Ausland verheiratet, Frank hat seine Familie und seinen Beruf. Marie und Friedhelm sind also Großeltern. Bernd konnte zwar keinen Beruf erlernen, aber er hat auch seine Beschäftigung bei einem Arbeitgeber und seine Aufgaben in der Gemeinde, die ihn zufrieden stellen. Ulrich wird nach dem Abitur seinen Weg machen.

Ebenfalls von *Lothar von Seltmann:*

Miluscha

Im Herzen die Heimat

272 Seiten, gebunden, Geschenkband, Bestell-Nr. 224 688

Zwischen Obst- und Gemüsegärten liegen die Häuser des idyllischen deutschen Dorfes in der Ukraine, wo Miluscha zusammen mit sechs Geschwistern aufwächst.

Der Vater ist der von allen geliebte Lehrer des Dorfes.

Trotz Bedrohung durch das kommunistische Regime, trotz Deportation und Zwangsarbeit hält die Familie zusammen.

Doch der Vater ist den Strapazen auf die Dauer nicht gewachsen. Es sind seine letzten Worte, als Segen gesprochen, die Miluscha dann all die Jahre hindurch begleiten und tragen.

Eine wahre Geschichte, die der Autor auf fesselnde und bewegende Weise erzählt.